Kräuter

einfach besonders | besonders einfach

Susanne Bodensteiner | Reinhardt Hess

Kräuter

einfach besonders | besonders einfach

Fotos: Westermann Studios GbR
Jan-Peter Westermann,
Nikolai Buroh

KRÄUTER BEREICHERN

Für uns sind Kräuter das Salz in der Suppe, eine Freude für das Auge und ein Erlebnis beim Essen. Je nach Zusammenstellung können sie Erinnerungen an Urlaube unter südlicher Sonne, an schöne Erlebnisse oder an Düfte aus der Kindheit bringen, die Fantasie anregen und Gerichten eine südländische oder asiatische Note geben, ohne dass dafür viel Arbeit notwendig wäre. Sie sind einfach da, auf dem Balkon, im Garten oder im Winter auf der Fensterbank und brauchen nur gepflückt zu werden.

Die Düfte und Aromen von Kräutern führen tief in Empfindungen und Gefühle, sie können schon beim Kochen über die Nase entspannen und relaxen, sie sind nicht nur Gewürz, sondern auch Stimmungsmacher. Wir wollen gar nicht auf die vielen positiven gesundheitlichen Eigenschaften der Kräuter eingehen, wir möchten einfach Freude am Grün wecken. Kräuter sind eine wunderbare Möglichkeit, ganz alltägliche, altbekannte Gerichte neu zu entdecken. So können selbst Spaghetti mit Tomatensauce – auch bei uns die letzte Rettung, wenn Mann, Frau oder Kinder am Tisch sitzen und »Hunger!« rufen – mit einem Bündel Kräuter immer wieder zu einer neuen Erfindung werden. Dann wird nicht komponiert und sorgsam ausgewählt, sondern genommen, was greifbar ist. Und siehe da: Es schmeckt! Kräuter sind einfach unkompliziert, und selten geht uns etwas total daneben.

Wir geben zu, dass dahinter eine lange Auseinandersetzung mit Kräutern und ihren verschiedenen Aromen steht. Sonst bräuchte es ja dieses Buch nicht. Jeder von uns hat unterschiedliche Vorlieben. Immer wieder probierten und experimentierten wir, brachten Pflanzen aus fernen Ländern mit und päppelten sie mühevoll auf. Oder krochen in Wäldern und auf Magerwiesen herum und suchten mit einem Bestimmungsbuch in der Hand Wildkräuter, ließen uns von Brennnesseln brennen und vom Duft des blühenden Holunders verzaubern.

Würziges Grün wird auf der ganzen Welt verwendet. Um etwas Ordnung hineinzubringen, haben wir die Kräuter in heimische, mediterrane und exotische unterteilt. Weil manche Pflanzen eben in diesen Regionen besonders gut gedeihen und weil sie den regionalen Gerichten ihre besondere, unverwechselbare Note geben.

Susanne Bodensteiner   *Reinhardt Hess*

Workshop: ein kleiner Kurs über Kräuter – wie sie schmecken, wozu sie passen, was man aus ihnen machen kann.

DIE HEIMISCHEN   **12**

Typische heimische Kräuter   14

Besondere heimische Kräuter   16

Heimische Aromen konzentriert   18

Liebhaber heimischer Kräuter   20

Kräuterwürziger Quark zu Ofenkartoffeln –
vier Mal anders   22

DIE MEDITERRANEN   **24**

Typische mediterrane Kräuter   26

Besondere mediterrane Kräuter   28

Mediterrane Aromen konzentriert   30

Liebhaber mediterraner Kräuter   32

Grün gewürzte Saucen zu Spaghetti –
vier Mal anders   34

DIE EXOTISCHEN   **36**

Typische exotische Kräuter   38

Besondere exotische Kräuter   40

Exotische Aromen konzentriert   42

Liebhaber exotischer Kräuter   44

Duftiger Basmatireis –
vier Mal anders gekräutert   46

KRÄUTER-KÜCHEN-PRAXIS   **48**

Gut zu wissen: Kräuter ziehen und ernten, vorbereiten
und schneiden, einfrieren, trocknen und konservieren
Außerdem: nützliche Helfer in der Kräuterküche   50

Rezepte für trockene Kräutermischungen   58

Rezepte: mal kräftig pfeffrig, mal sanft und süßlich – aber immer grün gewürzt. Dazu viele Ideen für Kräutervarianten.

Nachschlag: Kräuterglossar, Getränketipps, Register.

SALATE & SUPPEN 64

Wärmendes vom Löffel, Knackiges von der Gabel – mit jeder Menge Kräuter von Petersilie bis Portulak kommen Suppen und Salate ganz groß raus!

SNACKS & DIPS 86

Überall auf der Welt zu Hause und überall einsatzbereit, wo Kleines, Feines gefragt ist: Bruschette aus Italien, US-Chicken-Wings, indische Papadams und und und …

NUDELN & REIS 100

Ob »al dente« gegart, im Wok gerührt, körnig gedämpft oder knusprig gratiniert – Nudeln & Reis lieben Kräuter. Weil ihnen dann nämlich keiner widerstehen kann!

KARTOFFELN, GEMÜSE & HÜLSENFRÜCHTE 122

Kräftig gekräutert unglaublich gut: Kartoffeln, Gemüse & Hülsenfrüchte in internationalen Hauptrollen von India-Curry bis Ratatouille française

FISCH & MEERESFRÜCHTE 144

Fischlein deck' dich … mit vielen Kräutern zu! Denn was aus Fluss und Meer kommt, verlangt nach würziger Geschmacksveredelung für grenzenlosen Genuss.

FLEISCH & GEFLÜGEL 162

Mit Lamm-Tajine nach Marokko, mit Lavendelkaninchen in die Provence und mit Frikadellen zurück nach Hause – aromatisches Grün im Gepäck, und die Reise kann losgehen.

DESSERTS & DRINKS 184

Heiß oder Eis, Bratäpfel oder Parfait – ein grünes Make-up steht allen süßen Sachen gut. Und macht nicht nur schön, sondern auch aufregend frisch im Geschmack!

GLOSSAR 200

20 ideale Kräuter für Balkon und Garten: Wann, wo und mit wem sie am besten wachsen, wann sie geerntet werden, ob sie sich zum Trocknen und Mitkochen eignen. Mit je einem Mini-Rezept zum Kennenlernen.

Außerdem: Bezugsadressen für frische Kräuter und Saatgut

GETRÄNKETIPPS 205

Getränketipps und Weinempfehlungen für die Gerichte in diesem Buch

WER MIT WEM? 206

Welches Kraut mit welcher Zutat harmoniert und umgekehrt: Welche Gerichte und Zutaten zu welchem Kraut passen.

REGISTER 208

Alle Rezepte und Kräutervarianten auf einen Blick; mit enthalten: ein ausführliches Stichwortregister

IMPRESSUM 216

Jedes **Kräutlein** hat seinen eigenen Geschmack, doch unterscheiden sich für uns heimische von **mediterranen** und exotischen. Deshalb sind diesen Kräutergruppen jeweils **eigene Kapitel** gewidmet. Mit Vorschlägen für abwechslungsreiche **Kombinationen** und Ergänzungen, für Mischungen und Experimente.

FLÜCHTIGE AROMEN

Selbst mit geschlossenen Augen lassen sich viele Kräuter an ihrem Duft erkennen. Ein bisschen an den Blättern reiben, und die Pflanze verrät sich. Ursache sind ätherische Öle, die für jede Gewürzpflanze typisch sind. Heimische Kräuter wie Petersilie und Pimpinelle haben oft eine erdige, grüne Note. Sie erinnern an Zwiebeln wie Schnittlauch und Bärlauch oder an eine bekannte Suppenwürze wie Liebstöckel. Mediterrane Kräuter wie Thymian, Rosmarin und Oregano riechen harziger, duften nach karger Landschaft und Macchia wie Lavendel, Lorbeer und Myrte. Typisch für exotische Würzpflanzen ist eine Zitrusnote wie bei Zitronengras, Kaffirlimettenblättern und Orangenminze oder auch ein balsamischer Duft wie bei Thai-Basilikum und Kardamomblättern.

KOMBINIEREN KEIN PROBLEM

Innerhalb einer Herkunftsfamilie ist das Mischen von Kräutern selten ein Problem. Typisch sind die »Kräuter der Provence«. Unter glühender Sonne entwickeln Rosmarin und Thymian, Salbei und Lavendel, Basilikum, Oregano und Bergbohnenkraut sehr viel eigenständige Aromen und harmonieren trotzdem in der Mischung. Auch die asiatischen Kräuter werden meist zu mehreren in einen Topf geworfen. Also keine Angst vor dem Mixen.

SINGLE-KRÄUTER & KRÄUTERMISCHUNGEN

Die 20 beliebtesten Kräuter, die man auch auf Balkon oder Terrasse ziehen kann, werden im Glossar mit Geschmack und Einsatzmöglichkeiten beschrieben. Dazu jeweils ein Minirezept, das jedes Kräutlein als Solist optimal zur Geltung bringt. Aber auch das Mischen kommt nicht zu kurz. In einem eigenen Kapitel werden Rezepte für raffinierte bekannte und unbekannte Mixturen mit getrockneten und frischen Kräutern vorgestellt. Kräutermischungen sind praktisch, wenn ein Gericht einmal auf die Schnelle gewürzt werden soll. Aber bei den Rezepten stehen natürlich die frischen Kräuter an erster Stelle.

GESCHMACKSERLEBNISSE & KRÄUTERVARIANTEN

Da Kräuter ja nicht nur vielseitig, sondern auch gesellig sind und sich gut miteinander vertragen, ließe sich eigentlich zu jedem Rezept eine ganze Reihe von Kräutervarianten finden. So kann oft ein Gericht mit ganz neuen Geschmackserlebnissen verbunden werden. Also finden Sie auf allen Rezeptseiten, auf denen es um Varianten geht, Abwandlungen mit Kräuterkombinationen. Immer wieder erstaunlich anders im Geschmack.

Kräuter- bzw. Aromavarianten stehen unter den ausführlichen Rezepten. Mal als Kurzrezept, mal als Anreiz für eigene Experimente mit anderen Kräutern oder Zutaten, um es einmal mit etwas Neuem zu probieren.

EINFACH BESONDERS – BESONDERS EINFACH

Jedes Kapitel beginnt mit einfachen, auch für Kochungeübte geeigneten Rezepten und steigert sich langsam zu aufwändigeren, aber nicht komplizierten Gerichten. So kann ein einfaches Essen zu etwas Besonderem werden – oder ein besonderes Gericht schmeckt mit den richtigen Kräutern einfach sensationell.

DIE HEIMISCHEN

Ob Landküche oder **Nouvelle Cuisine:** Profiköche lieben Petersilie & Co., nicht nur in Stockholm, Wien oder Berlin. Denn das Grün, das in unseren Breitengraden gut gedeiht, spielt auch in anderen **Küchen der Welt** eine wichtige Rolle.

Trotzdem haben heimische Kräuter ein **Imageproblem** – im Alltag werden sie häufig **unterschätzt.** Vielleicht weil sie wie Schnittlauch zu gewöhnlich sind, uns im Gemüseregal des Mini-Supermarkts und bei jedem Discounter begegnen. Vielleicht weil Oma zu viel Dill über den Gurkensalat gestreut hat. Vielleicht werden die **einheimischen Grünen** zu wenig gewürdigt, weil sie wie Brennnessel oder Löwenzahn nichts kosten, **einfach wild** auf der Wiese gegenüber wachsen.

Schluss mit dem Schattendasein! Auch Kräuter, die Halbschatten vertragen, gehören mal ins Rampenlicht. Bärlauch hat in den letzten Jahren vorgemacht, wie man sich vom **vergessenen Pflänzchen** zum Kräuterstar entwickeln kann. Lassen Sie Majoran nicht länger nur im Eintopf schmoren. Würzen Sie Salate und Saucen wie die Profis – mal mit Kerbel, mal mit Estragon. Entdecken Sie alte Wildkräuter neu. Und Petersilie als Grün für nahezu **alle Lebenslagen.**

In jedem Supermarkt zu finden, doch nicht

zu unterschätzen. **Kräuter-Basics** liefern den **Frischekick für heimische Genüsse** und können mitunter sogar Salz ersetzen.

PETERSILIE

Ob Meerrettich oder Mango: Kaum eine Zutat, zu der Petersilie mit ihrem würzigen Geschmack nach Sellerie und Muskat nicht passt. Für Salate und zum Darüberstreuen die aromatische glatte Petersilie, zum Garnieren krause nehmen. Zum Mitschmoren eignet sich feste Wurzelpetersilie.

SCHNITTLAUCH

Sein frisch-würziges, dezent scharfes Aroma, das er seinem Gehalt an Lauch- und Senfölen verdankt, passt zu allem, was auch Zwiebeln verträgt. Von Mai bis Oktober wächst er im Freiland. Schnittlauch immer frisch verwenden. Trocknen oder Mitgaren kostet Vitamine und Aroma.

DILL

Fein gefiedertes Grün, das kurz vor der Blüte am intensivsten schmeckt. Klassisch zu Fisch, Gurken und Senf. Kombiniert mit Säure und Zucker entfaltet Dill sein leicht herbes Aroma am besten. Nicht garen, nur frisch über fertige Gerichte streuen. Gurken mit getrockneten Blütendolden einlegen.

KERBEL

Die filigranen Blättchen geben Suppen und Salaten, Fisch und Gemüse süßlich frischen, leicht anisartigen Geschmack – am besten im Frühjahr. Nicht mitkochen, sondern immer frisch kurz vor dem Servieren unterrühren. Weniger süß mit Anklängen an Sellerie ist wilder Wiesenkerbel.

Kräuter mit Charakter geben Gerichten eine

raffinierte oder rustikale, in jedem Fall unverwechselbare Nuance. Und gedeihen gut auf Fensterbank, Balkon oder im Garten.

KRESSE

Ob Brunnen-, Garten- oder Kapuzinerkresse – pfeffrig scharf und frisch-würzig schmecken die schnellen Sprießer mit ihren Senfölen und Bitterstoffen. Sparsam und nur frisch verwenden. Brunnenkresse darf auch mal mitgaren. Voller Vitamine und einfach schön: Kapuzinerkresseblüten.

ESTRAGON

Gehört wie Kerbel zu den »Fines herbes« der französischen Küche und harmoniert gut mit Säure. Feinwürziges Aroma mit lieblicher Note hat französischer Estragon, herber und leicht bitter ist der russische, der größere Blätter hat. Die Blättchen frisch genießen oder mitgaren.

MAJORAN

Ein Kraut fürs Grobe: Mit kräftig würzigem, zartbitterem Geschmack und starkem Aroma passen die beflaumten Blättchen zu deftigen Eintöpfen mit Kohl, zu Hülsenfrüchten und fettem Fleisch. Majoran steckt in Blut- und Leberwurst und verträgt auch Trocknen und Mitkochen.

LIEBSTÖCKEL

Alias Maggikraut: Markantaromatisch wie die Flüssigwürze schmeckt Liebstöckel. Intensiv würzig ist dieser Spitzenkandidat für Suppen und Eintöpfe. Man dosiere ihn also eher sparsam. Schon die alten Römer schätzten das Kraut, vielleicht wegen der aphrodisierenden Wirkung, die man ihm nachsagt.

Viele Kräuter, die heute **fast vergessen** sind,

wuchsen **früher** in jedem Gemüsegarten und wurden reichlich verwendet. Jeder milde Salat **gewinnt** damit an Geschmack.

BÄRLAUCH

Wildkraut, im Frühjahr im Wald, aber auch in Gemüseläden zu finden, nur frisch zu verwenden. Schmeckt etwas zwiebelartig und zart nach Knoblauch. Die Blätter ähneln denen des giftigen Maiglöckchens, duften aber kräftig nach Knofel. Bärlauch wächst auch an schattigen Plätzen im Garten.

BORRETSCH

Auch Gurkenkraut. Die behaarten Blätter schmecken frisch, leicht säuerlich und wirklich etwas nach Gurke. Zarte Blätter gibt es fast das ganze Jahr, sie passen zu Salaten und Eiern. Die leuchtend blauen Blüten sind essbar und sehr dekorativ. Im Garten samt sich die einjährige Pflanze selbst aus.

PIMPINELLE

Die rosettenartig wachsende Pflanze, auch Kleiner Wiesenknopf genannt, wächst im Garten und wild auf trockenen Wiesen und Hängen. Verwendet werden die zarten frischen Blättchen vor der Blüte, die ähnlich wie Borretsch schmecken und Salate, Quark und Kräutersaucen würzig verfeinern.

PORTULAK

Auch als Postelein oder Bürzelkraut mit fleischigen Blättern fast das ganze Jahr frisch erhältlich. An sonnigen Plätzen wächst eine ebenso verwendbare Wildform mit kleineren Blättern. Frischer Portulak ist erfrischend säuerlich und salzig, passt in Salate, Joghurt und Saucen.

Wildkräuter würzen und sind gesund.

Besonders im Frühjahr sprießen sie üppig auf jeder Wiese und bieten mehr Vitamine und Mineralstoffe als alle Blattsalate.

BRENNNESSEL

Schwierig ist nur das Sammeln, denn die Brennhaare hinterlassen juckende Quaddeln. Also Handschuhe anziehen und das Kraut vor der Verwendung kurz blanchieren. Zarte Blätter schmecken streng und herbgemüsig, gut als Salat oder wie Spinat zubereitet. Etwas Sahne mildert die Herbheit.

LÖWENZAHN

Bis in den Sommer hinein sind zarte, junge Blätter zu finden, die zartherb, ähnlich wie Chicorée schmecken. Ideal für die Frühjahrskur, da entwässernd. Derbe Blätter in lauwarmes Wasser legen, dann werden sie milder. Als Salat, in Kräuterquark oder als Blattgemüse, die Blüten für Konfitüre.

KNOBLAUCH-HEDERICH

Die alte Salatpflanze, auch Knoblauchsrauke genannt, wächst an Waldrändern und in Park. Die herzförmigen Blätter sind weich, zart und duften dezent nach Knoblauch. Frische Blätter sind das ganze Frühjahr zu sammeln, sie schmecken würzig und nussig. Roh als Salat, in Quark oder als Gemüse.

SAUERAMPFER

Die grasgrünen, spießförmigen Blätter entdeckt man leicht auf feuchten Wiesen. Im Frühjahr sammeln, das Grün schmeckt frisch-säuerlich, enthält viel Vitamin C, aber auch Oxalsäure. Also nicht zu viel davon essen. Gut für gemischte Salate und grüne Saucen, Suppen und gedünstet als Gemüse.

Die **heimischen Kräuter** würzen nicht nur Butter und Essig, sondern auch Senf sehr markant. Aus **Großmutters Speisekammer** stammt die Idee, klein geschnittene Petersilienwurzel samt Blättern in Salz einzulegen. So hat man eine aromatische Würzzutat, die nicht nur im Winter **schnell zur Hand** ist.

Petersilie und Salz – der eine Allrounder macht den anderen **für den Vorrat** tauglich. Schlägt **zwei Würzen** mit einer Klappe.

Salz-Petersilie

Die Mischung ist **praktisch,** wenn einmal keine frische Petersilie im Haus ist. Würzt **Suppen,** Saucen, Schmorgerichte. Erst zum Schluss bei Bedarf noch mit purem Salz abschmecken.

3 Petersilienwurzeln
2 Bund glatte Petersilie
ca. 50 g Salz

Petersilienwurzeln schälen und winzig klein würfeln. Glatte Petersilie waschen, zwischen Küchenpapier fest ausdrücken, samt Stielen sehr fein hacken (oder alles im Blitzhacker fein zerkleinern). In einer Schüssel mit dem Salz vermischen, in ein Glas füllen und feststampfen. Verschließen und kühl und dunkel aufbewahren.

AROMAVARIANTEN
1. Mit Knollensellerie & Sellerieblättchen: Auf die gleiche Weise lässt sich auch aus Knollensellerie und grünen Sellerieblättern eine aromatische Mischung herstellen. Eventuell die intensiv würzenden Sellerieblätter vor dem Einsalzen blanchieren und gut abtropfen lassen.
2. Mit Suppengrün: Praktisch ist auch eingesalzenes Suppengemüse: Sellerieknolle, Möhren, Lauch und Petersilie fein zerkleinern, mit reichlich Salz vermischen.

Sauerampfermarinade

Das Wiesenkraut würzt nicht nur, sondern macht auch Fleisch zarter. Die Marinade ist für Sauerbraten ideal und reicht für etwa 1 kg Rindfleisch oder Wildbraten.

1 Zwiebel
250 ml Weißweinessig
3 Wacholderbeeren
2 Lorbeerblätter
1 gute Hand voll Sauerampferblätter

Zwiebel schälen und in Scheiben schneiden. Mit Essig, 500 ml Wasser, leicht zerdrückten Wacholderbeeren und Lorbeerblättern einmal aufkochen, dann abkühlen lassen. Die Sauerampferblätter gut waschen, in Streifen schneiden und unter die Marinade rühren. Fleisch darin 3–4 Tage zugedeckt im Kühlschrank marinieren.

Kräuterbutter

Mit Kräutern aromatisierte Butter mixen wir gern kurz vor dem Servieren in helle Saucen – das würzt, gibt eine leichte Bindung und einen schönen Glanz. Oder zu Brot servieren oder auf gegrillten Steaks schmelzen lassen.

125 g weiche Butter | 1 Knoblauchzehe
je 1 EL fein gehackte Petersilie,
Brunnenkresse (oder Gartenkresse)
und fein gehackter Kerbel
1 TL Zitronensaft | 1 TL Senf
Salz | Pfeffer aus der Mühle

Butter schaumig rühren. Knoblauch schälen und dazupressen. Kräuter und Zitronensaft untermischen, mit Senf, Salz und Pfeffer abschmecken. Kräuterbutter in den Kühlschrank stellen, bis sie etwas fest geworden ist. Auf Alufolie zu einer Rolle formen, in die Folie einwickeln und bis zur Verwendung kalt stellen.

Estragonessig

Der Klassiker unter den kräuterwürzigen Essigen und eine der besten Möglichkeiten, das Aroma von Estragon über Monate zu konservieren. Ein paar Tropfen genügen bereits zum Aromatisieren von Salaten und Saucen.

3 Stängel französischer Estragon
750 ml milder Weißweinessig

Die Estragonstängel waschen und mit Küchenpapier vorsichtig trockentupfen. In eine Flasche stecken und mit Weißweinessig auffüllen. Kühl und dunkel (sonst bleicht die Farbe aus) mindestens 4 Wochen ziehen lassen. Hält sich mindestens 2 Jahre.

Bärlauchsenf

Kräutersenf selbst zu machen ist einfacher als man denkt. Wichtig ist nur, dass er mindestens vier Wochen ziehen darf, vorher schmeckt er herb und bitter.

100 g gelbes Senfmehl (Reformhaus)
2 TL Salz
100 ml Weißweinessig
100 ml Weißwein
1 Bund Bärlauch

Senfmehl mit Salz mischen, Essig und Weißwein unterrühren; es soll eine fast flüssige Masse entstehen. Zugedeckt über Nacht quellen lassen. Bärlauch waschen und fein hacken, unter den Senf mischen. Falls er zu fest geworden ist, noch Weißwein oder Wasser unterrühren. In ein Glas füllen und kühl und dunkel mindestens 4 Wochen ruhen lassen.

Ideale Partner
für Kräuter aus dem Garten oder von der **Wiese nebenan:** Sie schmecken solo ganz gut, mit heimischem Grün **perfekt!** Ihre

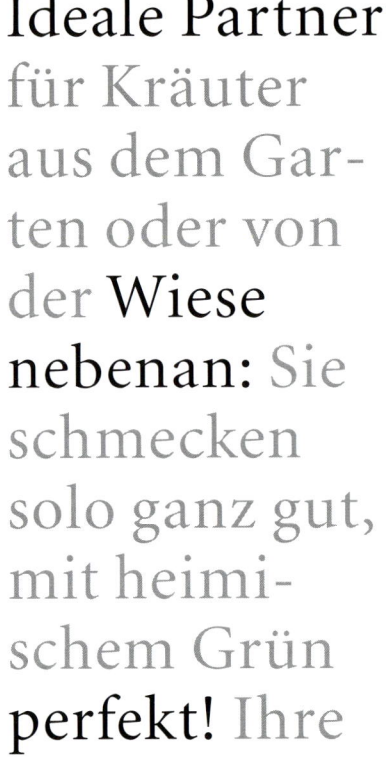

GURKEN

Der hohe Wassergehalt (bis zu 95 %) lässt Borretsch, Dill und andere Kräuter gut zur Geltung kommen. Ob Salat- oder Schlangengurken, kürzere Schäl- oder Einlegegurken: Am besten Bio-Früchte kaufen und nicht schälen. Unter der Schale stecken die meisten Vitalstoffe.

QUARK UND FRISCHKÄSE

Mit frischem Grün werden sie im Nu zum kräuterwürzigen Dip oder Brotaufstrich. Beide Milchprodukte gibt es in mehreren Fettstufen. Doppelrahmfrischkäse weist dabei den höchsten Fettgehalt auf. Besonders aromatisch: Quark und Frischkäse aus Schaf- oder Ziegenmilch.

SONNENBLUMENÖL

Sein dezenter Eigengeschmack lässt genügend Raum für feine Kräuteraromen. Wertvolles kaltgepresstes Öl finden Sie im Bioladen und im Reformhaus. Mit seinem hohen Anteil an mehrfach ungesättigten Fettsäuren verträgt es allerdings keine hohen Temperaturen.

BUTTERKÄSE

Sein milder Geschmack konkurriert nicht mit Kräuteraromen, sondern hebt sie hervor. Passt zu Brot und kann auch zum Kochen und Überbacken genommen werden. Kräftiger und etwas herber als deutscher Butterkäse schmeckt dänischer, der offiziell Esrom heißt.

ZWIEBELN

Fürs scharfe Aroma sind ätherische Öle verantwortlich. Je stärker uns eine Zwiebel zum Weinen bringt, desto frischer ist sie. Für Deftiges eher braune Zwiebeln wählen, die weißen und roten schmecken milder. Frühlingszwiebeln bringen frischen Geschmack, Schalotten den feinsten.

> Schwäche ist ihre **Stärke:** Zutaten mit wenig **Eigengeschmack** bringen feines Aroma von Petersilie bis Pimpinelle umso **besser** zur Geltung.

KOPFSALAT

Muss frisch und knackig sein, die Schnittstelle des Strunks darf nicht bräunlich verfärbt sein. Denn welken Kopfsalat retten auch keine Kräuter. Von Mai bis September gibt's Freilandsalate. Zugreifen! Sie enthalten mehr Vitamine und weniger Nitrat als Treibhausware.

SAHNE

Sie heißt auch Schlagrahm und veredelt Kräutersuppen und -saucen. Gute Sahne enthält keine Stabilisatoren. Mit ihren mindestens 30 % Fett darf sie ruhig mitkochen. Tipp: Unter Suppen und Saucen geschlagene Sahne rühren. Das macht sie schön schaumig.

WEINESSIG

Wunderbarer Träger für Kräuteraromen. Für selbst gemachten Kräuteressig nur besten Rot- oder Weißweinessig verwenden. Faustregel: Je besser der Ausgangswein, desto besser der Essig. Ideal, wenn auf dem Etikett Weinsorte, Herkunft und Jahrgang vermerkt sind.

KARTOFFELN

Kaum ein Kraut, das nicht zu ihnen passt. Fest kochende Sorten enthalten wenig Stärke – gut für Bratkartoffeln und Salate. Vorwiegend fest kochende für Gratins, Salz- und Pellkartoffeln verwenden, mehlig kochende für Püree, Folienkartoffeln, Suppe, Eintopf oder Knödel.

SPARGEL

Ob grün oder weiß: Am besten schmeckt frisch geernteter Spargel vom nächstgelegenen Feld. Die Stangen müssen sich fest anfühlen und quietschen, wenn man sie aneinander reibt. Vorsicht bei dicken Stangen – die bergen manchmal mehr Luft als feines Aroma.

Kartoffeln lieben **Kräuterquark.** Und wir lieben das kulinarische Traumpaar am Monatsende, weil es **preiswert** ist und **einfach gut** schmeckt – ob frisch, mit leichter Schärfe, bärlauchwürzig oder wildaromatisch.

Ofenkartoffeln mit vier Mal Kräuterquark

ZUBEREITUNGSZEIT: 5 MIN.
GARZEIT: 1 STD.
FÜR 4 PERSONEN

BASISREZEPT
4 mehlig kochende Kartoffeln
    (à 230–250 g)
Salz | Backpapier oder Alufolie

Den Backofen auf 220 °C (200 °C Umluft) vorheizen. Die Kartoffeln waschen und dabei gründlich abbürsten. Kartoffeln mit Küchenpapier abtrocknen und mit einem scharfen Messer etwa 1 cm tief kreuzweise einschneiden. Kartoffeln in Papier oder Alufolie einpacken und im heißen Ofen (Mitte) etwa 1 Std. garen. Herausnehmen. Zum Servieren die Päckchen öffnen. Kartoffeln aufbrechen, mit etwas Salz bestreuen und mit gewürztem Quark servieren.

1. GESCHMACKSERLEBNIS: **SCHNITTLAUCH & DILL**

250 g Magerquark mit 200 g Schmand, 2–3 EL Mineralwasser und 1 TL Zitronensaft glatt rühren. 1 kleines Bund Schnittlauch waschen, in feine Röllchen schneiden. 1 Bund Dill waschen, Blättchen abzupfen. Kräuter unter den Quark rühren, Quark mit Salz und Pfeffer abschmecken.

2. GESCHMACKSERLEBNIS: **KRESSE & MEERRETTICH**

250 g Topfen oder Schichtkäse mit 150 g cremiger saurer Sahne glatt rühren. 1 Beet Kresse mit der Schere abschneiden. Die Kresse mit 1 TL frisch geriebenem Meerrettich unterrühren. Quark mit Salz und grob gemahlenem Pfeffer kräftig abschmecken.

3. GESCHMACKSERLEBNIS: **ZIEGENKÄSE & BÄRLAUCH**

250 g Quark mit 100 g Ziegenfrischkäse und 3–4 EL Mineralwasser glatt rühren. 1 kleine Knoblauchzehe schälen und dazupressen. 1 feste Tomate waschen und ohne Stielansatz sehr fein würfeln und salzen. 1/2 Bund Bärlauch waschen, trockenschütteln und fein schneiden. Bärlauch, Tomate und Knoblauch unter den Quark rühren. Alles mit Salz und Pfeffer kräftig abschmecken.

4. GESCHMACKSERLEBNIS: **WILDKRÄUTER & WALNÜSSE**

400 g Magerquark mit 100 g Joghurt und 3 EL Mineralwasser cremig verrühren. 4 EL fein gehackte gemischte Wildkräuter (ideal sind Bärlauch, Sauerampfer, Spitzwegerich, Brunnenkresse, etwas Gundermann) sowie 2 EL gehackte Walnüsse untermischen. Die Wildkräuter-Walnuss-Creme mit Salz und Pfeffer abschmecken. Mit Gänseblümchenblüten garnieren.

DIE MEDITERRANEN

Mediterrane Kräuter haben's gut: Sie duften und schmecken einfach nach Urlaub. Und sie wecken Erinnerungen. An Pesto und Pizza und Lieblingsgerichte, an den netten Abend beim Italiener um die Ecke. An lila-blaue Lavendelfelder und Frühling auf einer griechischen Insel.

Es ist das unvergleichliche Aroma, das mediterrane Kräuter so unwiderstehlich macht. Sogar getrocknet besitzen Oregano und Salbei, Rosmarin, Lorbeer und Currykraut noch reichlich Geschmack.

Ein Fest für alle Sinne: Die Küche duftet, wenn Thymian oder Lavendel mit Tomaten im Topf für Aroma sorgen. Ein paar Nudeln, dazu ein schöner Sommerabend – mehr braucht man nicht für vollen Genuss. Vielleicht noch ein Glas gut gekühlten Rosé – willkommen an der Côte!

Kräuter **alla italiana** avancierten mit Pizza

und Pasta auch in unseren Küchen zum **Lieblingsgrün.** Und sind deshalb auch bei uns meist problemlos zu haben.

BASILIKUM

Appetitanregender Star der italienischen Küche mit frischem, würzig kräftigem Geschmack. Kleine Blätter bergen das stärkste Aroma. Basilikum nicht mitgaren, trocknen oder einfrieren, sondern nur frisch verwenden. Frisch-würzig: Zitronenbasilikum, das nicht nur Desserts veredeln kann.

OREGANO

Auch wilder Majoran oder Dost genannt. Das Trocknen intensiviert seinen Geschmack. Seine vielen Arten haben vor allem verschiedene Blattgrößen. Ob frisch oder getrocknet: Das klassische Kraut für Tomatensauce braucht Hitze, damit sich sein würzig herbes, dezent bitteres Aroma entfaltet.

RUCOLA

Das alte deutsche Kraut Rauke nahm einen Umweg über Italien, um als Rucola wieder in unsere Küchen zu finden. Mit ihrem herben, leicht nussigen Geschmack (besonders bei wilder Rauke) eignet sich Rucola zum Würzen oder wird pur als Rohkost oder gedünstet als Gemüse gegessen.

SALBEI

Blätter mitkochen oder in Butter oder Olivenöl braten. So kommt das würzige, fast strenge Aroma, das etwas an Kampfer erinnert, am besten zur Geltung. Salbei wird auch getrocknet, schmeckt frisch jedoch milder und duftiger. Köstlich und dekorativ sind die kleinen, blassblauen Blüten.

Herbes de **Provence** erinnern uns an duftende

Landschaften, blau blühende Felder und flirrende **Sonne.** Wie schön, dass sie auch **getrocknet** noch Aroma besitzen.

THYMIAN

Ob Gemüse, Fleisch oder Fisch: Mitgeschmorte Zweige verleihen mediterranen Gerichten kräftig würzigen Geschmack, herrlichen Duft und machen sie bekömmlicher. Zitronenthymian gibt Gerichten zusätzlich eine erfrischende Note, ohne sie zu säuern. Trocknen intensiviert das Aroma der Blätter.

ROSMARIN

Mit seinem kräftig würzigen Duft und dem harzigen, leicht bitteren Geschmack passt Rosmarin bestens zu Lamm, Geflügel und sonnengereiftem Gemüse. Das eisenhaltige Kraut roh nur sparsam verwenden. Besser Zweige mitschmoren oder mitbraten. Oder Nadeln abstreifen und mitkochen.

BERGBOHNENKRAUT

Der robuste Verwandte unseres Sommerbohnenkrauts heißt auch Winterbohnenkraut oder Pfefferkraut wegen des scharf-würzigen Geschmacks. Es aromatisiert Hülsenfrüchte, Kartoffeln, Lammfleisch und kräftige Gemüse perfekt und macht sie auch besser verträglich. Kann Pfeffer ersetzen.

LORBEER

Die ätherischen Öle und Gerbstoffe der würzig bitteren, stark aromatischen Blätter verflüchtigen sich beim Trocknen etwas. Der Lorbeer wird so milder. Ob frisch oder getrocknet: Die Blätter, die gut zu Saurem passen, sparsam dosieren, immer mitgaren und vor dem Servieren entfernen.

Eigenwilliges Aroma und starken Geschmack

haben diese mediterranen Kräuter, die daher eher sparsam für spezielle, **besonders würzige** Gerichte verwendet werden.

LAVENDEL

Häufig als Zierpflanze in unseren Gärten. Seine Blätter und besonders die Blüten eignen sich frisch oder getrocknet gut zum Würzen und Dekorieren. Lavendel schmeckt aromatisch und herb mit leichter Bitternote, der Duft ist markant. Die Blüten verwendet vor allem die südfranzösische Küche.

MYRTE

Die kleinen, harten Blätter des immergrünen Macchiagewächses (in Gärtnereien als Zierstrauch, es gibt aber auch eine »falsche« Myrte) würzen duftig aromatisch, ähnlich Lorbeer, aber auch herb und recht bitter. Wird in Italien und Südfrankreich zum Würzen von Schmorgerichten verwendet.

WEINRAUTE

Auch bei uns wild in Weingegenden zu finden ist diese Rautenart mit kleinen, gelappten Blättern. Ihr Aroma ist sehr stark und eigen, mit keinem anderen Kraut vergleichbar. Weinraute würzt einerseits würzig süßlich, andererseits ziemlich bitter. Sparsam zu Eiergerichten, Salat, Gemüse verwenden.

EPAZOTE

Das mexikanische Kraut ist leicht aus Samen zu ziehen, wächst auch in Griechenland und ist bei uns in Kräuterhandlungen zu finden. Den an Zitrone und Terpentin erinnernden typischen Geruch und Geschmack haben nur frische Blätter, die man über Bohnengerichte und Rührei streut.

Diese Mittelmeerkräuter darf man stärker

dosieren. Sie geben eher **verhaltene Gewürz-noten** und **frischen** Geschmack, eignen sich gut für Salate und kalte Speisen.

CURRYKRAUT

Die gelb blühende Pflanze mit weißfilzigen Blättern hat mit Currygewürz nichts zu tun, es ist die Mittelmeer-Strohblume, die überall ums Mittelmeer herum gedeiht. Ihr herbes, leicht bitteres Aroma erinnert an Tannennadeln. Passt frisch und getrocknet zu Suppen, Gemüse und Schmorgerichten.

GEWÜRZFENCHEL

Die dillähnliche Pflanze bildet im Gegensatz zum Gemüsefenchel keine Knollen aus. Verwendet werden zarte Blättchen und fleischige Stängel; sie schmecken süßwürzig und anisähnlich. Sie verleihen Salaten, Suppen und Saucen eine aromatische Note. Die Stängel taugen auch als Gemüse.

QUELLER (SALZKRAUT)

Die fälschlich auch als Algen gehandelten Sprossen gedeihen an den Küsten und werden bei uns oft in Fischtheken zur Dekoration verwendet. Sie schmecken pikant-salzig nach dem Meer und werden roh oder auch kurz blanchiert oder gedünstet verwendet. Prima als würzende Salatzutat.

ZITRONENMELISSE

Die Blätter des auch als Heilpflanze (Melissengeist, Tee) bekannten Krauts bezaubern mit zartem Zitrusduft und Zitronenaroma. Im Garten ist Zitronenmelisse einfach zu ziehen, so dass immer frische Blätter für Salate und süße Gerichte da sind. Nicht zu sehr zerkleinern, nie mitkochen.

In ihrer Heimat werden die mediterranen Kräuter üppig und meist in **bunter Mischung** verwendet. Ein **typisches** Beispiel ist das Bouquet garni, für das verschiedene Kräuter zu einem **Bündel** geschnürt und in Gerichten mit viel **Flüssigkeit** mitgekocht wird. Nach dem Garen lässt es sich leicht entfernen.

Damit hier nur die Kräuter würzen, das Sträußchen mit lebensmittelechtem **Küchengarn** (s. S. 55) zusammenbinden.

Bouquet garni

Petersilienstängel, Thymian und Lorbeerblatt sind die Grundlage des **Gewürzsträußchens**, das in Suppen, Saucen oder Fonds von Anfang an **mitgekocht** wird.

1 Bund Petersilie (nur die Stängel ohne Blätter)
1 Zweig frischer Thymian
2 grüne Lauchblätter
1 Lorbeerblatt
Küchengarn zum Binden

Die frischen Kräuter und Lauchblätter waschen, alles mit dem Lorbeerblatt in die Lauchblätter einwickeln und fest mit Küchengarn verschnüren. Das Päckchen in die zu würzende Flüssigkeit legen und mitgaren. Hinterher herausfischen und wegwerfen.

AROMAVARIANTEN
1. Mit Estragon & Zitrone: Beim Bouquet garni für den Fischsud noch 1 Zweig Estragon und einen Streifen Zitronenschale in die Lauchblätter packen.
2. Mit Rosmarin, Selleriegrün & Orange: Zum Schmoren von dunklem Fleisch und Wild 1 Rosmarinzweig, 1 Zweig Selleriegrün und ein Stück Orangenschale mit einpacken.

Italienische Kräuter in Öl

Damit lassen sich Suppen und Nudelsaucen, Fleischragouts und Geflügel **typisch** italienisch würzen. **Vorsichtig dosieren,** würzt sehr intensiv. Nach jeder Entnahme **Olivenöl ergänzen,** dann hält die Mischung monatelang.

je 1 kleines Bund Basilikum, Oregano, Rosmarin, Thymian, Salbei und Bergbohnenkraut
2 EL feines Meersalz
ca. 75 ml natives Olivenöl extra

Kräuter waschen und auf einem Tuch in 2–3 Std. leicht antrocknen lassen. Blättchen abzupfen und sehr fein hacken, in einer Schüssel mit Salz vermischen und lagenweise in ein Glas füllen, jede Lage fest andrücken. Olivenöl darüber gießen, es muss mindestens 1/2 cm über den Kräutern stehen. Verschließen und am besten im Gemüsefach aufbewahren.

Gyros-Marinade

Griechen nehmen für das Fleisch vom Drehspieß **meist getrocknete Kräuter,** mit frischen schmeckt es aber noch besser. Die Marinade eignet sich zum **Einlegen** von Schnitzeln, Koteletts, Geflügel oder Gemüse, das **gegrillt** werden soll.

1 Zwiebel | 2 Knoblauchzehen
je 1 EL gehackte Oregano- und Thymianblättchen | je 1 TL rosenscharfes Paprikapulver und schwarzer Pfeffer aus der Mühle
4 EL Zitronensaft
6 EL natives Olivenöl extra | Salz

Zwiebel und Knoblauch schälen, im Blitzhacker pürieren. Mit gehackten Kräuterblättchen, Paprikapulver und Pfeffer vermischen. Erst den Zitronensaft untermischen, dann das Olivenöl mit einer Gabel unterschlagen, bis die Mischung cremig ist. Mit Salz abschmecken, möglichst bald verwenden.

Provenzalisches Walnussöl

In Südfrankreich schätzt man Walnussöl für Salate fast noch **mehr** als Olivenöl. Mit Kräutern gewürzt, ist es ideal für **Kopfsalat** oder gemischte Salate. Kräuterzweige gut antrocknen lassen, damit das Öl das Aroma herausziehen kann.

je 1 Zweig Rosmarin, Thymian, Gewürzfenchel, Bergbohnenkraut und Myrte
2 Lorbeerblätter
2 Knoblauchzehen
500 ml Walnussöl

Frische Kräuter waschen, trocknen und auf einem Küchentuch ausbreiten. Einen Tag gut antrocknen lassen. Mit den Lorbeerblättern in eine Flasche füllen. Knoblauch schälen und die Zehen längs halbieren. Zu den Kräutern geben und mit Walnussöl auffüllen. Kühl und dunkel 4 Wochen ziehen lassen.

Lavendelblütenessig

Während Blütenessige von Veilchen, Rosen oder Mohn kaum **Aroma** haben, geben Lavendelblüten einen durchschlagenden Duft ab. Den Essig nur **tropfenweise** für **Salate** oder zum Abschmecken von mediterranen **Schmorgemüsen** verwenden.

6 gerade aufgeblühte Lavendelblütendolden
50 ml helle Essigessenz
200 ml kalkarmes oder abgekochtes Wasser
1 TL Zucker
1 TL Salz

Lavendelblüten nicht waschen, sonst verlieren sie Aroma. Die Dolden in eine Flasche füllen, Essigessenz, Wasser, Zucker und Salz zugeben. An einem dunklen, warmen Platz 4 Wochen ziehen lassen. Durch einen Kaffeefilter seihen, wieder in die Flasche füllen. Dunkel aufbewahrt mindestens 2 Jahre haltbar.

Köstlich kombiniert:

Mediterrane Zutaten mit zartem **Eigen-aroma** lieben Kräuter. Denn damit schme-cken sie **noch frischer** und feiner. Wenn

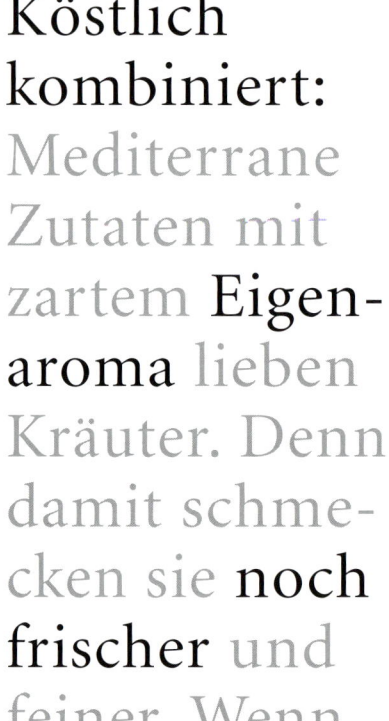

ZUCCHINI

Der beliebteste Spross aus der Kürbisfamilie passt zu kräftigem Mittelmeergrün wie Thymian, Rosmarin oder Salbei. Am besten munden junge Zucchini aus heimischem Anbau (Saison von Juli bis Oktober). Sie sind nicht größer als eine Banane und wiegen maximal 100 g.

ACETO BALSAMICO

Mild-aromatische Säure für Kräuter: Bester »Aceto balsamico tradizionale« wird ohne Zusätze vor allem aus Trebbiano-Traubenmost gewonnen und reift in Holzfässern – je länger, desto edler, desto teurer. Beim Einkauf aufs Etikett achten – billiger Balsamessig enthält oft Zusatzstoffe.

MOZZARELLA

Mit Tomate und Basilikum machte der Kugelkäse Karriere in deutschen Küchen. Nach dem Formen wird er überbrüht – daher seine Haut und schnittfeste Konsistenz. Aromatischer als Kuhmilch-Mozzarella schmeckt der in Italien traditionell hergestellte Mozzarella aus Büffelmilch.

ARTISCHOCKEN

Frische Artischocken erkennt man an festen Stängeln und knackig saftigen Blättchen. Die großen französischen sind von rundlicher Form und werden klassischerweise mit Kräutervinaigrette serviert. Die italienischen sind spitzer und kleiner. Sie haben violette Blätter und werden im Ganzen zubereitet.

KNOBLAUCH

Das ätherische Öl Allicin macht den Kräuterliebhaber so unverwechselbar in Geschmack und Duft. Erntefrischer Knoblauch (im Juni, Juli und August) hat pralle, saftige Zehen und leicht feuchte, rosafarbene Haut; getrockneter sollte fest, ohne grüne Triebe oder braune Flecken sein.

Basilikum auf Balsamico trifft, Gewürzfenchel auf zarte Crème fraîche und Thymian auf sonnengereiftes Gemüse, dann geht jedem Feinschmecker das Herz auf.

TOMATEN

Sie lassen sich mit Kräutern immer wieder neu kombinieren. Geben Sie beim Einkauf möglichst Freilandtomaten aus unseren Breitengraden den Vorzug. Tomaten haben Saison von Juli bis Oktober. Sonnengereifte Tomaten leuchten kräftig rot, können aber ein paar gelbe Flecken aufweisen, wo Blätter das Licht gefiltert haben.

CRÈME FRAÎCHE

Macht Kräuterdips cremig, Saucen schön sämig. Die »frische Sahne« wird wie Joghurt mit Milchsäurebakterien gesäuert, übertrifft ihn in Sachen Fettgehalt (über 30 %) aber gewaltig. Deshalb kann man Crème fraîche mitkochen, ohne dass das Eiweiß ausflockt.

RICOTTA

Mit Basilikum & Co. verträgt sich fester Ricottakäse (»Ricotta salata«), der gut zu Pasta passt, ebenso gut wie weicher, der als cremige Basis für Dips dienen kann. Ursprünglich wurde Ricotta nur aus Schafmilch hergestellt. Diese typisch italienische »Ricotta di pecora« enthält reichlich Fett.

OLIVENÖL

Das Lieblingsöl mediterraner Kräuter. Die beste Qualität bietet »natives Olivenöl extra«, stammt aus der ersten Pressung und enthält weniger als 1 % Säure. Kaufen Sie junges Öl aus neuer Ernte (es sollte noch 18 Monate haltbar sein). Gut, wenn auf dem Etikett der Name des Produzenten steht.

NUDELN

Spaghetti, Linguine und andere lange dünne Sorten zu Pesto servieren. Zu üppigen Fleischragouts oder sämigen Saucen passen breite Bandnudeln oder Maccheroni, auch kurze Nudeln wie Penne oder Rigatoni. Fein: frische Tagliatelle und Linguine aus dem italienischen Feinkostladen oder größeren Supermärkten.

Spaghetti sind so **vielseitig,** dass sie fast jeden Tag mit einer anderen Sauce auf dem Tisch stehen könnten. Frische **Kräuter** kommen besonders in **hellen** Saucen gut zur Geltung.

Spaghetti mit vier Mal Kräutersauce

ZUBEREITUNGSZEIT: CA. 20 MIN.
FÜR 4 PERSONEN

BASISREZEPT
400 g Spaghetti | 4 EL Salz

Wichtig: Vor dem Nudelkochen muss die Sauce fertig sein! Gut 4 l Wasser aufsetzen. Faustregel: pro 100 g Nudeln gut 1 l Wasser. Zugedeckt bei starker Hitze zum Kochen bringen. Sobald das Wasser sprudelt, das Salz einstreuen – aufpassen, das Wasser schäumt kräftig auf. Spaghetti hineinstellen und warten, bis sie biegsam werden. Umrühren, beim erneuten Aufkochen beginnt die Garzeit. Schon 1 Min. vor der angegebenen Garzeit eine Nudel probieren. Wenn sie gar, aber noch bissfest ist (beim Draufbeißen spürbarer fester Kern, schmeckt aber nicht mehr roh) rasch in ein Sieb abgießen, nur ganz kurz abtropfen lassen und auf Teller verteilen. Mit Sauce übergießen.

1. GESCHMACKSERLEBNIS: **SALBEI**

2 Knoblauchzehen schälen, halbieren. 200 g Sahne mit Knoblauch bei mittlerer Hitze 5–7 Min. köcheln lassen. Knoblauch aus der Sahne fischen, die Hälfte von 100 g geriebenem Parmesan unter die Sahne mischen. Mit Salz und Pfeffer würzen, erhitzen, bis der Käse schmilzt. 2 EL Butter aufschäumen lassen, 12 frische Salbeiblätter darin knusprig braten. Spaghetti mit Salbeibutter vermischen, mit Sauce übergießen. Restlichen Käse separat servieren.

2. GESCHMACKSERLEBNIS: **THYMIAN**

In einer Schüssel 100 g weiche Butter schaumig rühren. 1 unbehandelte Zitrone waschen, 1 EL Schale abreiben, Zitrone auspressen. Saft und Schale zur Butter rühren. 2 EL Thymianblättchen hacken, unter die Butter mischen, mit Salz und Pfeffer abschmecken. Kurz bevor die Spaghetti abgegossen werden, 1 Tasse Kochwasser zur Butter gießen, die abgetropften Spaghetti rasch untermischen, auf Teller verteilen. 75 g geriebenen Parmesan dazuservieren.

3. GESCHMACKSERLEBNIS: **RUCOLA**

250 g Ricotta oder Frischkäse in einer Schüssel zerdrücken. 1 gute Hand voll Rucolablätter waschen, trockenschütteln und in Streifen schneiden, zur Ricotta geben. 10 grüne Oliven ohne Stein hacken, mit der Hälfte von 80 g frisch geriebenem Parmesan unter die Ricotta mischen, mit Salz, weißem Pfeffer würzen. Spaghetti tropfnass unter die Rucola-Ricotta-Mischung heben, mit dem restlichen Parmesan bestreut servieren.

4. GESCHMACKSERLEBNIS: **QUELLER**

70 g Queller mit kochendem Wasser übergießen, 5 Sek. ziehen, dann abtropfen lassen und klein schneiden. 150 g Sahne mit 150 g Fischfond (Glas) aufkochen, 2 Knoblauchzehen dazupressen, 5 Min. bei starker Hitze einkochen. 150 ml Prosecco zugießen, noch 5 Min. einkochen. Die Sauce salzen und pfeffern. 125 g kleine Garnelen mit dem Queller untermischen. Die Sauce über die Spaghetti verteilen, ohne Käse servieren.

DIE EXOTISCHEN

Grün ist die **Farbe des Glücks,** sagen manche im Südosten Asiens. Und bringen so vielleicht mit reichlich frisch gezupften Korianderblättchen mehr als Geschmack an **Currys und Reis.**

Bei uns greifen nicht nur Glückssucher zu Koriander und Kaffirlimettenblättern. Die Kräuterfrische des Nahen und **Fernen Ostens** fasziniert uns Europäer. Auch wer hin und wieder mal andere Wege geht, Experimente liebt, Fernweh und Sehnsucht nach **fremden Garküchen** kennt oder einfach öfter im Wok rührt, lässt sich gern von den **ungewöhnlichen Düften** und Aromen exotischer Kräuter inspirieren.

Schön, dass wir heute auch hier zu Lande exotisches (Kräuter-)Glück leicht finden können: Koriander und Thai-Basilikum sind in großen Supermärkten und Gemüsegeschäften gut zu bekommen und wachsen darüber hinaus ausgezeichnet vorm heimischen **Küchenfenster.** Auch Duftpelargonie, Ysop sowie hundertundeine Minzeart gedeihen bestens in unseren Breitengraden. Und **Asienläden,** die es mittlerweile auch Kleinstädten gibt, bieten frische Kaffirlimetten- und Curryblätter, Zitronengras, manchmal auch Thai-Pfefferblatt an. Am besten alles gleich **auf Vorrat kaufen** und einfrieren! Dann steht dem Glück nichts mehr im Weg.

Kräuter aus dem Nahen und Fernen Osten

sorgen für frische Würze in **asiatischen** und orientalischen Gerichten. Gut, dass man sie jetzt **auch bei uns** kaufen kann.

PFEFFERMINZE

Bekannteste Vertreterin der Minze-Familie, Liebling der orientalischen Küche und auch in Thailand, Vietnam und England beliebt. Ihr hoher Mentholgehalt sorgt für sehr markantes Minzaroma. Am besten frisch, lässt sich jedoch auch trocknen oder einfrieren. Beim Mitkochen verliert sie aber an Aroma.

KORIANDERGRÜN

Das auch chinesische Petersilie genannte Kraut der Korianderpflanze steckt in vielen Currypasten und verleiht vielen asiatischen wie auch lateinamerikanischen Gerichten einen charakteristischen mild-pfeffrigen Geschmack. Das Kraut am besten nicht mitgaren, sondern frisch überstreuen.

YSOP

Pflänzchen, das an sonnigem Platz auf leicht kalkhaltiger Erde gedeiht; wird schon in der Bibel erwähnt. Der herbe, leicht bittere Geschmack erinnert etwas an Thymian und Salbei und bereichert neben orientalischen Speisen auch die klassische Frankfurter Grüne Sauce. Am besten frisch!

SCHNITTKNOBLAUCH

Auch »Knolau« oder »Chinesischer Schnittlauch«; ist mit Bärlauch und Schnittlauch verwandt. Schmeckt leicht scharf nach Knoblauch und Frühlingszwiebeln, verschont jedoch vor einer Knofel-Fahne. Rundet nicht nur Pfannengerührtes aus dem Wok ab, sondern ist auch als Gemüse beliebt.

Die Kräuter der **südostasiatischen** Küchen

verleihen nicht nur Wokgerichten exotischen Geschmack. Am besten bekommt man sie in Läden mit Thai-Spezialitäten.

SÜSSES THAI-BASILIKUM

Heißt im Asia-Shop auch »bai horapha« und ist eines der beliebtesten Gewürzkräuter in der Thai-Küche, aber auch in Laos, Kambodscha und Vietnam. Es erinnert an europäisches Basilikum, schmeckt aber intensiver und hat eine süßliche Anisnote. An den roten Stängeln leicht zu erkennen.

SCHARFES THAI-BASILIKUM

Würzig, fast arzneiartig duftet »bai grapau«, das »heilige Blatt«, das ursprünglich aus Indien stammt. Es ist deutlich herber als »bai horapha« und darf wie dieses kurz mitkochen. Oder die Blättchen frisch über fertige Gerichte streuen. Gibt's nur in größeren Asia-Shops, gedeiht gut auf dem Balkon.

KAFFIRLIMETTENBLÄTTER

In Südostasien nimmt man zum Würzen nicht nur Saft und Schale, sondern auch die Blätter des Baums. Sie werden wie Lorbeerblätter im Ganzen mitgegart und verleihen Gerichten eine fein zitronige, aber nicht saure Note. Die glänzenden dunkelgrünen Blätter sind auch gut einzufrieren.

ZITRONENGRAS

Bezeichnet nach dem Duft der darin enthaltenen ätherischen Öle. Das schilfartige dicke Gras gibt Gemüse-, Fleisch- und Fischgerichten eine feine Zitronennote, ohne stark zu säuern. Man nimmt meist nur das untere Ende des Stängels, fein gehackt mitgegart oder roh über Salate gestreut.

Asiatische **Duftgewürze** bieten vor allem der

Nase ein **appetitanregendes** Aroma. Allerdings verfliegt die **zarte Note** rasch, deshalb erst kurz vor dem Servieren zugeben.

ANANAS- & ORANGENMINZE

Unter den vielen Minzearten mit fruchtigem Duft sind diese beiden aromatischen Arten besonders beliebt. Ananasminze ist dabei etwas »minziger«, kühlender; die Orangenminze schmeckt eher süß-fruchtig mit einem Hauch Weihrauch. Sie ist auch gut für Desserts geeignet.

JAPANISCHE MINZE

Auch Krause Wasserminze genannt. Sehr kräftig würzende dunkelgrüne Blätter, hoher Mentholgehalt und feines zartbitteres Aroma. Gedeiht auch bei uns gut. Je nach Sorte erinnert der Duft an japanisches Minzöl, das man daraus gewinnt. Gut auch zum Mitschmoren in asiatischen Gerichten.

DUFTPELARGONIEN

Die duftenden Geranien lassen sich leicht in Töpfen ziehen, riechen und schmecken, wie ihr Name sagt: Es gibt Zitronen-, Rosen-, Pfefferminz-, Ananas-, Zimtpelargonie und viele mehr. Die Blätter können das ganze Jahr geerntet und frisch für Salate, Desserts und Konfitüren verwendet werden.

SCHWARZNESSEL

Heißt auch Perilla (lat.), in Japan »shiso«, in China »chi su«, in Vietnam »tia to«. Bei uns in Asienläden oder im Kräuterversand angeboten, oft auch in Bioläden zu finden. Sie lässt sich leicht ziehen und verleiht asiatischen Gerichten ein feines, an Zimt und Kreuzkümmel erinnerndes Aroma.

Die festeren **Würzblätter** werden vorzugs-

weise **mitgeschmort** und geben vielen asiatischen Gerichten jene **mystische** Note, deren Herkunft nur schwer zu entschlüsseln ist.

KARDAMOMBLÄTTER

Kardamom wird manchmal auch als »Zimtstrauch« in Gartencentern angeboten. Die lanzettförmigen Blätter würzen dezent wie eine Mischung aus Kardamomsamen und Zimt, aber süßlicher und milder. Frische Blätter klein geschnitten in indischen Gerichten oder im Reis mitgaren.

CURRYBLÄTTER

In Asienläden findet man die Zweige mit myrtenähnlichen Blättern, deren Geschmack an Bockshornkleesamen und Kurkuma erinnert. Sie würzen asiatische Schmor- und Currygerichte aromatisch scharf. Mitgaren, vor dem Servieren entfernen. Getrocknete Blätter haben kaum Aroma.

THAI-PFEFFERBLATT

Die derben Blätter schmecken leicht scharf mit feinem, pfefferähnlichem Aroma und werden in der thailändischen und vietnamesischen Küche häufig für Currygerichte verwendet. In Läden mit Spezialitäten aus Thailand oder Vietnam unter den Namen »cha plu« oder »la lot« zu finden.

BOCKSHORNKLEE

Die Samen des Schmetterlingsblütlers sind ein typisches Currygewürz. Aus ihnen lassen sich leicht Pflanzen ziehen. Frische Blätter würzen aromatisch, zartbitter, liebstöckelähnlich. Getrocknet heißen sie »methi« (Asienladen) und werden als Duftkraut über indische Gerichte gestreut.

Manche asiatische Kräuter sind so **aromaintensiv,** dass sie am besten solo als Würze verwendet werden. Deshalb sind diese Zubereitungen zum gezielten Verfeinern **exotischer Salate** und Wokgerichte gedacht. **Praktische Vorräte,** wenn mal gerade kein frisches Grün aus dem Asienladen zur Verfügung steht.

Frisch, **scharf** und schnell zur Hand: Mit der Zitronengras-Currypaste können Sie Fleisch-, Fisch- und Gemüsegerichte **auf asiatisch** trimmen.

Zitronengras-Currypaste

In Asienläden und gut sortierten Gemüseabteilungen gibt es Zitronengras meist bündelweise. Da die Vorbereitung für **Currygerichte** arbeitsaufwändig ist, lohnt es sich, gleich die ganze Menge als Vorrat zu verarbeiten. Die **Paste** hält sich mindestens 3 Monate im Kühlschrank.

1 Bund (ca. 5 Stück) frische Zitronengrasstängel
5 Schalotten
3 Knoblauchzehen
3 frische grüne Thai-Chilischoten
2 EL Zitronensaft
2 TL Salz
6 EL Pflanzenöl

Zitronengras waschen, trockentupfen und die Stängel mit einem Hammer weich klopfen. Mit einem scharfen Messer in feine Scheibchen schneiden. Schalotten und Knoblauch schälen, in Stücke schneiden. Chilis waschen, samt Kernen klein schneiden. Alles im Blitzhacker oder Mixer so fein wie möglich pürieren, dabei mit Zitronensaft anfeuchten. Mit Salz und Öl vermischen und in ein Schraubdeckelglas füllen. Im Kühlschrank aufbewahren.

Kaffirlimetten-Essig

Kaffirlimetten sind so voller Kerne, dass sie **kaum Saft** geben, aber ihre **Schale würzt** extrem zitronig – ergänzt durch den aromatisch-herben Geschmack der Blätter. **Tropfenweise** als Duftessig für asiatische Salate verwenden.

3 Kaffirlimetten
6 Kaffirlimettenblätter
250 ml heller Reisessig

Limetten heiß waschen, trocknen und die Schale mit einem Sparschäler abschälen, Limetten auspressen. Saft mit den Schalen in eine Flasche füllen. Limettenblätter waschen, zugeben. Mit Reisessig auffüllen, verschließen und kühl und dunkel 4 Wochen ziehen lassen.

Ingwer mit Zitronengras

Die klassische Beilage zu **japanischen Sushis** und anderen Reisgerichten gibt es auch fertig zu kaufen, aber ohne Zitronengras – und **gerade das** gibt ein interessantes Aroma.

50 g frischer Ingwer
10 cm frisches Zitronengras
35 ml helle Essigessenz
2 EL Zucker
1 TL Salz

Ingwer schälen und in hauchdünne Scheiben hobeln. Zitronengras waschen, weich klopfen und in 4 cm lange Stücke schneiden. Zitronengras, Essigessenz und 100 ml Wasser mit Zucker und Salz aufkochen, 5 Min. kochen lassen. Ingwer zugeben, noch 3 Min. kochen. In ein Glas füllen, im Kühlschrank aufbewahren.

Asiatisches Würzöl

Würzt **geheimnisvoll** alle Wok- und Schmorgerichte. Teelöffelweise zum Schluss zugeben. Statt frischer Curryblätter lassen sich auch **selbst getrocknete** verwenden, andere aus dem Tütchen haben zu wenig Aroma.

15 frische Curryblätter
1 EL Sichuanpfeffer
1 Muskatblüte (Macis)
2 grüne Kardamomkapseln
1 Zimtstange | 2 Gewürznelken
250 ml Erdnussöl

Curryblätter waschen, gut trocknen. Sichuanpfeffer in einem trockenen Pfännchen leicht anrösten. Alles mit den übrigen Gewürzen und dem Öl in eine Flasche füllen. Mindestens 4 Wochen ziehen lassen.

Tofu-Marinade

Der übliche Natur-Tofu schmeckt **etwas langweilig,** deshalb sollten Sie ihn vor dem Braten **marinieren.** Eine reizvolle Note bringt Japanische Minze. Die Menge reicht für 400 g Tofu.

50 ml helle chinesische Sojasauce
50 ml Shaoxing-Reiswein
1 Stück Sternanis
3 TL Zucker
3 Zweige Japanische Minze

Sojasauce, Reiswein, Sternanis und Zucker in einen Topf geben, 150 ml Wasser zugießen. Alles aufkochen, 15 Min. köcheln lassen. Minzeblätter waschen, abzupfen und in den Sud geben. Den heißen Sud über den Tofu gießen, abkühlen lassen. Am besten über Nacht im Kühlschrank marinieren.

Kräuter-Lieb-
haber aus dem
Asienladen –
inzwischen
mehr und
mehr auch in
großen **Super-**
märkten, im
Reformhaus
oder **Bioladen**
zu finden. Mit

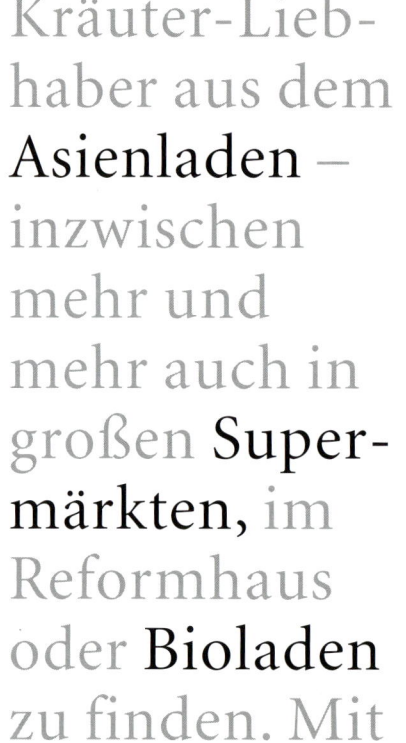

THAI-AUBERGINEN

Im Asienladen bekommt man die glänzenden Früchte in hellviolett oder sogar grün, von oval und groß wie ein Ei bis rund und klein wie eine Erbse. Sie schmecken gegrillt, gebraten oder frittiert. Nur roh dürfen sie – wie ihre lackschwarzen europäischen Verwandten – nicht verzehrt werden.

REISESSIG

Der aus Reismaische gewonnene Essig, der nur wenig Säure enthält, verträgt auch kräftiges Kräuteraroma, z.B. von Schnittknoblauch. Ob hell oder dunkel, aus China oder Japan: Reisessig schmeckt viel milder als europäische Essigsorten (Ersatz: verdünnter Obstessig).

SESAMÖL

Fernöstliche Köche verwenden das ebenso kostbare wie intensive Öl als Gewürz nur tropfenweise. Es verleiht Speisen stark nussiges Aroma, das gut zu Koriander passt. Helles Sesamöl, aus dem ungeschroteten Sesam gewonnen, schmeckt milder als das dunkle aus geröstetem.

KICHERERBSEN

Die aus Vorderasien stammenden rundlichen Hülsenfrüchte spielen in der orientalischen Küche, in Indien, im Mittelmeerraum und auch in Mexiko eine große Rolle. Ein beliebter Kräuterpartner ist Minze. Sie aromatisiert z.B. »Hummus«, den berühmten Kichererbsendip.

INGWER

Zu feinen Kräuteraromen am besten frischen, jungen Ingwer wählen. Sein saftiges Fleisch, das von einer hauchdünnen, straffen Haut umhüllt ist, hat zwar schon den typisch zitronig scharfen Geschmack, doch noch nicht die dominante Geschmacksintensität älterer Wurzeln.

frischem Grün von Koriander bis Curryblatt veredelt, kommen sowohl kräftige Würzen als auch eher neutrale Asia-Zutaten geschmacklich ganz groß raus.

REIS

Gesunde Körnchen für feine Kräuter: Naturreis bleibt von der nährstoffreichen Schale umhüllt. Ärmer an wertvollen Inhaltsstoffen ist der geschälte weiße Reis. Beim Parboiled-Reis allerdings wurden Vitamine und Mineralstoffe vor dem Entfernen der Schale ins Innere der Reiskörner gepresst.

KOKOSMILCH

Die cremig flüssige Zubereitung aus Kokosnussfleisch und Wasser oder Milch mildert Chilischärfe. Aromen frischer Kräuter dagegen können sich neben ihrem mild-süßlichen, nussigen Geschmack gut entfalten. Ungesüßte Kokosmilch ohne Konservierungsstoffe kaufen (Etikett).

TOFU

Das Sojaprodukt gehört mit seinem hohen Eiweiß- und Kalziumgehalt in vielen Ländern Asiens zu den Grundnahrungsmitteln. Da es Tofu an Eigengeschmack mangelt, benötigt er kräftige Würze und nimmt die Kräuteraromen dankbar an. Besonders große Auswahl in Bioläden.

SÜSSKARTOFFELN

Koriander, Curryblatt, auch Petersilie und Schnittknoblauch passen zu den stärkereichen Knollen, die auch Bataten heißen. Ihr gelborangegefarbenes Fleisch erinnert im Geschmack an mehlig kochende Kartoffeln, jedoch mit deutlich süßer Note. Eine Süßkartoffel kann bis zu 1 Kilogramm wiegen.

JOGHURT

Für erfrischend säuerliche Kräuterdips und -dressings, orientalische Suppen und indische Currys. Es gibt stichfesten und cremig gerührten Joghurt mit bis zu 10% Fettgehalt (im griechischen oder türkischen Feinkostgeschäft), auch aus Schaf-, Büffel- oder Ziegenmilch.

Locker-flockiger **Basmatireis** ist ein herrlicher Partner für asiatische Saucen. Aber nur richtig zubereitet verbreitet er seinen **intensiven Duft.**

Basmati vier Mal asiatisch variiert

ZUBEREITUNGSZEIT: CA. 20 MIN.
KOCHZEIT: CA. 15 MIN.
FÜR 4 PERSONEN

BASISREZEPT

2 Tassen Basmatireis (280 g)
3 Tassen lauwarmes Wasser (460 ml)
gut 1 TL Salz
2 EL Butter

Den Reis in einem Sieb lauwarm abspülen (der Reis darf nicht »erschrecken«), bis das ablaufende Wasser klar ist. Den Reis abtropfen lassen und mit abgemessenem Wasser und Salz in einen Topf geben, 15 Min. quellen lassen.
Wasser mit Reis bei starker Hitze aufkochen, sofort die Hitze zurückschalten (Vorsicht, kocht leicht über!) und warten, bis das Wasser fast nicht mehr kocht. Die Butter zugeben, den Deckel auflegen und den Reis zugedeckt bei ganz schwacher Hitze 12 Min. garen.
Den Deckel abnehmen und den Reis vorsichtig mit einer Gabel auflockern, dabei ausdampfen lassen. Als Basis für würzige asiatische Saucengerichte servieren. Für gebratenen Reis (4. Geschmackserlebnis) den gegarten Basmati ausbreiten und vollständig auskühlen lassen.

1. GESCHMACKSERLEBNIS: **CHINESISCHER SCHNITTLAUCH**

500 g Austernpilze säubern, in Streifen schneiden. 1 Bund Chinesischen Schnittlauch sehr schräg in Streifen schneiden. 2 Knoblauchzehen und 30 g frischen Ingwer schälen, fein hacken. In einer tiefen Pfanne 3 EL Öl erhitzen, Knoblauch und Ingwer kurz anbraten. Pilze zugeben und unter Rühren bei starker Hitze 4–5 Min. braten. 150 ml Geflügelfond zugießen, Schnittlauch einrühren, einmal aufkochen. Mit heller Sojasauce abschmecken und zum Reis anrichten.

2. GESCHMACKSERLEBNIS: **SÜSSES THAI-BASILIKUM**

500 g TK-Meeresfrüchte auftauen lassen. 2 Stangen Staudensellerie, 1 Bund Frühlingszwiebeln und 2 große Möhren in Stücke schneiden. 2 EL Öl erhitzen, das Gemüse bei starker Hitze 3 Min. unter Rühren braten. 2 EL grüne Currypaste und 500 ml Kokosmilch einrühren, aufkochen. Meeresfrüchte und 1 Hand voll süße Thai-Basilikumblätter (»bai horapha«) zugeben, kurz erhitzen. Mit Salz und Pfeffer abschmecken, zum Reis anrichten.

3. GESCHMACKSERLEBNIS: **KORIANDERGRÜN**

350 g Schweineschnitzel in schmale Streifen schneiden und mit 1 EL heller Sojasauce vermischen. 3 Paprikaschoten waschen, putzen und in Rauten schneiden. 4 Schalotten schälen, vierteln. 4 EL Öl in einer Pfanne stark erhitzen, Fleisch 3 Min. anbraten, Gemüse zugeben, weitere 3 Min. braten. 150 ml Hühnerbrühe zugießen, aufkochen, mit Sojasauce abschmecken, 1 Hand voll Korianderblättchen untermischen. Zum Reis anrichten.

4. GESCHMACKSERLEBNIS: **KAFFIRLIMETTENBLÄTTER**

Den Basmatireis nach Basisrezept zubereiten und vollständig abkühlen lassen. 1 Bund Frühlingszwiebeln waschen und klein schneiden. 3 Schalotten und 2 Knoblauchzehen schälen und hacken. 6 Kaffirlimettenblätter in feine Streifen schneiden. 3 EL Öl erhitzen, Gemüse anbraten, Reis zugeben und unter Rühren in etwa 10 Min. knusprig rösten. Limettenblattstreifen und 5 EL Zitronensaft unter den Reis mischen, mit Salz und Pfeffer abschmecken.

KRÄUTER-KÜCHEN-PRAXIS

Ein kleiner **Kräutergarten** erfreut! Nicht nur das Herz und die Sinne, sondern auch gestresste Köche.

Denn selbst gezogene Kräuter duften und schmecken nicht nur wunderbar, blühen nicht nur dann und wann, sondern sind auch jederzeit verfügbar. Wenn Koriander vor der Balkontür wächst, lässt sich das Gemüsecurry auch **ohne Rennerei** in den Asia-Shop perfekt verfeinern. Eine Hand voll frischer Petersilienblättchen rettet – **lässig übergestreut** – in letzter Minute auch das optisch nicht so gelungene Ragout. Und eine Tüte Reis wird mit reichlich Basilikum, ein wenig Zitronenmelisse und einem Eckchen Parmesan zum **Top-Kräuter-Risotto,** wenn sich nach Ladenschluss noch Überraschungsgäste ansagen.

Ein Kräutertöpfchen kostet nicht die Welt und liefert – mit etwas Gärtnerglück und richtiger Pflege – einen **ganzen Sommer** lang frisches Grün zum Nulltarif. Sauerampfer und Zitronenmelisse, Thymian und Rosmarin sprießen unverdrossen auch im nächsten Jahr. Und **für den Winter** können Sie selbst gezogene Kräuter ja auch trocknen, einfrieren oder in Öl einlegen.

Kräuter **selbst** zu ziehen ist ganz einfach – viele **gedeihen** sogar auf der Fensterbank. Andere wachsen und blühen so **hübsch,** dass sie auch Ziergärten schmücken können. Wem jedoch die **Geduld** fehlt, den Pflanzen beim Wachsen zuzuschauen, der findet in **Gärtnereien** und auf Wochenmärkten Würzkräuter für den Sofortverbrauch.

*Kräuter sind **wie Wein** – sie brauchen Pflege, um optimal zu gedeihen, und sie haben ein sehr unterschiedliches Geschmackspotenzial.*

Kräuter im Garten

Wenn Sie ein Stück Garten Ihr eigen nennen, werden Sie sicher auch die eine oder andere Ecke mit Küchenkräutern bepflanzen wollen. Aber wo ist der richtige Ort?

Die meisten Pflanzen brauchen Sonne, um ihr würziges Aroma zu entwickeln. Unsere heimischen Kräuter wie Petersilie, Schnittlauch, Dill und Kerbel mögen nach Osten oder Westen ausgerichtete Standorte. Mediterrane und exotische Kräuter wie Thymian, Rosmarin, Salbei, Schnittknoblauch und Thai-Basilikum brauchen die Hitze des Südens und sollten reichlich Mittagssonne abbekommen. Je zarter die Pflanzen, desto mehr Schutz vor Wind brauchen sie. Robuste, holzige Gewächse, etwa große Rosmarin- oder Lavendelbüsche vertragen auch luftigere Standorte. Und: Die Kräuter für spontane Verwendung sollten möglichst nahe der Küche wachsen.

Viele Kräuter wie Borretsch, Ananassalbei, Kapuzinerkresse, Rosmarin und Lavendel bringen auch ein dekoratives Element in reine Ziergärten. Am besten kommen sie zur Geltung, wenn sie mit Sommerblumen kombiniert werden. Vorsicht aber bei den verschiedenen Minzearten, sie überwuchern mit unterirdischen Ausläufern bald große Areale. Die Kräuter möglichst locker verteilen, damit die Pflanzen sich nicht gegenseitig Licht und Wasser nehmen.

Der Boden

Nicht jedes Kraut gedeiht auf jedem Boden. Die heimischen Kräuter mögen einen lockeren, leicht tonhaltigen Boden, nicht zu trocken, aber auch nicht staunass. Für mediterrane Kräuter – außer Basilikum – kann der Boden gar nicht locker genug sein. Je trockener außerdem der Standort, desto mehr Aroma entwickeln diese Kräuter. Auch beim Nährstoffbedarf gibt es große Unterschiede: Besonders viel Dünger brauchen Basilikum, Dill, Petersilie, Schnittlauch und Kapuzinerkresse. Ganz mageren,

nährstoffarmen Boden bevorzugen Bergbohnenkraut, Oregano, Thymian, Rosmarin und Lavendel, also die meisten mediterranen Kräuter. Alle übrigen haben einen mittleren Nährstoffbedarf.

Säen oder pflanzen?

Viele heimische Kräuter wie Dill, Fenchel, Kerbel und Kresse, aber auch Schnittknoblauch, Bockshornklee, Koriandergrün und Epazote lassen sich mit etwas Geduld leicht aus Samen ziehen. Die Pflänzchen am besten im März oder April in – beschrifteten! – Torftöpfchen vorziehen und erst im Mai ins Freiland pflanzen. Sicherer sind Setzlinge aus der Gärtnerei, vor allem bei den langsam wachsenden Kräutern wie Blattsellerie, Petersilie und Liebstöckel. Unbedingt empfehlenswert sind Setzlinge oder Topfpflanzen bei den mediterranen und asiatischen Kräutern. Der würzig aromatische französische Estragon sowie die meisten Minzearten können nur über Teilung des Wurzelstockes vermehrt werden.

Schlechte und gute Nachbarn

Dass unsere heimischen Kräuter sich nicht so gut mit mediterranen oder orientalischen vertragen, ergibt sich schon aus den unterschiedlichen Ansprüchen an Boden, Feuchtigkeit und Nährstoffe. Völliger Einzelgänger ist aber zum Beispiel der Wermut – durch seine Wurzelausscheidungen verkümmern andere Kräuter in seiner Umgebung. Unverträglich sind auch viele Minzearten sowie Kerbel mit Kümmel. Borretsch und Liebstöckel werden riesig groß und brauchen daher viel Platz rundum. Gute Nachbarn sind dagegen Dill und Gurken, beide benötigen unten Feuchtigkeit, oben aber viel Sonne. Bohnenkraut gedeiht gut zwischen Bohnen und hält mit seinem Duft die Blattläuse fern, im Gegensatz zur Kapuzinerkresse, die Läuse regelrecht anzieht. Auch die süß-aromatisch duftenden

Tipp: Trocknen Sie Kräuter nicht nur solo (siehe auch S. 57), sondern binden Sie **gemischte Sträußchen,** z. B. aus Bohnenkraut, Lorbeer, Majoran, Oregano, Rosmarin und Thymian.

Vom Basilikum sollten Sie **ganze Triebspitzen** mit einer Schere abschneiden. Die verbleibenden Stängel treiben danach **umso besser** aus.

Kräuter wie Orangenminze und Ananassalbei sind beliebte Läuseziele und sollten weit weg von anderen schädlingsgefährdeten Pflanzen stehen.

Die Kräuterspirale

Eine Kräuterspirale – ein schneckenhausförmiger Erdhügel mit Steinen – gibt auf kleinstem Raum Kräutern aus unterschiedlichen Klimazonen beste Entwicklungsmöglichkeiten. Im Idealfall ist unten am Beginn der Spirale ein kleiner Teich, in dem Brunnenkresse und Wasserminze gedeihen können. Die in die Höhe anschließende Zone ist eine humusreiche Feuchtzone, der richtige Standort für Petersilie, Schnittlauch und Kerbel. Die der Sonne eher abgewandte Seite ist die Zone, in der die übrigen heimi-

schen Kräuter gut gedeihen. Auf der Spitze der Spirale wachsen die Mittelmeerpflanzen. Hier wird der Untergrund mit Kies oder Tonscherben durchlässig gehalten, die Erde muss sandreich und locker sein – idealer Standort für Salbei, Thymian und Rosmarin.

Der Kräutertopf

Die bauchigen Kräutertöpfe mit seitlichen balkonartigen Ausbuchtungen stellen eine Art Kräuterspirale auf kleinstem Raum dar und sind für Balkon und Terrasse geeignet. Allerdings fühlen sich nur kleinwüchsige Kräuter darin wohl. Im unteren Bereich werden feuchtigkeitsliebende Arten eingepflanzt, im oberen die mediterranen. Beim Einfüllen der Erde den inneren Bereich mit Tonscherben oder Tongranulat durchlässig machen und die Pflanzerde in den Ausbuchtungen fest andrücken, sonst fließt das Gießwasser aus. Die obere Öffnung mit Rosmarin oder Lavendel bepflanzen. Oder mit Thymian, der dekorativ den Topfrand überwuchert. Nach dem Pflanzen die Erde kräftig angießen. Der große Topfinhalt hält lange die Feuchtigkeit, die Kräuter müssen bei Sommerhitze nicht so oft gegossen werden. Den Topf öfter ein Stückchen drehen, damit alle Pflanzen gleichmäßig Sonne abbekommen.

Kräuter im Zimmer

Die meisten Kräuter lassen sich auch im Zimmer an einem hellen Fensterplatz ziehen. Manche, etwa die verschiedenen Basilikumarten, Majoran oder Oregano und Koriandergrün, gedeihen hier sogar besser als im Freien. Im Töpfchen gekaufte Pflanzen gleich in größere Blumentöpfe umpflanzen. Für mediterrane Kräuter sind Tontöpfe am besten, die Feuchtigkeit aufsaugen und die Erde trocken halten. Für unsere heimischen Kräuter, auch für Basilikum und Koriandergrün, sind Plastikgefäße besser, in denen die Erde lange feucht bleibt. Spezielle Kräutererde ist zwar etwas teurer als normale Zimmerpflanzenerde, die Pflänzchen gedeihen aber wesentlich besser darin. Im Winter bei wenig Licht bilden die Kräuter dünne, weiche Triebe, die gleich gekürzt und verwendet werden.

Kräuterernte

Wenn Sie die Kräuter frisch verwenden wollen, ist der Morgen die beste Zeit zum Ernten, wenn die Pflanzen voller Saft sind. So halten sie sich am besten frisch. Immer mit der Schere ernten, beim Abzupfen werden Blätter und Zweige gequetscht und halten nicht lange. Scheuen Sie sich bei verzweigenden Kräutern nicht, ganze Triebe abzuschneiden, aber lassen Sie noch ein Stück Stängel

mit Blättern stehen, dann bildet die Pflanze an dieser Stelle neue kräftige Triebe.

Kräuter, die getrocknet werden sollen, haben ihr intensivstes Aroma kurz vor oder während der Blüte. Der beste Zeitpunkt zur Ernte ist der späte Nachmittag, wenn die Kräuter fast zu welken scheinen.

Kräuter waschen und vorbereiten

Die einfachste Methode, um Petersilie, Thymian oder Koriander zu waschen: Kräuter im Bund abbrausen und trockenschütteln, dann Blättchen abzupfen oder – bei Thymian, Lavendel und Rosmarin – gegen die Wuchsrichtung abstreifen. Empfindliche Blättchen wie etwa Kerbel in ein Sieb geben, sehr sanft abbrausen, abtropfen lassen, dann auf Küchenpapier trockentupfen. Eine Methode für große Mengen Petersilie: Blätter abzupfen, wie Salatblätter waschen und in einer Salatschleuder trockenschleudern.

Kräuter schneiden

Egal, ob Sie die Kräuter fein hacken, schneiden oder zupfen: Zerkleinern Sie sie immer erst in letzter Minute. Denn sonst verflüchtigt sich ihr Aroma.

Empfindliche Blätter, zum Beispiel Basilikum, von den Stängeln zupfen und per Hand zerrupfen. So geben sie das meiste Aroma ab. Zum Kräuterhacken können Sie ein Koch- oder Wiegemesser verwenden, aber auch Blitzhacker oder Kräutermühle. Fein schneiden lassen sich Kräuterblättchen nur mit einem scharfen Messer, Schnittknoblauch oder Schnittlauch auch mit einer Schere.

Um Kräuter in Streifchen zu schneiden (Chiffonade), größere Blätter, zum Beispiel von Basilikum oder Minze, übereinander legen, längs aufrollen und dann mit einem scharfen Messer glatt schneiden.

Die Helfer in der Kräuterküche: Mit dem richtigen **Handwerkszeug** lässt sich frisches Grün schnell und leicht binden, schneiden oder hacken.

MESSER

Qualität macht sich bezahlt: Mit einem großen, scharfen Kochmesser und ein wenig Übung lassen sich Kräuter am besten grob zerkleinern, fein schneiden oder auch hacken. Profimesser erkennen Sie am Gewicht und der sorgfältigen Verarbeitung von Griff und Klinge.

SCHNEIDEBRETTER

Dicke, robuste Bretter aus hartem Holz bieten beim Schneiden eine gute Unterlage. Sie sind allerdings nicht billig und müssen von Hand gespült werden. In die Spülmaschine dürfen nur Kunststoffbretter, die allerdings schneller zerkratzen. Möglichst große Bretter kaufen.

KÜCHENGARN

Extra-Bindfaden für die Küche ist hitzebeständig und lebensmittelecht (erkennbar am Glas-Gabel-Symbol auf dem Etikett) und so dick, dass man die Kräuter damit nach dem Abbrausen auch mit nassen Händen gut binden kann. Praktisch: Küchengarn in einer Dose mit Messerchen.

MÖRSER UND STÖSSEL

Dies brauchen Traditionalisten, die Pesto und andere Kräuterpasten nach altbewährter Methode herstellen möchten. Für die Kräuterküche sollten Mörser und Stößel nicht zu klein ausfallen und aus Stein oder Porzellan sein (in Küchengeschäften, Kaufhäusern und Asienläden).

WIEGEMESSER

Bestens geeignet für alle, die mit großen Messern nicht gut arbeiten können. Wichtig: Die runde Klinge des Wiegemessers muss sehr scharf sein. Sonst werden die Kräuter gequetscht statt geschnitten. Kräuter nicht allzu stark zerkleinern. Weil mit den ätherischen Ölen Aroma verloren geht.

> Kräuter lieben gute **Qualität:** Von stumpfen oder rostigen Klingen malträtiert, verlieren sie nicht nur Vitamine, sondern auch **viel an Aroma.**

KNOBLAUCHPRESSE

Hochwertige Geräte aus Edelstahl pressen sogar ungeschälte Knoblauchzehen und dürfen in die Spülmaschine. Auch frischen, zarten Ingwer können Sie damit durchdrücken. Beim Kauf einer Presse darauf achten, dass man die Siebteile herausnehmen kann. So lässt sich die Presse leicht reinigen.

SCHERE

Unentbehrlich, um Kresse abzuschneiden oder Kräuter aus Töpfchen zu ernten. Auch Schnittlauch lässt sich gut mit der Schere in Röllchen schneiden. Die besten Küchenscheren sind mit angerauten, rutschfesten Griffen versehen und haben rostfreie Stahlklingen. Denn Rost zerstört Vitamin C.

PÜRIERSTAB

Damit lassen sich Pesto, Würzöle oder Schaumsaucen superschnell zubereiten. Das einfachste Rezept: 200 ml hochwertiges Öl leicht erwärmen und mit 2–3 EL grob geschnittenen Kräutern pürieren. Praktisch: Pürierstab mit zusätzlichen Aufsätzen zum Mixen oder Aufschäumen von Saucen.

BLITZHACKER

Ob mechanisch oder elektrisch: Blitzhacker zerkleinern Kräuter auf Knopfdruck. Doch nicht alle Blättchen vertragen intensives Hacken. Petersilie eignet sich gut, Koriandergrün, Schnittlauch und Basilikum weniger. Das Gerät sollte sich leicht reinigen lassen. Sonst ist der Zeitvorteil gleich Null.

KRÄUTERMÜHLE

Die kleine Reibe mit der Handkurbel ist nicht wirklich notwendig, aber hilfreich bei großen Portionen. Denn damit kriegt man Kräuter im Handumdrehen klein. Allerdings schneiden die sternförmigen Messerchen die Blättchen nicht glatt, sondern häckseln sie eher.

Kräuter wollen nach der Ernte **sorgsam behandelt** werden, damit sie ihr volles Aroma behalten und entfalten können. Egal, ob Sie Kräuter auf dem Balkon **selbst geerntet** oder auf dem Wochenmarkt frisch gekauft haben: Am besten verbrauchen Sie sie noch am selben Tag. Doch gibt es ein paar **bewährte Methoden**, das Kräuteraroma in den Winter hinüberzuretten.

*Eiswürfel prall voll mit **gehackten** Kräutern, für würziges Grün an Saucen, Suppen, Dips und Dressings – und das in Sekundenschnelle.*

*Binden, **trocknen**, warten – mehr braucht es nicht für **hoch konzentrierte** Kräuterwürze. Mitgekocht duften Sommeraromen um die Wette.*

Kräuter lagern

Sattgrüne, duftende, frisch geerntete Kräuter verführen dazu, sie wie einen Blumenstrauß in die Vase zu stellen. Doch dort sollten sie nur kurze Zeit bleiben. Denn Zimmerluft lässt Kräuter schnell welken, und das Aroma verfliegt. Ausnahme: Robuste Petersilie dürfen Sie auf diese Weise für ein paar Stunden »zwischenlagern«. Und auch Koriander bleibt so für 1–2 Tage frisch, vorausgesetzt, Sie stellen ihn mit den Würzelchen ins Wasser.

Am besten halten sich Kräuter, wenn Sie sie in einen Plastikbeutel stecken, diesen wie einen Luftballon aufblasen, verschließen und in den Kühlschrank legen. Je nach Frische der Kräuter bleiben sie so bis zu 4 Tage grün. Alternative: In ein feuchtes Tuch wickeln und so in einer Plastiktüte im Gemüsefach aufbewahren. Häufig robuster als Gartenkräuter sind Wildkräuter: Diese nach dem Sammeln gründlich waschen und verlesen. Mit Küchenpapier trockentupfen. In einer Gefrierdose halten sie im Kühlschrank bis zu 5 Tage.

Kräuter trocknen

Eine traditionelle Konservierungsmethode – ideal zum Beispiel für Thymian, Lavendel und Rosmarin. Die Pflanzen am Tag vor der Ernte abbrausen, dann müssen sie später nicht mehr gewaschen werden. Am nächsten Tag die Kräuter mit Stiel abschneiden, mit Garn bündeln. Die Sträuße mit den Blättern nach unten in die Küche (oder noch besser in einen luftigen, aber warmen Dachboden) hängen. Nach 4–6 Tagen die durchgetrockneten Sträuße abnehmen. Sie sollten beim Hineinfassen rascheln. Blättchen abstreifen, eventuell zerkrümeln und in dunkle, dicht schließende Schraubgläser (z. B. aus der Apotheke) umfüllen. So halten sie mindestens bis zum nächsten Frühjahr.

Schonend lassen sich erntefrische Kräuter auch im Umluftofen trocknen. Dazu die Blättchen von 2–3 Bund sehr frischen, gewaschenen Kräutern abzupfen, gründlich verlesen und trockentupfen. Maximal 200 g Küchenkräuter auf ein mit Backpapier belegtes Blech streuen und bei 40–50 °C Umluft in etwa 4 Std. trocknen lassen.

Kräuter tiefkühlen

Tiefgekühlt halten viele Kräuter ihr Aroma über Monate. Gewaschene Kräuter gut trocknen, luftdicht verpacken – Beschriften nicht vergessen – und tiefkühlen. Von krauser Petersilie die gewünschte Menge einfach abbröseln. Andere Kräuter besser in kleinen Mengen einfrieren. Portionsweise lassen sich Kräuter im Eiswürfelbehälter frosten. Die Kräuter klein schneiden, in die Fächer der Eiswürfelschale füllen, mit Wasser aufgießen und alles ins Tiefkühlgerät stellen. Lieblingskräuter für Salat gleich gemischt einfrieren. Basilikum mit wenig Wasser fein pürieren und in die Schale geben. Gefrostete Kräuterwürfel in Gefrierbeutel umfüllen.

Kräuter in Öl konservieren

Für einige Zeit kann man Kräuter auch in Öl konservieren – vom klassischen Pesto bestens bekannt. So lässt sich aber auch die Bärlauchsaison verlängern. Die Kräuter in Öl pürieren oder ganze Blätter in ein Glas in Öl schichten, mit einer dünnen Schicht Olivenöl bedecken, dicht verschließen und kühl lagern. Hält sich mindestens 2 Wochen.

Kleine Kräuter-Mengenlehre

1 dickes Bund Kräuter wiegt ungefähr 100 g – im Winter eher weniger, im Sommer eher mehr. 1 Hand voll Kräuter entspricht 1 Tasse lose eingelegter Kräuterblättchen. Mit 1 Zweig oder Stängel, zum Beispiel von Rosmarin oder Minze, sind mittelgroße Zweige von etwa 20 cm Länge gemeint. Thymianzweige sind kleiner, dafür verzweigter.

Warum überhaupt eigene **Kräutermischungen selbst herstellen?** Es gibt doch inzwischen für jeden Verwendungszweck eine spezielle Würze fertig zu kaufen. Allein unter dem Namen Kräutersalz findet man mindestens ein Dutzend verschiedene Sorten.

Aber die vielen Kräutermischungen, die im **Gewürzregal** zu finden sind, schmecken uns persönlich nicht. Die meisten sind zu salzig, oft dominiert ein Kraut zu sehr oder der Mix schmeckt eigentlich **wie Heu,** und die Würze wird mit **Geschmacksverstärkern** oder künstlichen Aromen aufgepeppt.

Also blieb uns nur das eigene Experiment, und rasch wurde klar, dass eine **selbst zusammengestellte** Kräutermischung, vielleicht sogar noch mit getrockneten Kräutern aus eigenem Anbau, **wesentlich aromatischer** würzt als industriemäßig hergestellte.

Und so entstanden auch **ungewöhnliche Mixturen,** die je nach Lust und Laune immer wieder neu abgewandelt werden. Das sollten Sie auch tun und Ihre persönlichen **Kräutervorlieben** in die Mischungen einbringen.

Unser Kräutersalz

Universalwürze für Salate, Gemüse, Fleisch, Fisch. Dafür sammeln wir **wilden Majoran** (Dost) und Feldthymian (Quendel). Mit kultivierten Kräutern schmeckt es auch. Die raffinierte Note bringen Knoblauch, Chilis und Algen sowie der Schabzigerklee mit einem **Hauch Exotik**.

3 getr. Lorbeerblätter | 50 g grobes Meersalz
2 EL gefriergetr. Petersilie | 1 EL getr. Oregano
1 EL getr. Thymian | 1 TL gefriergetr. Knoblauch
1 TL getr. Nori-Algen (»ao nori«; Bioladen)
2 kleine getr. Chilis | 1/2 TL Schabzigerklee

| ZUBEREITUNG | *Lorbeerblätter mit etwas Salz im Mörser zu Pulver zerreiben, die harten Mittelrippen entfernen. Die übrigen Kräuter und Gewürze zugeben, nach und nach mit dem restlichen Salz recht fein mahlen. In ein dunkles Glas füllen, kühl und dunkel aufbewahren.*

Selleriesalz

Viel **würziger** als fertig gekauftes, prima für Kartoffelsalat, Suppen, Eintöpfe, Gemüsegerichte, Kräuterbutter und Quark. **Sparsam dosieren,** sehr intensives Aroma!

1 kleine Sellerieknolle mit Grün
ca. 50 g Meersalz

| ZUBEREITUNG | *Sellerie schälen, fein raspeln. Das Grün waschen, gut trockenschütteln, die Blätter abzupfen. Sellerieraspel und Blätter auf Papier ausbreiten und im Backofen bei 50 °C (möglichst Umluft) bei leicht geöffneter Tür (Kochlöffelstiel dazwischenklemmen) in 3–4 Std. rascheltrocken werden lassen. Aus dem Ofen nehmen, mit etwa der gleichen Menge Salz in der Gewürzmühle oder im Blitzhacker zu Pulver vermahlen. In ein dunkles Vorratsglas füllen, kühl und dunkel aufbewahren.*

Feine Hefe-Kräuterwürze

Vielseitige **Streuwürze** fürs letzte Abschmecken, vor allem für Salate, Fisch, Eierspeisen, helle Saucen, Gemüse und Quark. Wir mögen sie auch pur **auf Butterbrot**.

2 EL Hefeflocken | 1 EL gefriergetr. Suppengrün
1 EL gefriergetr. Zwiebeln | 1 EL Meersalz
1 TL gefriergetr. Knoblauch
1 TL Reismehl (oder Speisestärke)
1 TL getr. Petersilie | 1 TL getr. Majoran
1 TL getr. Sellerieblätter | 1 TL getr. Minze
1 TL Kurkumapulver | 1/2 TL getr. Thymian
1/2 TL gem. Schabzigerklee
1/2 TL schwarze Pfefferkörner
1/4 TL geriebene Muskatnuss

| ZUBEREITUNG | *Alle Zutaten in einer Gewürzmühle oder im Blitzhacker fein zerkleinern. In eine lichtdichte Streudose oder ein dunkles Glas füllen, kühl und dunkel aufbewahren.*

Pilz-Kräutergewürz

Der Mix intensiviert nicht nur das Aroma von Pilzgerichten, sondern würzt auch dunkle Schmorsaucen und **Wild**. Wir nehmen dazu getrockneten Zitronenthymian, bei normalem Thymian noch etwas getrocknete **Zitronenverbene** oder Zitronenschale zugeben.

4 EL getr. Mischpilze
1 EL Salz
1 EL getr. Estragon
2 TL getr. Bohnenkraut
1 TL getr. Zitronenthymian

| ZUBEREITUNG | *Die Mischpilze zerkleinern, mit dem Salz in einer Gewürzmühle oder im Blitzhacker fein mahlen. Die Kräuter zugeben und noch einmal durchmixen, bis die Mischung mittelfein zerkleinert ist. In ein dunkles Glas füllen, kühl und dunkel aufbewahren.*

Lust auf **eigene Mischungen?** Wenn Sie zunächst Mediterranes mit Mediterranem, Exotisches mit Exotischem usw. kombinieren, gerät nichts aus der **Geschmacksbalance**.

Bunte Blüten-Kräuter-Mischung

Unser **Lieblingsrezept**: morgens auf Quarkbrot gestreut, und schon sieht der Tag viel bunter aus. Auch schön zum **Dekorieren** von kalten Gerichten wie hellen Salaten, Frischkäse, Dips. Kurz vor dem Servieren darüber streuen, damit die **Blüten** etwas Feuchtigkeit aufnehmen – dann leuchten sie in alter Frische. Die angegebenen Blüten sind nur ein Vorschlag, geeignet sind alle essbaren Kräuter- und **Blumenblüten** in möglichst vielen verschiedenen Farben.

20 Löwenzahnblüten
15 Kleeblüten (Rotklee) mit Stängel und
    einigen Blättchen
5 Blütenstängel vom Wiesensalbei
    mit Blättchen
1 EL gefriergetr. Zwiebeln
1/2 EL gefriergetr. Knoblauch
1 EL Meersalz
1 TL schwarze Pfefferkörner

| **ZUBEREITUNG** | *Blüten und Blütenstängel im Ofen bei 40 °C (möglichst Umluft) bei leicht geöffneter Tür (Kochlöffelstiel dazwischenklemmen) in 2–3 Std. rascheltrocken werden lassen. Zwiebeln und Knoblauch mit Salz und Pfeffer im Blitzhacker pulverisieren. Von den Löwenzahnblüten nur die gelben Spitzen der Blütenblätter zur Salzmischung schneiden. Rotklee- und Wiesensalbei-Blüten samt Blättchen zerzupfen und dazugeben. Alles noch einmal kurz zerkleinern, bis die Blüten und Blättchen nur noch etwa stecknadelkopfgroß sind. In ein dunkles Glas füllen und dunkel aufbewahren.*

Gewürz-Kräutermischung

Eine **pikante** Zusammenstellung für helles Fleisch (Schwein, Kalb oder Kaninchen), die einen Touch **Mittelmeeraroma** ins Gericht bringt. Am besten frisch zubereiten und das Fleisch nach dem Anbraten damit würzen.

2 TL schwarze Pfefferkörner
2 TL weiße Pfefferkörner
1 TL Korianderkörner
1/2 TL Pimentkörner
2 TL getr. Oregano | 2 TL getr. Rosmarin
2 TL getr. Thymian
2 EL grobes Meersalz

| **ZUBEREITUNG** | *Alle Gewürze und Kräuter mit dem Meersalz im Mörser oder in der Gewürzmühle nicht zu fein zerkleinern. Was nicht sofort verbraucht wird, kühl und dunkel aufbewahren.*

Brat- und Schmorgewürz

Eine mild-würzige **Grundmischung** für Braten, Gulasch, Ragouts und alle dunklen Saucen. Lässt sich noch mit Knoblauch, Kümmel und etwas Ingwerpulver ergänzen. Das Fleisch **nach dem Anbraten** damit würzen, nicht zu stark erhitzen, sonst schmeckt das Paprikapulver bitter.

2 TL schwarze Pfefferkörner
1/2 TL Pimentkörner
4 Gewürznelken
2 Lorbeerblätter
1 EL grobes Meersalz
2 TL getr. Basilikum
1 TL getr. Rosmarin
2 EL Delikatess-Paprikapulver

| **ZUBEREITUNG** | *Gewürzkörner, Nelken und Lorbeer mit Salz im Mörser zerreiben, dann die Kräuter zugeben und nicht zu fein zerkleinern. Mit dem Paprikapulver vermischen.*

Pastetengewürz

Vielschichtige, duftende Mischung, auch »Beau monde« genannt. Eignet sich nicht nur für Pasteten und Hackfleischgerichte, sondern für alles, was fein und **nicht zu** scharf gewürzt werden soll.

1 EL schwarze Pfefferkörner
1 EL weiße Pfefferkörner | 5 Lorbeerblätter
5 Gewürznelken | 1 Muskatblüte (Macis)
2 EL grobes Meersalz | 2 TL getr. Basilikum
2 TL getr. Thymian | 1 TL getr. Majoran
1/2 TL getr. Liebstöckel
1 EL Delikatess-Paprikapulver
1 TL Ingwerpulver | 1 Msp. Cayennepfeffer

| **ZUBEREITUNG** | *Pfefferkörner, Lorbeer, Nelken und Muskatblüte im Mörser mit Salz zerreiben. Kräuter zugeben alles pulverfein zerkleinern. Paprika- und Ingwerpulver sowie Cayennepfeffer untermischen. Gut verschlossen kühl und dunkel aufbewahren.*

Fines herbes

Die **klassische französische** Kräutermischung aus vier bis neun Trockenkräutern – nicht fein gemahlen, sondern zerbröselt (gerebelt), damit sich ihr Aroma besser erhält. Die Mischung eignet sich für alle Gerichte, für die mehrere **zartwürzende** Kräuter verwendet werden wie Eierspeisen, Quark, Gemüse, helles Fleisch und Geflügel, helle Saucen und Suppen.

1 EL getr. Petersilie | 1 EL getr. Schnittlauch
1 EL getr. Estragon | 1 EL getr. Kerbel
1 TL getr. Basilikum | 1 TL getr. Bohnenkraut
1 TL getr. Majoran | 1 TL getr. Rosmarin
1 TL getr. Thymian

| **ZUBEREITUNG** | *Die Kräuter mischen und nur mit den Fingern leicht zerbröseln oder mit der Gewürzmühle ganz kurz zerkleinern. Zum Würzen die Kräuter zum Schluss zwischen den Fingern über dem Gericht zerreiben.*

Provenzalische Kräutermischung

Die aromatischen Kräuter der Provence bekommen durch getrocknete **Lavendelblüten** ihren duftenden Charakter. Zum Würzen von Fischsuppe, Gemüse (Ratatouille), Steaks und Fisch vom Grill. Mit den Fingern zerreiben und erst kurz vor Ende der Garzeit zugeben.

1 EL getr. französischer Estragon
1 EL getr. Oregano | 1 EL getr. Thymian
1 EL getr. Basilikum
1/2 EL getr. Bergbohnenkraut
1 TL getr. Rosmarin
1 TL getr. Lavendelblüten
1/2 TL getr. Salbei

| **ZUBEREITUNG** | *Kräuter mischen und nur ganz kurz in der Gewürzmühle zerkleinern. Gut verschlossen kühl und dunkel aufbewahren.*

Italienische Kräutermischung

Wenn's schnell italienisch schmecken soll, verwenden wir diese Mischung für lange zu **schmorende Tomatensaucen** und Fleischragouts, sonst ziehen wir frische Kräuter vor. Zum Bestreuen von Pizza ist sie ideal, weil sie nicht so leicht verbrennt. Wenn Sie Pastasaucen erst **im letzten Moment** damit würzen wollen, die Kräuter fein mahlen, nicht lange aufbewahren.

2 EL getr. Oregano
2 EL getr. Basilikum
1 EL getr. Thymian
1 EL getr. Rosmarin
1 TL getr. Salbei

| **ZUBEREITUNG** | *Kräuter mischen und ganz kurz in der Gewürzmühle mahlen. Gut verschlossen kühl und dunkel aufbewahren.*

Schildkrötenkräuter

Als Schildkröten noch zu Suppe verkocht wurden, würzte man sie mit diesen Kräutern. Uns dient die **duftig aromatische,** leicht pikante Mischung für helles Fleisch (Kalb, Geflügel) sowie Schmorgerichte – zum **Abschmecken** im letzten Augenblick.

3 Lorbeerblätter | 1 EL grobes Meersalz
1 EL weiße Pfefferkörner | 1 TL Koriandenkörner
1 TL getr. Zitronenschale
1 EL gefriergetr. Petersilie | 1 EL getr. Basilikum
1 TL getr. Bohnenkraut | 1 TL getr. Majoran
1 TL getr. Rosmarin | 1 TL getr. Thymian
1/2 TL getr. Salbei | 1/4 TL Cayennepfeffer

| **ZUBEREITUNG** | *Lorbeerblätter mit Meersalz im Mörser zerreiben, harte Blattrippen entfernen. Pfeffer, Koriander und Zitronenschale zugeben, zerstoßen. Kräuter und Cayennepfeffer zugeben, alles fein zerkleinern. Gut verschlossen kühl und dunkel aufbewahren.*

Piripiri-Gewürz

Von Südchinas Küste stammt diese scharfe Gewürzmischung, für uns als **Chilifans** fast täglich in Verwendung. Eignet sich für gebratenes oder gegrilltes **Fleisch und Fisch.** Je nach Schärfe der Chilis können Sie bis zu 2 TL pro Gericht verwenden.

2 EL getr. rote Chilis | 2 Lorbeerblätter
1 EL grobes Meersalz | 1 TL getr. Zitronenschale
2 TL gefriergetr. Zwiebeln
1 TL gefriergetr. Knoblauch
1 TL Koriandenkörner | 1/2 TL getr. Basilikum
1 TL schwarze Pfefferkörner
1 TL Delikatess-Paprikapulver
1/2 TL getr. Oregano | 1/2 TL getr. Estragon

| **ZUBEREITUNG** | *Chilis in der Gewürzmühle oder im Blitzhacker nicht zu fein zerkleinern, herausnehmen. Übrige Zutaten mittelfein zerkleinern, mit den Chilis vermischen. Gut verschlossen aufbewahren.*

Schärfe ist **Trainingssache:** Für den, der selten »hot« isst, schmeckt das Piripiri-Gewürz erst einmal nur scharf. Doch mit Zeit und Gewöhnung entfalten sich auch die **vielen anderen Kräuter- und Gewürzaromen** dieser genialen Mischung.

Knackige Salate und wärmende Suppen – aus Vorspeisen und Beilagen sind längst **spannende Hauptgerichte** geworden. Bei denen nach Lust und Laune gekräutert werden darf. Vor allem, wenn die **grünen Wilden** zum Einsatz kommen und in **Suppe oder Salat** würzige Protagonisten sind. Ein Stück knusprig frisches Baguette dazu, und schon sind wir glücklich!

SALATE & SUPPEN

Kräuter-Kartoffelsalat

Hart gekochte Eier oder heiße **Würstchen** dazu – und der kräutergrüne Kartoffelsalat ist ein komplettes Sommeressen. Das durch den Estragon eine zarte Anisnote bekommt.

ZUBEREITUNGSZEIT: CA. 50 MIN.
PRO PORTION: CA. 265 kcal
FÜR 4 PERSONEN

1 kg fest kochende Kartoffeln
Salz | 3 Frühlingszwiebeln
250 ml kräftige Gemüsebrühe
6 EL Weißweinessig
4 EL Rapsöl
1/2 Salatgurke
1 Bund Petersilie
1 Bund Schnittlauch
1 Stängel Estragon
weißer Pfeffer aus der Mühle

1 Kartoffeln waschen, ungeschält in Salzwasser zum Kochen aufsetzen und zugedeckt in 25–30 Min. garen.

2 Frühlingszwiebeln waschen, putzen und den hellen Teil klein würfeln, die grünen Abschnitte in feine Röllchen schneiden. Gemüsebrühe mit den gehackten weißen Abschnitten und Essig erhitzen.

3 Kartoffeln abgießen und noch warm schälen, in Scheiben schneiden und in eine Schüssel geben. Gewürzte Brühe über die Kartoffeln gießen, Öl zugeben und alles rasch vermischen.

4 Die Salatgurke waschen und streifig schälen, längs vierteln und in dünne Scheiben schneiden. Kräuter waschen, trockenschütteln und die Blättchen hacken. Schnittlauch fein schneiden. Alles mit den Gurkenscheiben unter den Kartoffelsalat mischen, mit Salz und Pfeffer abschmecken. Lauwarm oder abgekühlt servieren.

AROMAVARIANTEN
1. Mit Ingwer, Chinesischem Schnittlauch & Thai-Basilikum: 1 Stück Ingwer (etwa 15 g) schälen und fein hacken, mit der Brühe erhitzen. Je 1 Bund Chinesischer Schnittlauch und Thai-Basilikum fein schneiden und statt der Kräuter unterheben.
2. Mit Löwenzahn & Speck: Statt der Kräuter 250 g zarte Löwenzahnblättchen waschen, trocknen und fein schneiden, untermischen. Statt Öl 125 g Frühstücksspeck in Streifen schneiden, knusprig braten und samt Bratfett über den Salat gießen. Vermischen und gleich servieren.

Tomaten-Kräuter-Vinaigrette

Klassischer **Anmacher** für sommerfrische Blattsalate – variieren Sie die Kräuter nach **Marktangebot**. Besonders fein: Estragon-blättchen nicht nur ins Dressing, sondern 1 Hand voll auch unter den Salat mischen.

ZUBEREITUNGSZEIT: CA. 5 MIN.
PRO PORTION: CA. 145 KCAL
FÜR 4 PERSONEN

2 EL Cidreessig | 1 EL Dijon-Senf
Salz | Pfeffer aus der Mühle
1 Prise Zucker
6 EL kaltgepresstes Sonnenblumenöl
4 EL fein gehackte Kräuter (z. B. Petersilie,
    Kerbel, Pimpinelle und Estragon)
1 kleine Tomate | 1 Schalotte

1 Cidreessig mit Senf, Salz, Pfeffer und 1 Prise Zucker glatt rühren, am besten mit dem Schneebesen. Sonnenblumenöl unterschlagen, dann die Kräuter unterrühren.

2 Tomate waschen, Schalotte schälen. Beides hauchfein würfeln und unter die Vinaigrette rühren. Sauce nochmals mit Salz, Pfeffer und Zucker abschmecken.

Orientalisches Minze-Dressing

Macht aus klein **gewürfeltem Gemüse**, z. B. Paprika, Frühlings-zwiebel, Gurke und Tomate, einen minze-frischen Salat fürs orientalische **Vorspeisen-Buffet**. Passt auch gut zu Blattsalaten.

ZUBEREITUNGSZEIT: CA. 5 MIN.
PRO PORTION: CA. 140 KCAL
FÜR 4 PERSONEN

1/2 Bund Minze
3 EL Zitronensaft
1 TL Tahin-Paste
6 EL Olivenöl
Salz | Paprikapulver
gem. Kreuzkümmel

1 Minze waschen und trockenschütteln. Die Blättchen in feine Streifen schneiden.

2 Zitronensaft und Tahin vermischen, beides mit dem Öl zu einer cremigen Sauce verrühren. Sauce mit Salz, Paprika und Kreuzkümmel würzen. Minzestreifen unterrühren.

Roquefort-Kresse-Schnittlauch-Dressing

Roquefort, Schnittlauch und Kresse – besonders **Gurken oder Chicorée** vertragen das **würzige Trio**. Mit Schinkenstreifen wird daraus ein Salat zum Sattessen.

ZUBEREITUNGSZEIT: CA. 5 MIN.
PRO PORTION: CA. 100 KCAL
FÜR 4 PERSONEN

1 Stückchen Roquefort (ca. 15–20 g)
100 g Sahne | 1 EL Weißweinessig
1/2 Bund Schnittlauch
1 Beet Kresse
Salz | Pfeffer aus der Mühle

1 Käse mit einer Gabel fein zerkleinern und mit einem Schneebesen unter die Sahne rühren. Weißweinessig und 1 EL Wasser, eventuell Gurkenwasser unterrühren.

2 Schnittlauch waschen, trockenschütteln und in feine Röllchen schneiden. Kresse abschneiden und mit dem Schnittlauch unter das Dressing rühren. Sauce kräftig mit Salz und Pfeffer abschmecken.

Asia-Sauce

Fein zu **asiatisch inspirierten Salaten** mit Sprossen oder Gurken-stiften. Für eine schärfere Version Reisessig statt mit Zucker mit 1 TL **Wasabipaste** verrühren.

ZUBEREITUNGSZEIT: CA. 5 MIN.
PRO PORTION: CA. 60 KCAL
FÜR 4 PERSONEN

1/2 Bund Schnittknoblauch
4 EL Reisessig | 1 TL brauner Zucker
Salz | Pfeffer aus der Mühle
1 EL neutrales Pflanzenöl | 1 TL Sesam-Würzöl
2 TL ungeröstete Erdnusskerne

1 Schnittknoblauch waschen und trockenschütteln. Wurzeln abschneiden. Schnittknoblauch mit einem scharfen Messer schräg in winzige, hauchfeine Streifchen schneiden.

2 Reisessig mit dem Zucker, Salz und Pfeffer verquirlen, dann beide Öle unterrühren. Erdnüsse sehr fein hacken. Sauce mit Erdnüssen und dem Schnittknoblauch verrühren und nochmals abschmecken.

Dip-Trip **um die Welt:** *mit Tomaten-Kräuter-Vinaigrette nach Frankreich (oben links), mit Minze-dressing* **in den Orient** *(unten links), mit Asia-Sauce nach Fernost (unten rechts) – und mit Roquefort-Kresse-Schnittlauch-Dressing* **zurück nach Hause** *(oben rechts).*

Wildkräutersalat mit Tomaten-Bärlauch-Dressing

Kostenlos wild: Die meisten Salatzutaten gibt's umsonst von einer ungedüngten Wiese. Für einen ausgewogenen Aromenmix mischen Sie möglichst viele verschiedene Kräuter **von sanft bis würzig.** Die aufgestreuten Tomatenwürfelchen mildern das herbe Aroma.

ZUBEREITUNGSZEIT: CA. 25 MIN.
PRO PORTION: CA. 140 KCAL
FÜR 4 PERSONEN

300 g gemischte Wildkräuter (Löwenzahn, Gänseblümchenblätter und -blüten, Spitzwegerich, Taubnessel, Sauerklee, Sauerampfer, zarte Blättchen vom Wiesenschaumkraut)
2 große reife Tomaten
4 EL Zitronensaft
1 TL scharfer Senf
Salz | schwarzer Pfeffer aus der Mühle
4 EL natives Olivenöl extra
2 EL fein geschnittener Bärlauch

1 Die Wildkräuter in stehendem lauwarmem Wasser waschen, verlesen und gut abtropfen lassen. Die Blättchen abzupfen und unzerkleinert locker auf vier Teller verteilen.

2 Tomaten waschen und die Stielansätze entfernen. Tomaten in kleine Würfel schneiden und über die Kräuter streuen.

3 Für das Dressing Zitronensaft, Senf, Salz und Pfeffer in einen Mixbecher geben und kräftig schütteln. Das Olivenöl zugeben und alles zu einer cremigen Sauce mixen. Das Dressing über den Salat träufeln, mit dem Bärlauch bestreuen und gleich servieren.

AROMAVARIANTE MIT BRENNNESSELN & KNOBLAUCH
Statt der gemischten Kräuter 500 g zarte Brennnesselspitzen (mit Gummihandschuhen sammeln und verarbeiten) gut waschen, in reichlich Salzwasser 3–5 Min. blanchieren, abgießen, kalt abschrecken und gut abtropfen lassen, auf Tellern anrichten. 3 Knoblauchzehen schälen und fein hacken, in 4 EL Olivenöl glasig dünsten. Über die Brennnesseln gießen, mit Salz und Pfeffer würzen, mit jeweils 1 EL Zitronensaft beträufeln und sofort servieren, sonst werden die Blätter braun.

Kräuterküche **in Reinform:** *Wenige Zutaten perfekt aufeinander abgestimmt, einfach und schnell zubereitet – ein knackiger Salat, der an* **geschmacklicher Vielfalt** *kaum zu übertreffen ist.*

Rucola mit Orange und Thymian-Ziegenkäse-Crostini

Einheit in der Vielfalt: Um **nussige Rucola** und herb-aromatische Thymian-Crostini legt sich die feine Süße von **Honigdressing** und Orangen.

ZUBEREITUNGSZEIT: CA. 30 MIN.
PRO PORTION: CA. 415 KCAL
FÜR 4 PERSONEN

1/2 Bund Thymian
150 g Ziegenfrischkäse
7 EL kaltgepresstes Raps- oder Olivenöl
1 dickes Bund wilde Rucola
2 kleine Romanasalatherzen
1 unbehandelte Orange
8 Scheiben Baguette
3 EL Aceto balsamico bianco
Salz | Pfeffer aus der Mühle
1 EL Akazienhonig

1 Thymian waschen und trockenschütteln. 8 kleine Zweige beiseite legen. Von den restlichen Zweigen die Blättchen abstreifen. Den Ziegenfrischkäse mit 2 EL Öl und den Thymianblättchen verrühren.

2 Rucola verlesen, grobe Stiele abknipsen, Blättchen waschen. Romanasalat putzen, in Blätter teilen und waschen. Rucola- und Romanablätter nach Belieben kleiner zupfen, trockenschleudern und mischen. Backofen auf 250 °C (230 °C Umluft) vorheizen. Die Orange wie einen Apfel schälen, so dass auch die weiße Innenhaut entfernt wird. Orangenfilets aus den Häuten schneiden. Den austretenden Orangensaft dabei auffangen. Salat auf Tellern verteilen. Mit Orangenfilets garnieren.

3 Orangensaft mit Aceto balsamico, Salz, Pfeffer und Akazienhonig verrühren. Mit restlichem Öl zu einem cremigen Dressing verrühren. Dressing über den Salat träufeln.

4 Baguettescheiben mit Käsecreme bestreichen. Im Ofen etwa 4 Min. gratinieren. Baguette mit Thymianzweigen garnieren und sofort mit dem Salat servieren.

AROMAVARIANTEN
1. Mit Portulak: Statt Rucola passt auch Winterportulak sehr gut zu den Orangen, nach Belieben pur oder mit Feldsalat gemischt. Manchmal haben die zarten Portulak-Blättchen mit dem langen Stiel in der Mitte einen Blütenansatz, den Sie ruhig mitessen können.
2. Mit gemischten Blattsalaten: Thymiancrostini schmecken auch sehr gut zu südfranzösischem Mesclun-Salat, der – je nach Marktlage – aus Löwenzahn, Romana-, Frisée- oder Feldsalat, Chicorée, aber auch Kräutern wie Brunnenkresse, Kerbel oder Petersilie gemischt wird.
3. Mit anderem Obst: Im Hochsommer Rucola mit Pfirsichspalten oder Melone kombinieren. Im Herbst passen auch rote halbierte Weintrauben sehr gut.

Ein Salat, der nicht nur durch seine **geschmackliche** *Ausgewogenheit besticht: Knusprig, knackig, saftig und cremig zugleich,* **fühlt** *er sich beim* **genüsslichen Verzehr** *auch noch richtig* **spannend** *an!*

Den **Petersiliensalat** liebt man im Nahen Osten, in Nordafrika und längst auch in **Südfrankreich.** Es muss aber nicht immer Petersilie sein – mit Kräutern **von Ananassalbei** bis Fenchelgrün bereist Bulgur noch ganz andere Länder …

Taboulé besonders einfach und vier Mal anders

ZUBEREITUNGSZEIT: CA. 1 STD.
FÜR 4 PERSONEN

GRUNDREZEPT

125 g Bulgur (grober Hartweizengrieß)
4 Bund glatte Petersilie
6 EL Zitronensaft | 8 EL Olivenöl
Salz | schwarzer Pfeffer aus der Mühle

Bulgur in einer Schüssel mit heißem Wasser bedecken, es soll etwa 1 cm über den Körnern stehen. Etwa 30 Min. quellen lassen, bis die Körner weich sind, aber noch etwas Biss haben. Petersilie waschen, trockenschütteln und die Blätter grob zerschneiden. Bulgur in einem Sieb abtropfen lassen. Mit Petersilie, Zitronensaft und Olivenöl vermischen, mit Salz und Pfeffer abschmecken. Bis zum Servieren kühl stellen.

1. GESCHMACKSERLEBNIS: CHINESISCHER SCHNITTLAUCH

Den Taboulé statt mit Zitronensaft mit Limettensaft anmachen, 1 EL ganz fein gehackten frischen Ingwer untermischen. 1 Bund Chinesischen Schnittlauch waschen, trockenschütteln und sehr schräg in feine Streifen schneiden, untermischen. Den Salat mit 1 TL Sesam-Würzöl (aus geröstetem Sesam) und 1 TL chinesischer Chilisauce aromatisieren, 30 Min. durchziehen lassen.

2. GESCHMACKSERLEBNIS: FENCHELGRÜN

2 reife Tomaten überbrühen, häuten und ohne Stielansätze ganz klein würfeln. Unter das Grundrezept mischen. 1 Hand voll zartes Fenchelgrün (vom Gewürzfenchel) waschen, trockenschütteln und fein schneiden, unter den Salat mischen, nach Belieben mit 1 EL Pastis (Anislikör) aromatisieren. 30 g Haselnüsse ohne Fett leicht anrösten, grob raspeln und zum Schluss über den Salat streuen.

3. GESCHMACKSERLEBNIS: ANANASSALBEI & GRÜNER PFEFFER

Das Grundrezept mit Instant-Couscousgrieß bereiten (nur 15 Min. quellen lassen). 2 Stängel Ananassalbei waschen, die Blätter abzupfen und in Streifen schneiden. 1 Orange mit dem Messer bis ins Fruchtfleisch schälen, die Filets aus den Trennhäuten schneiden und in Stücke schneiden. 2 TL eingelegten grünen Pfeffer etwas zerdrücken. 1 Knoblauchzehe schälen und fein würfeln. Alles unter den Salat mischen.

4. GESCHMACKSERLEBNIS: MINZE & CHILI

2 frische grüne Chilis waschen, längs aufschlitzen und die Kerne entfernen, die Schoten winzig klein würfeln (Vorsicht, scharf!). 3 Zweige türkische Minze waschen, trockenschütteln, die Blätter abzupfen und fein schneiden. 2 reife Tomaten waschen, Stielansätze entfernen, die Tomaten ganz klein würfeln. Alles unter den Taboulésalat mischen. Nach Belieben noch mit Cayennepfeffer pikanter machen.

Thai-Salat mit Roastbeef

Exotische **Resteküche:** Für den Salat können Sie übrig gebliebenes Fleisch von Roastbeef oder Tafelspitz nehmen. Fein, wenn Gäste kommen: Der Salat **macht was her** und lässt sich problemlos vorbereiten, am schnellsten mit Roastbeef-Aufschnitt vom Metzger.

ZUBEREITUNGSZEIT: CA. 30 MIN.
MARINIERZEIT: CA. 2 STD.
PRO PORTION: CA. 215 KCAL
FÜR 4 PERSONEN

1 kleine Gärtnergurke oder ein
   Stück Salatgurke (ca. 15 cm)
1 unbehandelte Limette
1 grüne Chilischote
4 dicke Frühlingszwiebeln
1 Stängel Zitronengras
1 Bund Thai-Basilikum
3–4 EL Fischsauce
5 EL Erdnussöl
Salz | Pfeffer aus der Mühle
300 g Roastbeef-Aufschnitt oder
   gekochtes Rindfleisch (z. B. Tafelspitz)
   in sehr dünnen Scheiben

1 Gurke schälen und in dünne Scheiben hobeln, Limette waschen, trocknen und halbieren. Eine Hälfte auspressen, die andere in hauchdünne Scheiben hobeln. Chilischote putzen, waschen, entkernen und fein würfeln. Frühlingszwiebeln putzen, waschen und in dünne Ringe hobeln oder schneiden. Zartes Grün hacken.

2 Wurzelansatz und Stängel vom Zitronengras abschneiden. Das untere verdickte Ende, das übrig bleibt, sehr fein hacken. Thai-Basilikum waschen und trockenschütteln. Blättchen von 2 Stängeln abzupfen, sehr fein hacken und mit dem Zitronengras, 2 EL Limettensaft, 3 EL Fischsauce und Erdnussöl verrühren. Sauce mit Salz, Pfeffer und eventuell noch etwas Fischsauce abschmecken.

3 Eine größere Servierplatte mit etwas Sauce bestreichen. Roastbeefscheiben abwechselnd mit Zwiebelringen, Gurken- und Limettenscheiben darauf anrichten. Frühlingszwiebelgrün und Chili darüber streuen. Die restliche Marinade darüber träufeln. Abgedeckt im Kühlschrank etwa 2 Std. marinieren.

4 Kurz vor dem Servieren Basilikumblättchen von restlichen Stängeln abzupfen. Salat mit den Kräutern bestreut servieren.

MEDITERRANE AROMAVARIANTE
Der Rindfleischsalat passt – ein wenig abgewandelt – auch gut auf ein mediterranes Buffet. Dafür das Dressing aus 1 EL Zitronensaft, 1 EL Aceto balsamico, Salz, Pfeffer und 5 EL Olivenöl zubereiten. 1 gepresste Knoblauchzehe und 1 EL fein gehacktes (italienisches) Basilikum unterrühren. Roastbeefscheiben statt mit Limetten- mit Zitronenscheiben, Gurke und Frühlingszwiebeln anrichten. Statt Chiliringen 2 EL Kapern darüber streuen. Mit reichlich Basilikumblättchen bestreuen.

Limette, **Chilischote,** *Zitronengras, Thai-Basilikum und Fischsauce – typisch* **thailändische Würzen.**
Mit denen Sie nicht nur Roastbeef fernöstlich anmachen können, sondern auch in Brühe gegartes und in
Streifen zerpflücktes **Hähnchenbrustfilet.**

Kartoffeln schmecken meist recht **neutral,** vor allem wenn sie einer Suppe den Namen geben. Also darf dabei **kräftig mit Kräutern** gewürzt werden, die sie so recht zur Geltung bringt.

Kartoffelsuppe besonders einfach und vier Mal anders

ZUBEREITUNGSZEIT: CA. 40 MIN.
FÜR 4 PERSONEN

GRUNDREZEPT

500 g mehlig kochende Kartoffeln
2 Möhren | 2 Stangen Staudensellerie
2 EL Butter | 1,5 l Fleischbrühe
1 Lorbeerblatt | Salz
weißer Pfeffer aus der Mühle

Die Kartoffeln und Möhren waschen, schälen und klein würfeln. Den Staudensellerie waschen, entfädeln und in kleine Würfel schneiden. In einem Suppentopf die Butter aufschäumen lassen, Gemüsewürfel kurz darin andünsten, bis sie würzig duften. Die Brühe aufgießen und aufkochen lassen. Zugedeckt bei schwacher Hitze 25–30 Min. köcheln lassen. Das Lorbeerblatt herausfischen und die Suppe im Topf mit dem Pürierstab kurz pürieren. Mit Salz und Pfeffer abschmecken.

1. GESCHMACKSERLEBNIS: **BRUNNENKRESSE**

2 Hand voll Brunnenkresseblätter in lauwarmem Wasser gründlich waschen. Ein paar Blättchen zum Garnieren beiseite legen, die anderen grob zerschneiden. Die Gemüsewürfel wie im Grundrezept mit der geschnittenen Kresse andünsten und garen. Die fertige Suppe mit 2–3 EL Crème fraîche schaumig aufmixen, mit 1 Prise Piment abschmecken und mit Kresseblättchen garnieren.

2. GESCHMACKSERLEBNIS: **SALBEI**

Kurz bevor die Suppe nach Grundrezept fertig ist, die Blätter von 2 Zweigen frischem Salbei in breite Streifen schneiden. 50 g durchwachsenen Speck ohne Schwarte klein würfeln, in 1 EL Butter auslassen. Die Salbeiblätter zugeben und knusprig braten. Die Suppe mit gemahlenem Koriander und ein wenig Essig abschmecken, die heiße Speck-Salbei-Mischung darüber streuen und servieren.

3. GESCHMACKSERLEBNIS: **CURRYKRAUT**

3 Zweige Currykraut waschen und trockenschütteln. Die Zweigspitzen abzupfen und beiseite legen. 1 gut walnussgroßes Stück frischen Ingwer schälen, klein würfeln, mit dem Gemüse wie im Grundrezept andünsten. Currykrautzweige im Ganzen mitgaren, vor dem Pürieren aus der Suppe fischen und wegwerfen. Die Suppe leicht pürieren und mit den Currykrautblüten bestreuen.

4. GESCHMACKSERLEBNIS: **BÄRLAUCH**

1 Bund Bärlauch waschen, trockenschütteln und die Blätter ohne derbe Stiele in feine Streifen schneiden. 1 große Gemüsezwiebel schälen, halbieren, in Streifen schneiden. 2 EL Butter erhitzen, Zwiebelstreifen darin in etwa 10 Min. nussbraun braten, dann leicht salzen. Suppe nach Grundrezept mit dem Bärlauch kurz pürieren, mit Muskat abschmecken und die gerösteten Zwiebeln darüber streuen.

In der Zubereitung besonders einfach, im Geschmack **einfach besonders**: eine sämige Suppe mit vielen »wilden« Aromen, mit der auch weniger Kocherfahrene **kräuterglücklich** werden.

Wildkräutersuppe

Früher war es Brauch, am **Gründonnerstag** eine **grüne Suppe** zu essen, für die zarte Wildkräuter auf Wiese und Feld gesammelt wurden. Mit der Zeit wurde die Mischung eintöniger: Im Süden blieb nur Kerbel, im Norden und Osten nur Sauerampfer übrig. Hier ist das Rezept in seiner kräutervielfältigen **Urversion,** verfeinert mit gehacktem Gundermann – einem wahren **Aroma-Tausendsassa:** bitter, leicht scharf, herb und mit einem minzartigen Duft.

ZUBEREITUNGSZEIT: CA. 30 MIN.

PRO PORTION: CA. 290 KCAL

FÜR 4 PERSONEN

150 g zarte Brennnesselblätter
1 Hand voll Brunnenkresse
1 Hand voll Sauerampfer
1 Hand voll Löwenzahnblätter
3 Frühlingszwiebeln
1 Knoblauchzehe
2 EL Butter
1 l heiße Gemüsebrühe
200 g Sahne
Salz | weißer Pfeffer aus der Mühle
geriebene Muskatnuss
2 Eigelbe
2 TL fein gehackte Gundermannblättchen
Gundermannblüten nach Belieben

1 Die Brennnesselblätter gründlich waschen (Gummihandschuhe anziehen!) und harte Stiele entfernen. Reichlich Wasser aufkochen, salzen und die Brennnesselblätter darin 1 Min. blanchieren. In ein Sieb abgießen, kalt abschrecken und abtropfen lassen.

2 Die übrigen Wildkräuter waschen, Brunnenkresseblätter abzupfen, vom Sauerampfer und dem Löwenzahn harte Stiele entfernen. Die Blätter abtropfen lassen. Brennnesseln und Wildkräuter fein hacken.

3 Die Frühlingszwiebeln waschen und putzen, die hellen Abschnitte hacken, die grünen in feine Röllchen schneiden. Den Knoblauch schälen und fein hacken.

4 Im Suppentopf die Butter aufschäumen lassen. Die hellen Frühlingszwiebelabschnitte mit dem Knoblauch darin glasig braten. Die gehackten Kräuter zugeben und kurz andünsten. Die heiße Brühe aufgießen und einmal aufkochen lassen. Die Sahne einrühren und die Suppe mit Salz, Pfeffer und Muskat abschmecken.

5 Die Eigelbe mit etwas heißer Suppe verquirlen, die Mischung zur übrigen Suppe gießen und diese unter Rühren vorsichtig erhitzen, bis die Suppe leicht bindet (nicht kochen lassen, sonst gerinnen die Eigelbe). Die Suppe sofort auf Teller verteilen, mit den grünen Frühlingszwiebelröllchen und Gundermann sowie Gundermannblüten bestreuen.

AROMAVARIANTEN
1. Mit Brennnesseln & Dill: 500 g Brennnesseln wie oben vorbereiten und mit den gehackten Frühlingszwiebeln andünsten. Zum Schluss 1 Bund fein geschnittenen Dill und 2 EL gehackte Petersilie untermischen.
2. Mit Radieschenblättern: Die Blätter von 2 Bund Radieschen wie die Brennnesseln vorbereiten und andünsten. Zum Schluss reichlich gehackten Kerbel untermischen und die Suppe mit in Butter gerösteten Weißbrotwürfelchen bestreuen.

Safran-Gemüsetopf mit Basilikum-Liebstöckel-Pistou

Ein leichtes, von Kräuterwürze **gekröntes Sommersüppchen,** dessen Gemüse wir nach Lust, Laune und Saison laufend variieren. Was immer im Topf zueinander findet: **Frisches Baguette** gehört dazu.

ZUBEREITUNGSZEIT: CA. 40 MIN.
PRO PORTION: CA. 260 KCAL
FÜR 4 PERSONEN

1 Bund dicke Frühlingszwiebeln
600 g vollreife Tomaten
2 Stangen Staudensellerie
2 Fenchelknollen mit Grün
2 Möhren
2 mehlig kochende Kartoffeln
1 Knoblauchzehe
1 unbehandelte Orange
2 Stängel Liebstöckel
2 EL Olivenöl
1 Msp. Safran
600 ml Gemüsebrühe
Meersalz | Pfeffer aus der Mühle

FÜR DAS PISTOU

1 Knoblauchzehe
2–3 Stängel Liebstöckel
1/2 Bund Basilikum
1/2 Bund Schnittlauch
1 EL Mandelstifte
2–3 EL Olivenöl
Meersalz | Pfeffer aus der Mühle

1 Frühlingszwiebeln putzen und waschen. Weiße dicke Zwiebeln würfeln, grüne Teile in etwa 1 cm lange Stücke schneiden. Tomaten überbrühen, häuten und würfeln. Selleriestangen und Fenchel waschen und putzen. Zartes Fenchelgrün beiseite legen. Selleriestangen und Fenchelknollen ohne Strunk in Würfel schneiden. Möhren und Kartoffeln schälen, ebenfalls klein würfeln. Knoblauch schälen und hacken.

2 Die Orange heiß waschen, trockenreiben. Ein Stück Schale hauchdünn abschneiden. Schale von 1 Orangenhälfte fein abreiben. Orange halbieren, 1 Hälfte auspressen. Liebstöckel waschen, trockenschütteln.

3 Olivenöl in einem Schmortopf erhitzen. Die Hälfte des Knoblauchs und die Frühlingszwiebeln darin glasig dünsten. Fenchel, Sellerie, Möhren und Kartoffeln dazugeben und kurz mitbraten. Tomaten, Orangenschalenstück, Liebstöckelstängel und Fenchelgrün dazugeben. Safran in etwas Brühe auflösen, mit restlicher Brühe und 1 Schuss Orangensaft dazugießen. Eintopf zugedeckt 10–14 Min. bei mittlerer Hitze schmoren lassen, bis die Kartoffeln weich sind.

4 Inzwischen für das Pistou Knoblauch schälen, Kräuter waschen und trockenschütteln. Liebstöckel- und Basilikumblättchen abzupfen und mit Knoblauch, Mandelstiften und 2 EL Olivenöl pürieren, bei Bedarf noch etwas Öl dazugeben. Schnittlauch in Röllchen schneiden und mit 1/2 TL abgeriebener Orangenschale und 1 guten Prise Salz unterrühren. Pistou und Eintopf mit Salz und Pfeffer abschmecken. Den Eintopf mit je einem Klecks Pistou servieren.

> **AROMAVARIANTE MIT ROSMARIN ODER LAVENDEL**
> Statt Liebstöckel 2–3 Zweige Rosmarin oder auch Lavendel mitgaren.
> Den Eintopf ohne Pistou, nur mit Basilikumblättchen bestreut servieren.

Liebstöckel- und Basilikumblättchen mit Knoblauch, Mandeln und Öl pürieren.

Schnittlauch per Hand und ruhig auch grob schneiden, dann unterrühren.

Wer möchte, kann das Pistou auch gleich in die Suppe rühren.

Portulaksuppe

Bei dieser cremigen Suppe heißt die Devise **nicht wild, sondern mild.** Darum bereiten wir sie nicht mit Portulak aus dem Garten zu, sondern mit der milderen Zuchtform vom Wochenmarkt.

ZUBEREITUNGSZEIT: CA. 45 MIN.
PRO PORTION: CA. 220 KCAL
FÜR 4 PERSONEN

150 g Portulak
250 g mehlig kochende Kartoffeln
2 Knoblauchzehen
3 EL Butter
1 l heiße Fleischbrühe
75 g Crème fraîche
Salz | weißer Pfeffer aus der Mühle
geriebene Muskatnuss

1 Portulak verlesen und waschen, abtropfen lassen. Etwa 1 Hand voll zarter Blätter beiseite legen, die restlichen klein schneiden. Kartoffeln schälen und in kleine Würfel schneiden. Knoblauch schälen, fein hacken. In einem großen Topf die Butter zerlassen, die Kartoffelwürfel mit Knoblauch kurz darin andünsten, dann die geschnittenen Portulakblätter zugeben. Heiße Brühe aufgießen, zugedeckt 20 Min. leise köcheln lassen.

2 Wenn die Kartoffeln gar sind, die Suppe mit dem Pürierstab glatt mixen oder durch ein Passiersieb streichen. Wieder erhitzen, die Crème fraîche einrühren, Suppe mit Salz, Pfeffer und Muskat abschmecken. Mit den beiseite gelegten Portulakblättern garnieren. Gleich servieren.

AROMAVARIANTE MIT SAUERAMPFER
Statt Portulak zarte Sauerampferblättchen auf ungedüngten Wiesen sammeln, harte Stängel entfernen. Die Hälfte davon mitkochen, den Rest in feinen Streifen zuletzt untermischen.

Grüner andalusischer Gazpacho

Bei **flirrender Sommerhitze** gerade richtig: erfrischend leichter Gazpacho aus Andalusien. Der hier statt als klassisches Tomaten-Gemüse-Püree in einer **belebenden Kräuterversion** daherkommt. Damit das Grün knackfrisch bleibt, die Suppe gleich servieren – am besten mit ofenfrischem **Weißbrot**.

ZUBEREITUNGSZEIT: CA. 30 MIN.
PRO PORTION: CA. 255 KCAL
FÜR 4 PERSONEN

1 kleiner Romanasalat (Salatherz, Little Gem)
1 Hand voll Brunnenkresse
1 Hand voll Rucolablätter
1 Hand voll ganz zarte junge Löwenzahnblätter
1 Hand voll Tripmadamblätter
1 Hand voll Portulakblätter
2 Zweige frische türkische Minze
2 EL Vogelmiereblättchen
4 Knoblauchzehen
grobes Meersalz
2 EL fein geschnittenes Fenchelgrün
    (zarte Triebe vom Gewürzfenchel)
100 ml natives Olivenöl extra
3 EL Sherryessig
300 ml leichte Gemüsebrühe
Salz | schwarzer Pfeffer aus der Mühle

ZUM GARNIEREN

essbare Blüten (z. B. Lungenkraut,
    Gänseblümchen, Borretsch,
    Lavendel, Majoran, Malven,
    Kapuzinerkresse)

1 Den Romanasalat putzen und die Blätter ablösen, gut waschen. Wildkräuter und die übrigen Kräuter verlesen, harte Stängel entfernen. Die Blätter gründlich in lauwarmem Wasser waschen.

2 Den Romanasalat und die Wildkräuter gut abtropfen lassen oder in der Salatschleuder vorsichtig trocknen. Die Blätter in schmale Streifen schneiden, Tripmadam und Vogelmiere ganz lassen. Alles in eine Schüssel geben und locker vermischen.

3 Den Knoblauch schälen und mit etwas grobem Meersalz in einen Mörser geben, zu einem glatten Brei zerstampfen. Mit Fenchelgrün, Olivenöl und Essig zu einer cremigen Mischung verarbeiten (das geht am einfachsten in einem Mixer). Die Gemüsebrühe zugießen und noch einmal gründlich mixen.

4 Die Kräutermischung mit Salz und Pfeffer abschmecken, vorsichtig über die Salate gießen. Mit bunten Blüten dekorieren. Sofort servieren.

AROMAVARIANTEN
1. Mit Knoblauch-Hederich: Statt der Wildkräuter etwa 200 g gemischte Blattsalate und 1 Hand voll Knoblauch-Hederichblätter nehmen. Anstelle des Knoblauchs 2 Schalotten mit 1 Bund Bärlauch pürieren.
2. Mit Minze: Einen Teil der Kräuter durch Minzeblätter (vor allem Ananas- und Orangenminze plus ein paar Blätter Krause Wasserminze) ersetzen, 2–3 Duftpelargonienblätter ganz fein hacken und statt Fenchelgrün zum Knoblauchpüree geben.

*Ein kühlender Gruß aus dem **sonnigen Spanien**, der Sie auch bei hohen Temperaturen nicht ins Schwitzen bringt: Für den andalusischen Gazpacho braucht es **keine aufwändigen Kochaktionen**, sondern lediglich viele frische Kräuter.*

Garnelen und Reisnudeln in scharfem Kaffirlimettensud

Nudelsuppe auf die uns liebste, nämlich auf **Thai-Art**: Zitronengras und Kaffirlimettenblätter sorgen für **exotischen Geschmack.**

ZUBEREITUNGSZEIT: CA. 25 MIN.
PRO PORTION: CA. 170 KCAL
FÜR 4 PERSONEN

100 g Reisnudeln (ca. 5 mm breit)
1 dünne Stange Lauch
2 zarte Möhren
1 Stängel Zitronengras
2 frische rote Chilischoten
1 Stück frischer Ingwer (ca. 2 cm)
6 Kaffirlimettenblätter
700 ml Gemüsebrühe
150 g gegarte und geschälte Garnelen
Salz

1 Reisnudeln nach Belieben in längere Stücke brechen und mindestens 10 Min. in kaltem Wasser einweichen oder nach Packungsanweisung garen. Den Lauch putzen, waschen und längs in etwa 10 cm lange feine Streifen schneiden. Die Möhren schälen und längs in dünne Juliennestreifen schneiden.

2 Trockene und lose äußere Blätter vom Zitronengrasstängel entfernen. Zitronengras waschen und mit einem Hammer etwas weich klopfen. Chilis putzen, waschen und in feine Ringe schneiden. Ingwer schälen und fein reiben. Besonders zarten Ingwer einfach durch die Knoblauchpresse drücken. Limettenblätter waschen.

3 Die Brühe mit Zitronengras, Chiliringen, Ingwer und 4 Kaffirlimettenblättern aufkochen und etwa 10 Min. sanft kochen lassen. Kaffirlimettenblätter und Zitronengras entfernen. Eingeweichte Reisnudeln, Lauch- und Möhrenstreifen dazugeben und im Sud 3–4 Min. kochen lassen. Die Garnelen dazugeben und 1–2 Min. miterhitzen.

4 Inzwischen restliche Kaffirlimettenblätter in hauchfeine Streifen schneiden. Dazu Blätter an der Mittelrippe längs falten, die Mittelrippe mit einem scharfen Messer wegschneiden. Die Blatthälften leicht schräg aufrollen und mit einem scharfen Messer in hauchdünne Streifen schneiden. Suppe mit Salz abschmecken und mit Limettenblattstreifen garniert servieren.

AROMAVARIANTE MIT THAI-BASILIKUM
Wer den intensiven, zitronig herben Geschmack der Kaffirlimettenblätter noch nicht kennen gelernt hat, würzt die Suppe anfangs vielleicht vorsichtiger mit nur 2–3 Limettenblättern und garniert sie zum Schluss mit Thai-Basilikum.

*Das hocharomatische, **wärmende** Süppchen aus Fernost steht blitzschnell auf dem Tisch und macht mit Garnelen **richtig was her.** Perfekt, wenn Thai-Fans zu Gast sind!*

Überall dort, wo wir gern Urlaub machen, sind kleine, feine Snacks und cremig pikante Dips nicht nur **aufregende Appetizer** – oft ersetzen Antipasti, Tapas & Co. die ganze Hauptmahlzeit, die vielfältiger dann gar nicht mehr werden kann. Also machen wir es unseren **mediterranen Nachbarn** nach und setzen dem Ganzen mit viel grüner Kräuterwürze noch die Krone auf.

SNACKS & DIPS

Bruschette mit Kirschtomaten und Basilikum

Die besten Bruschette haben wir **auf Ischia** gegessen – mit reifen, aromatischen Kirschtomaten, milder Zwiebel und viel würzigem Basilikum auf frisch geröstetem Weißbrot. Im **Hochsommer,** wenn bei uns **sonnenverwöhnte Zutaten** zu haben sind, schmecken sie aber auch zu Hause unglaublich gut.

1 Die Kirschtomaten waschen und in kleine Stücke schneiden. Die Zwiebel und den Knoblauch schälen, die Zwiebel nicht zu klein würfeln. Die Hälfte der Knoblauchzehen fein hacken. Die Basilikumblätter mit Küchenpapier trocken abreiben, die Blätter grob zerschneiden.

2 Tomaten, Zwiebeln, gehackten Knoblauch und Basilikum mit Essig, Olivenöl, Salz und Pfeffer vorsichtig vermischen.

3 Die Brotscheiben quer halbieren und im Toaster hellbraun rösten. Die heißen Brotscheiben mit den übrigen Knoblauchzehen auf einer Seite einreiben, mit der eingeriebenen Seite nach oben auf Tellern anrichten. Die Tomatenmischung darauf verteilen und sofort servieren, das Brot soll nicht durchweichen.

ZUBEREITUNGSZEIT: CA. 20 MIN.
PRO PORTION: CA. 215 KCAL
FÜR 4 PERSONEN

250 g kleine reife Kirschtomaten
1 milde weiße Zwiebel
4 Knoblauchzehen
4 Stängel großblättriges Basilikum
1 EL milder Weißweinessig
4 EL natives Olivenöl extra
Salz | schwarzer Pfeffer aus der Mühle
4 dicke Scheiben großporiges italienisches Weißbrot

AROMAVARIANTEN
1. Mit Petersilie & Shrimps: Statt Kirschtomaten 300 g geschälte Shrimps (kleine Garnelen) abtropfen lassen, mit 1 EL Zitronensaft und 2 EL Olivenöl vermischen. 1 Knoblauchzehe dazupressen. 1 Bund Petersilie grob gehackt zugeben, auf die gerösteten Brotscheiben häufen.
2. Mit Oregano: 50 g getrocknete Tomaten in Öl abgetropft ganz klein würfeln, mit Knoblauch, 2 EL gehackten frischen Oreganoblättchen und 1 Prise Cayennepfeffer mischen. Auf Röstbrot verteilen.

Hähnchenflügel vom Grill schmecken natürlich am besten, wenn man sie vor dem Abknabbern in einen **cremigen Dip** taucht – je nach Gusto mild oder pikant gewürzt und gekräutert.

Chicken Wings und vier Mal Dips

ZUBEREITUNGSZEIT: CA. 35 MIN.
FÜR 4 PERSONEN

BASISREZEPT

1 kg fleischige Hähnchenflügel
Salz | schwarzer Pfeffer aus der Mühle
50 ml Erdnussöl | 1 TL Sesam-Würzöl
2 EL Zitronensaft | 1/2 TL getr. Oregano
1/2 TL getr. Thymian
1 Prise Cayennepfeffer
Öl für den Rost oder die Folie

Die Hähnchenflügel kurz waschen, mit Küchenpapier gut trockentupfen. Spitzen mit einer Schere abschneiden, damit sie beim Grillen nicht verbrennen. Flügel mit Salz und Pfeffer einreiben. Erdnussöl mit Sesamöl und Zitronensaft verquirlen. Oregano und Thymian mit den Fingern fein zerreiben, mit dem Cayennepfeffer untermischen.
Holzkohlen- oder Elektrogrill vorheizen. Hähnchenflügel mit etwas Würzöl bestreichen, auf dem geölten Rost über der Holzkohle oder auf geölter Alufolie unterm Elektrogrill in etwa 20 Min. garen, dabei ab und zu wenden und mit dem restlichen Öl bestreichen. Auf einer Platte anrichten.

1. GESCHMACKSERLEBNIS: BARBECUEDIP

1 große Zwiebel und 2 Knoblauchzehen schälen, fein würfeln, in 2 EL Öl langsam weich schmoren. Je 1/2 TL getrockneten Rosmarin, Thymian und Oregano mit den Fingern fein zerreiben, mit je 150 ml Tomatenketchup und Gemüsefond sowie 1 EL Tomatenmark zugeben. Alles offen 15 Min. leise köcheln lassen. Wenn die Sauce dick ist, mit 1 EL Ahornsirup, 2 TL Rotweinessig, ein paar Tropfen Tabasco, Salz und Pfeffer pikant abschmecken.

2. GESCHMACKSERLEBNIS: GUACAMOLE

1 reife, aber noch schnittfeste Tomate waschen und ohne Stielansatz winzig klein würfeln. 1 kleine Zwiebel schälen und ganz klein würfeln. 1 Bund Koriandergrün fein schneiden. 2 große weiche Avocados halbieren, Kerne auslösen, das Fruchtfleisch mit einem Löffel herausheben und mit einer Gabel fein zerdrücken, dabei gleich mit 2 EL Limettensaft beträufeln. Tomaten, Zwiebeln und das Koriandergrün untermischen, salzen und pfeffern, gleich servieren.

3. GESCHMACKSERLEBNIS: QUARK-JOGHURT-DIP

Ein Sieb mit einem Tuch auslegen, 500 g Quark (Magerstufe) darin 3–4 Std. abtropfen lassen. Trockenen Quark durch ein Sieb streichen und mit 4 EL Joghurt, 1 EL geriebener Limetten- oder Zitronenschale, 3 EL fein gehackten Kräutern (Petersilie, Schnittlauch, Dill, Minze und Borretsch), 1 in feine Ringe geschnittenen entkernten grünen Chilischote vermischen, mit Salz und Pfeffer abschmecken.

4. GESCHMACKSERLEBNIS: CHILI-CHICKEN-DIP

5 frische rote Chilis samt Kernen ganz klein würfeln. 3 Knoblauchzehen hacken. 2 Kaffirlimettenblätter in haarfeine Streifen schneiden. 100 g Zucker schmelzen lassen, Chilis und Knoblauch kurz andünsten. 250 ml Wasser angießen, aufkochen, Limettenblätter und knapp 2 TL Speisestärke, in kaltem Wasser angerührt, zugeben. Aufkochen, mit 3 EL Reisessig und Salz würzen. Abkühlen lassen.

Kräutermuffins

Die trendigen Miniküchlein schmecken mit wenigen Mitteln immer wieder anders. Hier eine **pikante Variation** mit einem Frischkäse-Kräuterkern – **ofenwarm** am allerbesten!

ZUBEREITUNGSZEIT: CA. 50 MIN.
BACKZEIT: CA. 20 MIN.
PRO STÜCK: CA. 185 KCAL
FÜR 12 MUFFINS

1 dickes Bund Basilikum
je 1/2 Bund Oregano und Thymian
    (ersatzweise je 1–2 TL getr.
    Oregano und Thymian)
4 getr. Tomaten in Öl
1 kleine, grob zerstoßene getr. Chilischote
150 g Doppelrahmfrischkäse
    oder Ziegenfrischkäse
Meersalz | Pfeffer aus der Mühle
50 g Parmesan | 170 g Mehl
2 1/2 TL Backpulver
1/2 TL Natron
geriebene Muskatnuss
1/2 TL Zucker
75 g sehr weiche Butter
2 Eier (Größe M)
250 ml Buttermilch

AUSSERDEM

1 Muffinblech und Fett oder
    12 Papierförmchen
alternativ 24 Papierförmchen

1 Ein Muffinblech einfetten und ins Tiefkühlfach stellen, bis der Teig fertig zum Einfüllen ist. Papierförmchen in die Mulden des Muffinblechs setzen, alternativ jeweils zwei Papierförmchen ineinander setzen. Kräuter waschen und trockenschütteln. Basilikumblättchen abzupfen und fein schneiden. Oregano- und Thymianblättchen abstreifen und kleiner hacken. Tomaten gut abtropfen lassen und sehr klein würfeln.

2 Knapp die Hälfte des Basilikums, die Tomatenwürfelchen und den Chilischrot mit dem Frischkäse vermengen. Käsemischung mit Salz und Pfeffer vorsichtig abschmecken.

3 Backofen auf 175 °C (160 °C Umluft) vorheizen. Den Parmesan mit dem Mehl, dem Backpulver, dem Natron, 1 TL Salz, 1 guten Prise Muskat und dem Zucker sorgfältig vermischen.

4 Butter mit Eiern schaumig rühren, die Buttermilch und das restliche Basilikum sowie Oregano und Thymian unterrühren. Dann die Mehlmischung unterrühren.

5 Die Hälfte des Teigs gleichmäßig auf die Förmchen verteilen. Jeweils 1 TL Frischkäsemasse in die Mitte auf den Teig setzen und mit dem restlichen Teig bedecken. Die Muffins im heißen Ofen (Mitte) 20–25 Min. backen. 10 Min. auskühlen lassen und aus den Förmchen nehmen.

AROMAVARIANTEN MIT BÄRLAUCH, PETERSILIE ODER RUCOLA
Die Muffins schmecken im Frühjahr gut mit Bärlauch statt Basilikum. Auch Petersilie passt. Oder Muffins mit Rucola backen: ein herb-würziges Geschmackserlebnis.

Vielleicht nicht ganz stilecht, doch die **luftigen** Kräutermuffins *können durchaus auch mal Zwischengang eines italienischen Menüs sein. Oder Sie reichen sie* **zum Auftakt** *eines solchen – und am besten mit einem prickelnden Campari Soda.*

Arme Ritter von Nordseekrabben mit Dill-Gurken-Crème

Arm sind diese Ritter eigentlich nicht mehr, denn wir haben sie mit **zarten Krabben** und aromatischem Dill **ordentlich bereichert.** Und genießen diese pikante Version des Küchenklassikers als leichten Snack zwischendurch oder zum **Sattessen** mit einem bunt gemischten Salat.

ZUBEREITUNGSZEIT: CA. 1 STD.
PRO PORTION: CA. 655 KCAL
FÜR 4 PERSONEN

8 Scheiben Sandwichbrot vom Vortag
200 ml Milch
2 Eier (Größe S)
Salz | weißer Pfeffer aus der Mühle
1 kleine Salatgurke (400 g)
200 g Crème fraîche
ca. 80 g Sahne
2–3 EL fein geschnittener Dill
4 EL Butter
4 EL Semmelbrösel
200 g geschälte Nordseekrabben
    (ersatzweise Eismeerkrabben)
1 EL Zitronensaft
Dillzweige zum Garnieren

1 Die Weißbrotscheiben so entrinden, dass quadratische Scheiben entstehen. In einer flachen Schale die Milch mit Eiern, etwas Salz und Pfeffer verquirlen. Die Brotscheiben darin wenden und die Milchmischung etwa 15 Min. einziehen lassen.

2 Die Gurke waschen, schälen und längs halbieren. Die Kerne mit einem scharfkantigen Teelöffel herauskratzen. Das Gurkenfleisch in kleine Würfel schneiden, mit etwas Salz vermischen und etwa 10 Min. ziehen lassen.

3 Die Crème fraîche mit so viel Sahne verrühren, dass eine dickcremige Sauce entsteht. Mit Salz, Pfeffer und geschnittenem Dill würzen. Die Gurkenwürfel kalt überbrausen, gut abtropfen lassen und mit Küchenpapier trockentupfen. Unter die Crème fraîche rühren.

4 In einer großen Pfanne etwas Butter erhitzen. Die Semmelbrösel auf einen flachen Teller streuen. Die Weißbrotscheiben in den Semmelbröseln wenden und portionsweise in der heißen Butter bei mittlerer Hitze auf beiden Seiten in jeweils 5 Min. goldbraun braten. Fertig gebratene Scheiben auf Küchenpapier entfetten.

5 Jeweils 1 heiße Brotscheibe in die Mitte eines Tellers legen, Krabben darauf verteilen und mit etwas Zitronensaft beträufeln. Eine zweite Brotscheibe darauf legen. Die Dill-Gurken-Crème kreisförmig außen herumträufeln. Mit Dillzweigen garnieren und heiß servieren.

ASIATISCHE AROMAVARIANTE
200 g Hähnchenbrustfilet in feine Streifen schneiden, mit 1 EL heller Sojasauce und 1 EL Speisestärke vermischen. 3 Frühlingszwiebeln waschen, putzen und klein schneiden. 1 große rote Paprikaschote waschen, halbieren und putzen, in kleine Würfel schneiden. 2 grüne Thai-Chilis waschen und in feine Scheiben schneiden. Blättchen von 5 Stängeln Koriandergrün und 3 Stängeln Thai-Basilikum abzupfen. 2 EL Erdnussöl stark erhitzen, Hähnchenstreifen 1 Min. braten, Paprika, Frühlingszwiebeln und Chilis zugeben, noch 1 Min. braten. In eine Schüssel füllen, mit Kräuterblättchen, 2 EL Zitronensaft und 2 EL Fischsauce vermischen, mit Salz abschmecken. Abgekühlt zwischen die Brotscheiben füllen.

*Die Kombination aus **Krabben, Gurke** und Dill rückt die armen Ritter in nördliche Gefilde, weswegen ein herbes Pils oder auch ein Gläschen **eiskalter Aquavit** besonders gut dazu passen.*

Ein **Basic-Dip** mit Schnittlauch oder anderem frischem Grün. Kräutermischungen und zusätzliche Gewürze schaffen **unendliche Variationsmöglichkeiten.** Wir zeigen vier davon.

Joghurtdip besonders einfach und vier Mal anders

ZUBEREITUNGSZEIT: CA. 5 MIN.
FÜR 4 PERSONEN

GRUNDREZEPT

1 kleines Bund Schnittlauch (oder z. B. Petersilie, Bärlauch, Dill, Minze)
300 g Joghurt (mindestens 3,5 % Fett) oder griechischer Sahnejoghurt
Salz | Pfeffer aus der Mühle

Die Kräuter waschen und trockenschütteln. Den Schnittlauch in feine Röllchen schneiden. Andere Kräuter ohne die groben Stiele sehr fein schneiden.
Den Joghurt mit Salz und Pfeffer mit einem Schneebesen glatt rühren. Die Kräuter unterrühren und den Joghurtdip mit Salz und Pfeffer abschmecken.

1. GESCHMACKSERLEBNIS: MIT GARTENKRÄUTERN

1 Hand voll Kerbel waschen, verlesen, hacken und mit 1 Spritzer Zitronensaft, 1 EL Schnittlauchröllchen und 2 EL gehackter Petersilie unter den Joghurt rühren, dazu nach Belieben 1 EL Sauerampfer, Pimpinelle oder Ysop mischen. Joghurt mit Salz und Pfeffer abschmecken. Besonders fein zu Rohkost, Salat und kleinen neuen Pellkartoffeln.

2. GESCHMACKSERLEBNIS: MIT ZITRONENMELISSE & HONIG

1 TL Schale von einer unbehandelten Orange abreiben, 2 EL Orangensaft mit 1 EL Akazienhonig mischen. 1 kleine Hand voll Zitronenmelisseblättchen waschen, trocknen und in hauchfeine Streifen schneiden. Alles mit dem Joghurt vermischen. Schmeckt zu klein geschnittenem Obst sowie zu Sticks von Möhre, Gurke oder Staudensellerie.

3. GESCHMACKSERLEBNIS: MIT RUCOLA & FRÜHLINGSZWIEBEL

1 kleines Bund Rucola verlesen, grobe Stiele abknipsen, Blättchen waschen, trockenschleudern und fein schneiden. 2 Frühlingszwiebeln putzen, waschen und sehr fein hacken. Den Joghurt mit 1 EL kaltgepresstem Olivenöl, 1/2 TL Salz und etwas Cayennepfeffer glatt rühren, 1–2 Knoblauchzehen schälen und dazupressen. Rucola und Frühlingszwiebeln unterrühren. Joghurt nochmals mit Salz und Cayennepfeffer abschmecken. Schmeckt besonders gut zu gegrilltem Gemüse und Fleisch.

4. GESCHMACKSERLEBNIS: MIT MINZE & KREUZKÜMMEL

1 dickes Bund Minze oder je 1/2 Bund Minze und Petersilie waschen und trockenschütteln. Blättchen abzupfen und in feine Streifen schneiden. Joghurt mit 1 TL gem. Kreuzkümmel, 1 TL schwarzen Senfkörnern, Salz und Pfeffer glatt rühren. Kräuter unterrühren. Nach Belieben noch 1 Stückchen Salatgurke schälen, entkernen und in Würfelchen schneiden. In 2–3 EL Limettensaft marinieren, salzen und unterrühren. Passt gut auf ein orientalisches Vorspeisenbuffet und auch als Dip zu Gemüse und kurz gebratenem Fleisch.

Artischocken mit Dips

Artischocken zum Dippen werden **in Frankreich** klassisch mit Kräutervinaigrette serviert. Doch wir mögen's **bunter**: So kommen hier noch Zitronenbasilikum-Mayo und **Minze-Avocado-Creme** dazu.

ZUBEREITUNGSZEIT: CA. 1 STD.
PRO PORTION: CA. 540 KCAL
FÜR 4 PERSONEN

FÜR DIE ARTISCHOCKEN

4 große französische Artischocken
Saft von 1 Zitrone | Salz
2 Lorbeerblätter | 2 Zweige Thymian

FÜR DIE ZITRONENBASILIKUM-MAYONNAISE

1 EL Zitronensaft | 2 ganz frische Eigelbe
1/2 TL Salz | 1 Knoblauchzehe
125 ml kaltgepresstes Sonnenblumenöl
1/2 Bund Zitronenbasilikum
2 EL Joghurt | Cayennepfeffer

FÜR DIE MINZE-AVOCADO-CREME

1 kleines Bund Minze
1 kleine reife, weiche Avocado
2–3 EL Limettensaft | 1 EL Olivenöl
1 EL saure Sahne | Salz | Cayennepfeffer

FÜR DIE KRÄUTERVINAIGRETTE

1 EL grober Senf
2 EL milder Weißweinessig
3 EL gut gewürzte Gemüsebrühe
3 EL Olivenöl
4 EL fein gehackte Kräuter (z. B. Estragon,
   Petersilie und Dill oder auch Kerbel)

1 Artischockenstiele direkt unter dem Blütenansatz mit einem Ruck abbrechen (am besten über einer Tischkante). So können keine harten oder bitteren Fasern im Artischockenherz bleiben. Harte Blätter entfernen. Blattspitzen nach Belieben kürzen.

2 In einem großen Topf reichlich Wasser mit Zitronensaft aufkochen, 1 TL Salz, Lorbeerblätter und Thymianzweige dazugeben. Die Artischocken darin etwa 30–35 Min. garen, abgießen und abkühlen lassen.

3 Für die Mayonnaise den Zitronensaft mit den Eigelben und dem Salz im Mixer verrühren. Knoblauch schälen und dazudrücken. Öl zunächst tropfenweise, dann in einem dünnen Strahl untermixen, bis eine Mayonnaise entsteht. Zitronenbasilikum waschen, trockenschütteln. Blättchen fein hacken und mit dem Joghurt unterrühren. Mayonnaise mit Salz und Cayennepfeffer abschmecken.

4 Für die Avocadocreme die Minze waschen, trockenschütteln, Blättchen abzupfen. Die Avocado halbieren, den Stein entfernen, Fruchtfleisch aus den Hälften kratzen und sofort mit 2 EL Limettensaft, Öl und der Minze mit dem Pürierstab pürieren. Saure Sahne unterrühren. Den Dip mit Salz, Cayennepfeffer, Limettensaft und Zucker abschmecken.

5 Für die Vinaigrette Senf, Weißweinessig und Gemüsebrühe verrühren, Olivenöl und Kräuter unterschlagen. Salzen und pfeffern.

6 Abgekühlte Artischocken mit Saucen servieren. Jeweils Blättchen abzupfen, fleischigen Teil in Vinaigrette, Mayonnaise oder Creme dippen und genießen. Zum Schluss die Artischockenböden vom Heu befreien und ebenfalls mit Dip essen.

Den Stiel mit einem Ruck abbrechen, sonst bleiben möglicherweise bittere Fasern im Artischockenherz.

Blättchen von den gegarten, abgekühlten Artischocken abzupfen, in Vinaigrette, Mayonnaise oder Avocadocreme dippen.

Zum Schluss die Artischockenböden vom Heu, das nicht mitgegessen wird, befreien und mit Dip genießen.

Moreto

Cremiger Frischkäse, sanftes Olivenöl, **würzige Kräuter** und kräftiger Knoblauch: schon im alten Rom **eine beliebte Vorspeise.** Der Mörser (lat. »moretum«) gab dem Dip seinen Namen.

ZUBEREITUNGSZEIT: CA. 25 MIN.
KÜHLZEIT: CA. 1 STD.
PRO PORTION: CA. 180 KCAL
FÜR 4 PERSONEN

250 g milder Schaf-Ziegen-Frischkäse
2 EL natives Olivenöl extra
5 Zweige Koriandergrün
1 Zweig Selleriegrün
2 Liebstöckelblätter
1 kleiner Zweig Weinraute
4–6 Knoblauchzehen
grobes Meersalz | 1 TL Estragonessig
schwarzer Pfeffer aus der Mühle
4 Salatblätter zum Anrichten

1 Frischkäse in eine Schüssel füllen und mit dem Olivenöl glatt rühren. Die Kräuter waschen und mit Küchenpapier gut trockentupfen, klein schneiden. Knoblauchzehen schälen und grob zerteilen.

2 Knoblauch mit 1 Prise grobem Meersalz im Mörser zu Brei zerdrücken. Die Kräuter zugeben und alles fein zerstampfen.

3 Das Kräuter-Knoblauch-Püree unter den Frischkäse mischen, mit Estragonessig und Pfeffer abschmecken. Den Moreto im Kühlschrank etwa 1 Std. ziehen lassen. Auf Salatblättern anrichten und servieren.

AROMAVARIANTE MIT SCHNITTLAUCH
Milden Schafkäse (Feta) mit etwas Milch zerdrücken, 1 kleine Zwiebel schälen und dazureiben, 1 Knoblauchzehe dazupressen. Mit 1 TL rosenscharfem Paprikapulver und 2 EL feinen Schnittlauchröllchen vermischen.

Knusprig frittierte Papadams mit einem feurig würzigen Kokosdip und einem sanft-frischen Minzedip –
ein feiner Appetizer, mit dem Sie Ihre Gäste in die **ganze Aromenvielfalt Indiens** entführen.

Papadams mit Dips

Die knusprig dünnen Fladen aus Kichererbsenmehl sind solo schon **Knabberspaß pur** – kommen dann noch **kräuterwürzige Dips** dazu, rückt Indien ganz nah.

ZUBEREITUNGSZEIT: CA. 2 STD.
EINWEICHZEIT: CA. 4 STD.
PRO PORTION: CA. 415 KCAL
FÜR 4 PERSONEN

FÜR DEN KOKOSDIP

125 g Chana Dal (kleine Kichererbsen; Asienladen)
3 cm frischer Ingwer
6–7 frische Curryblätter
1 Zimtstange
1 getr. Chilischote
3 Kardamomkapseln
2 EL Butterschmalz
1 TL Kreuzkümmelsamen
1/2 TL Anissamen
30 g Kokosflocken | Salz
75 g Vollmilchjoghurt
1 TL getr. Bockshornkleeblätter (»methi«)

FÜR DEN MINZEDIP

300 g Salatgurke | Salz
2 Zweige Japanische Minze
150 g Sahnejoghurt
schwarzer Pfeffer aus der Mühle

FÜR DIE PAPADAMS

Pflanzenöl zum Frittieren
12 Papadams

1 Für den Kokosdip Chana Dal etwa 4 Std. in kaltem Wasser einweichen. In einem Sieb abtropfen lassen. Ingwer schälen und fein hacken. Chana Dal mit knapp 750 ml Wasser, Ingwer, Curryblättern, Zimt und Chili langsam aufkochen, zugedeckt bei schwacher Hitze etwa 45 Min. garen, dabei ab und zu umrühren.

2 Die Kardamomkapseln aufbrechen und die Körner auslösen. Das Butterschmalz zerlassen. Kardamomkörner, Kreuzkümmel und Anis darin anbraten. Die Kokosflocken zugeben, leicht anbraten. Die Buttermischung unter die Chana Dal rühren, mit Salz abschmecken. Etwas abkühlen lassen, dann den Joghurt untermischen. In Schüsselchen füllen, mit Bockshornkleeblättern bestreuen.

3 Für den Minzedip die Gurke waschen, ungeschält in ganz kleine Würfel schneiden. In ein Sieb geben, mit Salz bestreuen und 15 Min. abtropfen lassen. Minze waschen, Blättchen abzupfen, die Zweigspitzen zur Seite legen, die übrigen Blättchen in feine Streifen schneiden.

4 Den Joghurt glatt rühren. Minzestreifen und Gurkenwürfel untermischen, mit Salz und Pfeffer abschmecken. In Schälchen füllen, mit den Zweigspitzen garnieren.

5 Für die Papadams in einer tiefen Pfanne etwa 1 cm hoch Öl stark erhitzen. Es ist heiß genug, wenn sich an einem eingetauchten Holzstäbchen sofort kleine Bläschen bilden. Jeweils 1 Papadam ins heiße Öl legen und sekundenlang frittieren, umdrehen und auf der anderen Seite ebenfalls ganz kurz backen.

6 Die frittierten Papadams senkrecht stehend auf Küchenpapier kurz abtropfen lassen. Heiß und knusprig mit den Dips servieren.

> **TIPP** Die Papadams lassen sich auch im Backofen zubereiten. Mit einer Mischung aus Erdnussöl und wenig Sesam-Würzöl dünn bestreichen und im Backofen bei 225 °C auf dem Gitter in 2–3 Min. knusprig backen.

Nudeln und Reis, Couscous und Bulgur – **wir lieben** sie! Pur sowieso, aber am allerliebsten in Begleitung von vielen frischen Kräutern. Frisch **drüber gestreut** oder in einem sämigen Sößchen mitgekocht, bringen sie nicht nur Würze, **sondern auch Farbe** ins Spiel. Spielen Sie mit!

NUDELN & REIS

Makkaroni mit rohen Tomaten und Kräutern

Ein **bisschen Zeit** braucht es schon, bis die Tomaten die Kräuteraromen angenommen haben, aber dafür lässt sich die **erfrischende Sommersauce** prima vorbereiten.

1 Tomaten kurz mit kochendem Wasser überbrühen, häuten und entkernen. Das Fruchtfleisch klein würfeln. Die Kräuter nur kurz waschen, trockenschütteln und die Blättchen in feine Streifen schneiden. Knoblauch schälen und fein hacken.

2 Tomatenwürfel, Kräuter, Knoblauch und 2 EL Olivenöl in einer großen Schüssel vorsichtig vermischen. Zugedeckt bei Zimmertemperatur 3–4 Std. marinieren.

3 Zur Zubereitung reichlich Wasser für die Nudeln zum Kochen aufsetzen. Wenn es kocht, salzen. Die Makkaroni in handbreite Stücke brechen und im Salzwasser nach Packungsangabe bissfest kochen.

4 Die Tomaten-Kräuter-Mischung mit Salz und Pfeffer würzen. Das restliche Olivenöl vorsichtig erhitzen. Die garen Nudeln abgießen, nur kurz abtropfen lassen und in der Schüssel rasch mit Tomaten und Kräutern vermischen. Das heiße Öl darüber gießen und nochmals kurz vermischen. Mit dem Parmesan servieren.

ZUBEREITUNGSZEIT: CA. 30 MIN.
MARINIERZEIT: CA. 4 STD.
PRO PORTION: CA. 575 KCAL
FÜR 4 PERSONEN

600 g reife Eiertomaten
   (ersatzweise Fleischtomaten)
1 großes Bund Basilikum
1/2 Bund Petersilie
4 Knoblauchzehen
6 EL natives Olivenöl extra
Salz | 400 g Makkaroni
schwarzer Pfeffer aus der Mühle
70 g Parmesan, frisch gerieben

AROMAVARIANTEN
1. Mit Rucola: Statt der Kräuter 150 g Rucola in schmale Streifen schneiden. Nur die Tomatenwürfel kurz marinieren, mit heißen Nudeln vermischen und dann erst die Rucola untermischen.
2. Mit Wildkräutern: Etwa 100 g gemischte Wildkräuter (Brunnenkresse, Sauerampfer, Schafgarbe, Gänseblümchenblätter) waschen und klein schneiden. Statt der Tomaten 2 kleine Zucchini winzig klein würfeln. Alles wie oben mit Olivenöl und Knoblauch marinieren, unter die Nudeln mischen und mit heißem Öl vermischen.

Kräuterlasagne

Ein feinwürziges Sommeressen, bei dem Kräuter großzügig verwendet werden. Ideal, wenn sich Petersilie und Co. im Garten oder auf dem Balkon allzu breit machen oder auf dem Wochenmarkt zum Spottpreis angeboten werden.

ZUBEREITUNGSZEIT: CA. 45 MIN.
BACKZEIT: CA. 45 MIN.
PRO PORTION: CA. 750 KCAL
FÜR 4 PERSONEN

700 g zarter Blattspinat | Salz
je 1 Bund Petersilie, Basilikum
   und Minze oder Majoran
2 Knoblauchzehen
1 rote Zwiebel
3 EL Olivenöl
Pfeffer aus der Mühle
geriebene Muskatnuss
2 EL Butter
2 gehäufte EL Mehl
350 ml Gemüsebrühe
250 ml Milch
100 g Sahne
1 Lorbeerblatt (am besten frisch)
Öl für die Form
12 Lasagneblätter ohne Vorkochen (ca. 250 g)
250 g Gruyère oder Emmentaler, frisch gerieben

1 Den Spinat verlesen, waschen und in wenig kochendem Salzwasser in 2–3 Min. zusammenfallen lassen. Spinat eiskalt abschrecken, gut abtropfen lassen, dann in eine Schüssel geben. Kräuter waschen, trockenschütteln, Blättchen abzupfen und grob hacken. Einige Blättchen zum Garnieren beiseite legen. Knoblauch und Zwiebel schälen und sehr fein hacken.

2 Knoblauch und Zwiebel in 2 EL Olivenöl in 3–5 Min. glasig dünsten, Kräuter kurz mitdünsten. Mischung zu dem Spinat geben. Alles kräftig mit Salz, Pfeffer und Muskat würzen und vermengen. Backofen auf 180 °C (160 °C Umluft) vorheizen.

3 Für die Béchamelsauce 1 1/2 EL Butter und knapp 1 EL Olivenöl zerlassen. Mehl einrühren. Mit Gemüsebrühe, Milch und Sahne ablöschen, Lorbeer dazugeben. Béchamel unter Rühren aufkochen und 5–8 Min. bei schwacher Hitze sanft kochen lassen. Lorbeerblatt entfernen.

4 Eine rechteckige Auflaufform mit Öl einpinseln. Den Boden mit Béchamelsauce bedecken. Je nach Größe der Form 3 oder 4 Lasagneblätter nebeneinander einlegen. Darauf in mehreren Lagen abwechselnd Kräuterspinat, etwas Béchamelsauce und geriebenen Käse schichten. Zum Schluss Lasagneblätter mit restlicher Béchamel, restlichem Käse und 1 EL Butter in Flöckchen belegen.

5 Die Lasagne im heißen Ofen (Mitte) 40–45 Min. backen, bis die Oberfläche leicht gebräunt ist. Lasagne mit beiseite gelegten Kräutern bestreuen und sofort servieren.

> **AROMAVARIANTEN**
> Besonders würzig schmeckt die Lasagne mit einer Mischung aus Spinat, Liebstöckel und Oregano. Im Frühjahr können Sie auch einmal eine Spinat-Bärlauch-Mischung probieren.

*Der **Italo-Klassiker** auf grünen Abwegen: Zwischen den Nudelblättern verstecken sich einmal nicht die üblichen Verdächtigen Tomaten und Hackfleisch, sondern **hocharomatische Newcomer** – zarter Blattspinat und viele, viele **frische Kräuter!***

Im **Mörser** zermahlen – so gehört es sich für den echten Pesto aus Ligurien. Manchmal ist ein **starker Mixer** aber sinnvoller, weil er auch derbe Blätter und härtere **Nüsse klein** bekommt.

Pesto klassisch und vier Mal aromatisch variiert

ZUBEREITUNGSZEIT: CA. 30 MIN.
FÜR 4 PERSONEN

2 Bund möglichst großblättriges
    Basilikum (ca. 125 g)
30 g Pinienkerne | 3–4 Knoblauchzehen
grobes Meersalz
50 g junger Pecorino, frisch gerieben
75 ml natives Olivenöl extra

Basilikumblätter mit leicht angefeuchtetem Küchenpapier abreiben, abzupfen. Pinienkerne ohne Fett hellgelb rösten. Knoblauch schälen und in Stücke schneiden. Die Basilikumblättchen in einen Mörser geben, mit 1 Prise grobem Meersalz bestreuen und mit dem Stößel an der Mörserwand zerreiben, nicht zerstampfen! Dann Pinienkerne und Knoblauch ebenso bearbeiten, zum Schluss den Käse einarbeiten. Die grüne Masse in einer Schüssel unter ständigem Rühren mit einem Holzlöffel nach und nach mit dem Olivenöl zu einer cremigen Masse vermischen. Als Pastasauce mit etwas Nudelkochwasser verdünnen.

1. GESCHMACKSERLEBNIS: **TOMATEN & PETERSILIE**

75 g getr. Tomaten in heißem Wasser 20 Min. quellen lassen. Etwas ausdrücken, in Stücke schneiden. Mit 2 geschälten Knoblauchzehen und 30 g blanchierten Mandeln im Mixer glatt pürieren. 3 EL grob geschnittene Petersilienblätter und 1 EL Zitronensaft zugeben, weitermixen, dabei 75 ml Olivenöl langsam zulaufen lassen, bis ein cremiges Püree entstanden ist. Mit Salz und Pfeffer abschmecken.

2. GESCHMACKSERLEBNIS: **RUCOLA & KÜRBISKERNE**

1 Bund Rucola und die Blätter von 1 Bund Petersilie grob schneiden. 2 Knoblauchzehen schälen, hacken. Alles mit 3 EL grünschaligen Kürbiskernen und 2 EL geschälten Sonnenblumenkernen im Mixer pürieren. 40 g zerbröckelten Parmesan zugeben, weitermixen und langsam 75 ml Sonnenblumenöl zugießen, bis die Mischung glatt und cremig ist. Mit 1 EL Kürbiskernöl, Salz und Pfeffer abschmecken.

3. GESCHMACKSERLEBNIS: **BÄRLAUCH & HASELNÜSSE**

1 dickes Bund Bärlauch (etwa 75 g) waschen, trocknen, grob zerschneiden. 35 g Haselnüsse ohne Fett unter Rühren etwa 7 Min. rösten, bis die Schalen abblättern. Nüsse etwas abkühlen lassen, die Schalen abrubbeln. 50 g Bergkäse würfeln. Alles mit 1 EL Meerrettich (Glas) und 1 EL Zitronensaft pürieren, langsam 75 ml kaltgepresstes Rapsöl zugießen. Mit Salz, Pfeffer und Cayennepfeffer abschmecken.

4. GESCHMACKSERLEBNIS: **KORIANDERGRÜN & TOFU**

150 g geräucherten Tofu würfeln. Schale von 1 unbehandelten Limette abraspeln. Beides mit 1 Hand voll Korianderblättchen und 3 EL Walnusskernen in einen Mixer geben. 2 Knoblauchzehen dazupressen und alles mit 100–150 ml Milch glatt pürieren. 1 EL Sesam-Würzöl und einige Tropfen Tabasco untermixen. Die Limette auspressen, das Püree mit Salz, Pfeffer und Limettensaft pikant abschmecken.

Maultaschen mit Wildkräuterfüllung

Zarter Nudelteig, **süße Sahne** und fruchtige Tomatensauce mildern das **feinherbe Aroma** der Wildkräuter. Darum schmecken die **Nudeltaschen** auch allen, die sich sonst nicht so sehr für die wilden Grünen begeistern können.

ZUBEREITUNGSZEIT: CA. 1 STD. 30 MIN.
PRO PORTION: CA. 605 KCAL
FÜR 4 PERSONEN

FÜR DEN NUDELTEIG

300 g Mehl (Type 550) | Salz
2 Eier (Größe M)
4 EL Weißwein
Mehl zum Arbeiten

FÜR DIE TOMATENSAUCE

750 g reife Tomaten
100 g Sahne

FÜR DIE FÜLLUNG

300 g Wildkräuter (Knoblauch-Hederich, Löwenzahn, Schafgarbe, ein wenig Gundermann)
Salz | 1 Brötchen vom Vortag
100 g Hartkäse (Rohmilch-Bergkäse)
100 g Sahne
Pfeffer aus der Mühle
geriebene Muskatnuss

AUSSERDEM

Fett für die Form

1 Für den Nudelteig Mehl mit 1 Prise Salz, Eiern und Wein gut verkneten, zu einer Kugel formen, mit etwas Mehl bestreuen, in Folie wickeln und 30 Min. ruhen lassen.

2 Für die Tomatensauce die Tomaten waschen, die Stielansätze ausschneiden und die Tomaten in Stücke schneiden. In einem Topf bei mittlerer Hitze etwa 40 Min. zugedeckt sanft köcheln lassen.

3 Für die Füllung Wildkräuter verlesen, Blätter abzupfen, waschen und in Salzwasser 1–2 Min. überbrühen, in ein Sieb abgießen und abtropfen lassen. Brötchen entrinden, kurz in kaltem Wasser einweichen und fest ausdrücken. Den Käse reiben. Kräuter fest ausdrücken, mit dem Brötchen, der Hälfte vom Käse und der Sahne im Blitzhacker pürieren. Mit Salz, Pfeffer und 1 guten Prise Muskat würzen.

4 Den Nudelteig in 8 Teile teilen, auf bemehlter Arbeitsfläche oder mit der Nudelmaschine messerrückendick ausrollen. Auf die Hälfte der Teigplatten mit jeweils 10 cm Abstand 1 TL Füllung geben, Zwischenräume dünn mit Wasser bestreichen. Übrige Teigplatten darüber decken, vorsichtig andrücken. Mit einer runden Ausstechform (10 cm Ø) runde Maultaschen ausstechen. Auf ein Tuch legen.

5 Reichlich Salzwasser für die Maultaschen zum Kochen aufsetzen. Backofen auf 240 °C (225 °C Umluft) vorheizen. Gedünstete Tomaten durch ein Sieb streichen, das Püree mit der Sahne verrühren, mit Salz und Pfeffer würzen. Eine Gratinform fetten.

6 Die Maultaschen im leise kochenden Wasser etwa 10 Min. garen. Mit einer Schaumkelle in die Form heben. Tomaten-Sahne-Sauce darüber gießen und mit dem restlichen Käse bestreuen. Im heißen Ofen (Mitte) etwa 10 Min. überbacken, bis der Käse gebräunt ist. Die Maultaschen in der Form servieren.

> **AROMAVARIANTE MIT BRENNNESSELN & KNOBLAUCH**
> Die Maultaschen schmecken auch mit einer Brennnesselfüllung. Statt der Kräuter 300 g zarte Brennnesselspitzen 2–3 Min. in Salzwasser blanchieren, fein hacken und mit 2 gehackten Knoblauchzehen in etwas Butter andünsten, zu den übrigen Füllungszutaten geben.

Der schwäbische Erfindergeist ist groß: Die **berühmten Maultaschen** *werden im »Ländle« längst auch mit anderem als mit Hackfleisch, Speck und Spinat gefüllt. Und mit* **heimischen Wildkräutern** *schmecken sie nicht nur sparsamen Schwaben …*

Nudeln mit Entenbrust und Thai-Basilikum

Salzige, scharfe und süße Aromen bilden die würzige Basis dieses **Wokgerichts,** das mit Thai-Basilikum noch ein **pfeffriges Frischetopping** bekommt. Streuen Sie die klein geschnittenen Blättchen aber wirklich erst ganz am Schluss auf – mitgegart verfliegt das tolle Aroma sehr schnell.

ZUBEREITUNGSZEIT: CA. 40 MIN.
PRO PORTION: CA. 610 KCAL
FÜR 4 PERSONEN

150 g chinesische dünne Mie-Eiernudeln
Salz | 1 Bund Thai-Basilikum
2 kleine Entenbrustfilets ohne Haut
1 Stück Ingwer (ca. 3 cm)
2 Schalotten
2 Knoblauchzehen
1 frische rote Chilischote
2 zarte Möhren
2 dünne Zucchini
4 EL Fischsauce
1 EL Speisestärke
1 EL brauner Zucker
150 ml Hühnerbrühe
2 EL Pflanzenöl

1 Die Eiernudeln nach Packungsanweisung in kochendem Salzwasser garen, abschrecken und abtropfen lassen. Inzwischen das Basilikum waschen und trockenschütteln. Die Blättchen abzupfen, in feine Streifen schneiden und beiseite legen. Fleisch in sehr schmale Streifen schneiden.

2 Ingwer, Schalotten und Knoblauch schälen und hacken. Die Chili putzen, waschen, entkernen und in Streifchen schneiden. Die Möhren schälen, die Zucchini waschen. Das Gemüse längs in feine Scheiben, dann in Streifen schneiden.

3 Fischsauce, Speisestärke, Zucker und Hühnerbrühe zu einer Würzsauce verrühren. 1 EL Öl in einem Wok erhitzen. Das Fleisch darin unter Rühren 1–2 Min. anbraten und herausnehmen.

4 Restliches Öl im Wok erhitzen. Knoblauch, Ingwer, Schalotten und Chili im Wok braten. Möhren und Zucchini 2–3 Min. unter Rühren mitbraten. Gewürzte Hühnerbrühe angießen und aufkochen.

5 Fleisch und Nudeln untermischen. Alles zusammen 2–3 Min. sanft garen. Nudeln im Wok mit Kräuterblättchen bestreut servieren.

AROMAVARIANTEN
Nudelwok mit Schwarznesselblättchen bestreuen. Das in Vietnam »tia to« genannte Kraut verleiht dem Gericht eine frische Zimtnote. Auch Minze passt. Oder mal frische Pfefferblätter hauchfein schneiden und über die Nudeln streuen.

*Nudeln, Ente und allerlei knackiges Gemüse schnell gewokt und **spannend abgeschmeckt** – mehr braucht es nicht für den **kleinen Luxus im Alltag.** Für alle mit noch mehr Verwöhnbedarf gibt es vorneweg einen Sprossensalat mit der Asia-Sauce von Seite 66.*

Schön lange im **Kräutersud** geschmort wird das Wildschweinfleisch **wunderbar mürbe** und feinwürzig im Geschmack. Das lange Garen hat aber noch einen weiteren Vorteil: Sie können in der Zwischenzeit **ganz entspannt** die Beine hoch legen!

Bandnudeln mit Wildschwein und frittiertem Salbei

Für Salbei-Fans: Das mitgegarte **Kräuterbüschel** gibt dem Ragout bereits eine aromatische Note. Frittierte Salbeiblättchen runden den Genuss ab. Und wenn's noch mehr **herbfrische Würze** sein soll, mischen Sie ein paar klein gehackte frische Blättchen unter die frittierten.

ZUBEREITUNGSZEIT: CA. 40 MIN.
GARZEIT: CA. 1 STD. 50 MIN.
PRO PORTION: CA. 740 KCAL
FÜR 4 PERSONEN

600 g Wildschweinfleisch zum Schmoren
   (Schulter oder Keule)
1 Zwiebel
1 Knoblauchzehe
2 Stangen Staudensellerie
1 Bund Salbei
je 3–4 Stängel Oregano und Petersilie
4 EL Butterschmalz
400 ml Wildfond (Glas)
200 g frische Steinpilze oder Egerlinge
Salz | Pfeffer aus der Mühle
400 g Bandnudeln
3 EL Sahne
2–3 EL Madeira oder Portwein

AUSSERDEM

Küchengarn

1 Fleisch waschen, trockentupfen und ohne Fett und Sehnen in etwa 2 cm große Würfel schneiden. Zwiebel und Knoblauch schälen und sehr fein würfeln. Sellerie waschen, putzen und ebenfalls fein würfeln. Kräuter waschen und trockenschütteln. 3–4 Salbeiblätter oder 1 Zweig mit Oregano und Petersilie zu einem Sträußchen zusammenbinden.

2 Fleisch in zwei Portionen in jeweils 1 EL Butterschmalz in einem Schmortopf scharf anbraten. Zwiebeln, Knoblauch und Sellerie dazugeben und mitbräunen. Das Kräutersträußchen dazugeben. Alles mit 200 ml Fond ablöschen, aufkochen, dann zugedeckt bei schwacher bis mittlerer Hitze 1 1/2 Std. schmoren lassen. Bei Bedarf Fond nachgießen.

3 Pilze trocken säubern. Steinpilze in Scheibchen schneiden, Egerlinge vierteln. Pilze in 1 EL Butterschmalz scharf anbraten, salzen, pfeffern, zum Fleisch geben und noch 10–15 Min. – falls nötig bei offenem Topf – schmoren lassen.

4 Inzwischen reichlich Wasser für die Bandnudeln aufkochen, salzen. Die Bandnudeln in sprudelnd kochendem Salzwasser nach Packungsanleitung garen. Kurz vor Ende der Garzeit das Ragout mit Sahne, Madeira, Salz und Pfeffer abschmecken. Den übrigen Salbei im restlichen Butterschmalz ganz kurz knusprig frittieren.

5 Bandnudeln abtropfen lassen, mit dem Ragout mischen und mit dem frittierten Salbei bestreut servieren.

AROMAVARIANTE MIT THYMIAN & GEWÜRZEN
Statt mit Salbei können Sie den Sugo auch mit Thymian aromatisieren. Dazu statt Salbei 1 kleines Bund Thymian und – am besten in einem Teefilter – 2 Gewürznelken und je 3 Wacholder- und Pimentkörner mitgaren, statt Wildfond Rotwein verwenden oder beides mischen. Zum Schluss weder Sahne noch Madeira unterrühren, Ragout mit Petersilie und einigen frischen Thymianblättchen bestreut servieren.

Kräuterrisotto mit grünem Spargel

Frühling zum Genießen – als Beilage für sechs, zum Sattessen für vier. »Al dente« gegarter Spargel und cremiger Risotto bilden einen reizvollen Kontrast. Wenn Sie Spargel nicht so knackig mögen, garen Sie ihn einfach länger mit.

ZUBEREITUNGSZEIT: CA. 50 MIN.
PRO PORTION (BEI 6 PERSONEN): CA. 350 KCAL
FÜR 4–6 PERSONEN

500 g grüner Spargel
1 Hand voll Kerbel
je 1/2 Bund Petersilie und Zitronenmelisse
2 dicke Frühlingszwiebeln mit Grün
3 EL Butter
1 TL Puderzucker
Salz | Pfeffer aus der Mühle
400 g italienischer Risottoreis
200 ml trockener Weißwein
gut 1 l heiße Gemüsebrühe

1 Den Spargel gründlich waschen und im unteren Drittel schälen. Holzige Enden großzügig wegschneiden. Spargelspitzen abschneiden und beiseite legen. Stangen in etwa 2 cm lange Stücke schneiden. Kräuter waschen und trockenschütteln. Blättchen abzupfen und fein hacken. Frühlingszwiebeln putzen und waschen. Weiße Teile sehr fein hacken. Zartes Grün fein schneiden und mit den Kräutern mischen.

2 In einem großen Topf 1 EL Butter schmelzen. Die Spargelstücke darin 2–3 Min. anbraten, aber nicht bräunen. Die Spargelspitzen dazugeben, alles mit dem Puderzucker bestäuben und in weiteren 3 Min. bissfest dünsten. Den Spargel aus dem Topf nehmen, mit der Hälfte der Kräutermischung bestreuen, salzen, pfeffern und beiseite stellen.

3 Wieder 1 EL Butter im Topf erhitzen, die Frühlingszwiebeln darin glasig dünsten, den Risottoreis mitdünsten. Hitze erhöhen, den Wein dazugießen und verdampfen lassen. Dann bei schwächerer Hitze nach und nach die Gemüsebrühe angießen, dabei häufig rühren. Nach gut 15 Min. den Spargel dazugeben und mitgaren, bis der Reis sämig ist, die Körner aber noch Biss haben. Die restliche Butter unterrühren und den Risotto heiß servieren, beispielsweise als Beilage zu kurz gebratenen Lamm- oder Kalbskoteletts.

TIPP Wird der Risotto als Hauptgericht serviert, 50 g frisch geriebenen Parmesan zum Darüberstreuen separat servieren. Oder geräucherten Lachs in Streifen schneiden, anbraten und darüber geben.

KRÄUTER- UND GEMÜSEVARIANTEN
Statt Spargel passen auch Zuckerschoten gut zu Petersilie, Kerbel und Zitronenmelisse. Zuckerschoten putzen, waschen und wie im Rezept oben bissfest dünsten. Zum Schluss zum Risotto geben. Statt mit der Kräutermischung kann man auch den Risotto auch nur mit Basilikum würzen.

VARIANTE PROVENZALISCHER KRÄUTERREIS
Einige Stängel Petersilie, 1 kleiner Zweig Rosmarin und 2 Zweige Thymian waschen, trockenschütteln. Blättchen bzw. Nadeln abstreifen und sehr fein hacken. 1 Schalotte und 1 Knoblauchzehe schälen und fein hacken. Kräuter und Knoblauch in Olivenöl andünsten. 200 g Reis, z. B. Langkornreis aus der Camargue kurz mitdünsten, dann 500 ml Gemüsebrühe angießen und aufkochen. Reis bei ganz schwacher Hitze zugedeckt 15–20 Min. quellen lassen, dann servieren.

*Der Reis ist noch **angenehm bissfest** und die enthaltene Stärke hat sich mit der Garflüssigkeit **sämig** verbunden – das macht einen perfekten Risotto aus. Wie er gelingt? Immer nur wenig und vor allem kochend **heiße Flüssigkeit** nachgießen, damit der Garvorgang nicht unterbrochen wird.*

Reis mit Spinat, Kichererbsen und Thai-Basilikum

Milde Würze und säuerliche Zitronenfrische lassen bei diesem Gericht den Geschmackssinn – nicht nur von Vegetariern – jubeln!

ZUBEREITUNGSZEIT: CA. 45 MIN.
GAR- UND ABKÜHLZEIT: CA. 4 STD.
PRO PORTION: CA. 450 KCAL
FÜR 4 PERSONEN

150 g getr. Kichererbsen
1 Msp. Speisenatron (Bullrichsalz)
1 Lorbeerblatt
250 g Naturreis | Salz
350 g Blattspinat
4 Zwiebeln
2 Knoblauchzehen
4 EL Pflanzenöl
100 ml kräftige Gemüsebrühe
2 TL abgeriebene Zitronenschale
1 Bund Thai-Basilikum
3 EL Zitronensaft
schwarzer Pfeffer aus der Mühle

1 Getrocknete Kichererbsen in reichlich kaltem Wasser mit Natron und Lorbeerblatt aufsetzen, langsam aufkochen und 5 Min. leise köcheln lassen. Die Kochstelle abschalten und die Kichererbsen zugedeckt 3 Std. abkühlen und quellen lassen.

2 Den Naturreis waschen, in reichlich Salzwasser aufsetzen, aufkochen und zugedeckt bei schwacher Hitze in 35–40 Min. bissfest ausquellen lassen. Den Reis auf ein Sieb schütten, abtropfen und abkühlen lassen. Gequollene Kichererbsen in ein Sieb gießen und zwischen den Händen reiben, um die harten Schalen zu entfernen (sie bleiben an den Fingern hängen und können einfach abgeschüttelt werden).

3 Spinat putzen und die harten Stiele entfernen, Blätter waschen, abtropfen lassen und in Streifen schneiden. Zwiebeln und Knoblauch schälen, in feine Scheiben schneiden. Das Öl erhitzen, Zwiebel- und Knoblauchscheiben darin bei mittlerer Hitze goldgelb dünsten. Den Reis auflockern und zugeben, unter Rühren kurz anbraten.

4 Die Kichererbsen mit Brühe und Zitronenschale zugeben, 5 Min. köcheln lassen. Den Spinat unterrühren und alles weitere 5 Min. garen. Basilikum waschen, die Blätter zum Gemüsereis zupfen. Mit Zitronensaft, Salz und Pfeffer abschmecken, servieren.

> **AROMAVARIANTEN**
> **1. Mit Minze & Joghurt:** Thai-Basilikum durch 3 EL fein geschnittene Minze ersetzen, zum Schluss noch einige Löffel Vollmilchjoghurt unterrühren.
> **2. Mit Schwarznessel & Sesam-Würzöl:** Statt Basilikum reichlich fein geschnittene Schwarznesselblätter (Perilla bzw. »tia to«) kurz mitgaren. Das Ganze mit 1–2 TL Sesam-Würzöl (aus geröstetem Sesam) aromatisieren.

*Für dieses **vegetarische** Gericht werden Reis, Spinat und Kichererbsen zu einem **aromatischen Energie-bündel** geschnürt, das es in Sachen Eiweiß und Vitamine in sich hat. Und leichter verdaulich wird, wenn die Kichererbsen **geschält werden**.*

Gebratener Reis mit Schweinefilet und Kräutern

Viele Kräuter – aufregende Aromen: Kardamomblätter schenken dem Reis eine zimtige Note, Kaffirlimettenblätter machen ihn zitronig. Und die aufgestreute Orangenminze verströmt einen verlockend fruchtig süßen Duft.

ZUBEREITUNGSZEIT: CA. 1 STD.
ABKÜHLZEIT: CA. 4 STD.
PRO PORTION: CA. 515 KCAL
FÜR 4 PERSONEN

280 g Langkornreis (Patna)
4–5 Kardamomblätter
Salz | 350 g Schweinefilet
2 Knoblauchzehen
1 Bund Frühlingszwiebeln
2 rote Paprikaschoten (300 g)
2 rote Thai-Chilischoten
4 Kaffirlimettenblätter
2 Eier (Größe M)
weißer Pfeffer aus der Mühle
100 ml kräftige Gemüsebrühe
2 EL helle Sojasauce
2 EL Fischsauce
4 EL Pflanzenöl zum Braten
3 EL fein geschnittene Orangenminze

1 Möglichst schon am Vortag den Reis in ein Sieb geben und mit lauwarmem Wasser überbrausen, bis das Wasser klar abläuft, abtropfen lassen. Kardamomblätter waschen, ganz lassen. Reis und Kardamomblätter mit gut 500 ml Wasser aufsetzen, wenig salzen und bei starker Hitze aufkochen. 2–3 Min. kochen, dann die Hitze ganz klein schalten.

2 Wenn der Reis gerade nicht mehr kocht, den Topf fest zudecken und den Reis 15 Min. garen. Topf von der Kochstelle nehmen, den Reis zugedeckt noch 10 Min. ruhen lassen, dann den Deckel abheben und den Reis mit einer Gabel auflockern, dabei die Kardamomblätter entfernen. Reis ausdampfen und vollständig abkühlen lassen.

3 Das Schweinefilet trockentupfen und in 1 cm breite Streifen oder dünne Scheiben schneiden. Knoblauch schälen und in Scheiben schneiden. Frühlingszwiebeln waschen, putzen, schräg in dünne Scheiben schneiden. Paprikaschoten waschen, halbieren, putzen. Hälften in breite Streifen und diese in Rauten schneiden. Chilis waschen, putzen und samt Kernen in feine Ringe schneiden. Kaffirlimettenblätter waschen, die Blätter an der Mittelrippe längs falten, harte Mittelrippe wegschneiden. Blätter aufrollen und in hauchfeine Streifen schneiden. Die Eier mit Salz und Pfeffer verquirlen. Gemüsebrühe mit Sojasauce und Fischsauce vermischen.

4 Im Wok oder in einer tiefen Pfanne das Öl erhitzen. Bei starker Hitze Filetstreifen und Knoblauch unter Rühren 2–3 Min. braten. Frühlingszwiebeln, Paprikarauten, Chilis und Kaffirlimettenblätter zugeben, 1–2 Min. mitbraten. Den Reis unterheben und alles nochmals etwa 2 Min. unter Rühren braten.

5 Die verquirlten Eier darüber gießen und alles rasch vermischen. Sobald die Eier zu stocken beginnen, den Wok oder die Pfanne von der Kochstelle nehmen und die gewürzte Brühe darüber träufeln. Den gebratenen Reis auf einer Platte anrichten und mit Orangenminze bestreut servieren.

AROMAVARIANTEN
1. Mit Chinesischem Schnittlauch: Statt Zitronengras 1 Bund Chinesischen Schnittlauch sehr schräg in feine Streifen schneiden, kurz mitbraten.
2. Mit Bockshornkleeblättern: Den gebratenen Reis mit getrockneten Bockshornkleeblättern (»methi«) statt mit Orangenminze aromatisieren.

*Am besten bereiten Sie **den Reis** für dieses **kräutervielfältige** Asia-Gericht schon am Vortag zu, damit er über Nacht vollständig ausdampfen kann – fürs Braten im Wok ganz wichtig.*

Gratinierte Polenta

Polenta schmeckt langweilig? **Solo vielleicht.** Aber ganz bestimmt nicht, wenn sie wie hier mit ordentlich Kräutern darin und mit Mozzarella gratiniert **knusprig** aus dem Ofen kommt.

ZUBEREITUNGSZEIT: CA. 1 STD. 15 MIN.
PRO PORTION: CA. 490 KCAL
FÜR 4 PERSONEN

1 Hand voll Basilikumblätter
1 EL frische Thymianblättchen
3 frische Salbeiblätter
4 EL Butter | Salz
200 g feine Polenta (Maisgrieß)
100 ml Milch
Pfeffer aus der Mühle
geriebene Muskatnuss
etwas Öl für die Platte
250 g Mozzarella
2 Zwiebeln
100 g Sahne

1 Die Basilikumspitzen abzupfen und beiseite legen, die anderen Blätter mit den übrigen Kräutern fein hacken. Knapp 1 l kaltes Wasser mit 1 EL Butter in einen Topf geben, salzen und den Polentagrieß einrühren. Bei mittlerer Hitze unter Rühren zum Kochen bringen, Hitze verringern und unter ständigem Rühren 15 Min. leise köcheln lassen.

2 Die Milch unterrühren und die Polenta noch 10–15 Min. – immer kräftig rühren – köcheln lassen. Kräuter untermischen, mit Salz, Pfeffer und Muskat abschmecken. Die Polenta auf einer leicht geölten Platte mit einem nassen Messer etwa 2 cm dick ausstreichen, abkühlen lassen. Backofen auf 225 °C (200 °C Umluft) vorheizen.

3 Eine flache Auflaufform mit etwas Butter ausstreichen. Den Mozzarella abtropfen lassen und in Scheiben schneiden. Die Zwiebeln schälen und in Scheiben schneiden. Die restliche Butter in einer Pfanne erhitzen und die Zwiebeln darin bei mittlerer Hitze unter Rühren in 7–10 Min. hellbraun braten.

4 Die Polenta in Stücke schneiden und abwechselnd mit den Mozzarellascheiben in die Auflaufform schichten. Die gebratenen Zwiebeln darüber verteilen und mit Sahne übergießen. Im heißen Backofen (Mitte) in etwa 20 Min. goldbraun überbacken. Mit Basilikumspitzen garniert servieren.

Mit einem nassen Messer lässt sich die Polenta glatt verstreichen.

Polenta- und Mozzarellascheiben abwechselnd in die Auflaufform schichten.

Die goldbraun überbackene Polenta mit Basilikumspitzen garnieren.

Kräuter-Couscous mit Lamm

Zartes Lamm und körniger Couscous, frische Minze und **feinherbes Currykraut** – das schmeckt nach **Nordafrika.** Und geht mit Instant-Couscous auch noch richtig schnell.

ZUBEREITUNGSZEIT: CA. 45 MIN.
PRO PORTION: CA. 855 KCAL
FÜR 4 PERSONEN

400 g Lammlende (ausgelöster Lammrücken)
schwarzer Pfeffer aus der Mühle
2 EL Olivenöl | Salz
1 Bund glatte Petersilie
4 Zweige frische Marokkanische Minze
2 Zweige Mittelmeer-Strohblume (Currykraut)
450 ml Hühnerbrühe
300 g Instant-Couscousgrieß
2 EL Butter | Zitronenachtel zum Garnieren

1 Die Lammlende in 2 cm dicke Scheiben schneiden, trockentupfen, mit Pfeffer würzen. Backofen auf 75 °C (60 °C Umluft) vorheizen. In einer Pfanne das Olivenöl erhitzen, die Lammscheiben darin bei starker Hitze 2 Min. pro Seite scharf anbraten. Aus der Pfanne heben, salzen und in Alufolie einpacken. Im Ofen etwa 15 Min. nachziehen lassen.

2 Kräuter waschen, trockenschütteln und die Blättchen abzupfen, fein hacken. Hühnerbrühe aufkochen. Couscousgrieß in eine Schüssel geben, mit kochender Brühe übergießen, den Grieß 3 Min. quellen lassen. Grieß mit einer Gabel auflockern und die Kräuter untermischen. Die Butter zerlassen und den Grieß darin erhitzen, ausdampfen lassen. Den Couscous mit Lamm anrichten, mit Zitronenachteln garnieren.

VARIANTE MIT HÄHNCHEN
Statt Lammfleisch 4 große Hähnchenschenkel mit Salz, Pfeffer und etwas Kurkumapulver würzen, in Butterschmalz pro Seite etwa 10 Min. braten.

119

Grüner Bulgur mit Fischbällchen

Ein schönes Sommeressen, das an **Urlaub** denken lässt: Knusprig frittierte griechische Fischbällchen mit viel Petersilie und Minze werden auf körnigen, »fenchelgrünen« Bulgur gebettet.

ZUBEREITUNGSZEIT: CA. 1 STD.
PRO PORTION: CA. 750 KCAL
FÜR 4 PERSONEN

500 g helles Fischfilet (Rotbarsch, Schellfisch)
2 TL Zitronensaft
2 Eier (Größe M)
ca. 100 g Semmelbrösel
3 EL fein gehackte Petersilie
2 EL fein gehackte Marokkanische Minze
Salz | schwarzer Pfeffer aus der Mühle
150 g zarte Stängel Fenchelkraut
2 Zwiebeln
3 Knoblauchzehen
1 frische grüne Chilischote
2 EL Olivenöl
450 ml Gemüsebrühe
300 g grober Bulgur
Sonnenblumenöl zum Ausbacken
3 EL Pinienkerne
Zitronenachtel zum Garnieren

1 Das Fischfilet kurz waschen, trockentupfen und gut kühlen. Das Filet dann in Stücke schneiden, dabei eventuelle Gräten entfernen. Fisch mit Zitronensaft beträufeln und durch den Fleischwolf drehen oder im Blitzhacker pürieren. Mit Eiern und so viel Semmelbröseln vermischen, dass ein gut formbarer Teig entsteht. Mit gehackten Kräutern, Salz und Pfeffer würzen, 30 Min. im Kühlschrank quellen lassen.

2 Fenchelkraut waschen, das Fenchelgrün beiseite legen, die Stängel in kochendem Salzwasser etwa 5 Min. überbrühen, bis sie weich sind. In ein Sieb gießen, kalt überbrausen und abtropfen lassen. Die Fenchelstängel in feine Stücke schneiden.

3 Zwiebeln und Knoblauch schälen, fein hacken. Chilischote waschen, putzen und in feine Streifen schneiden. In einem Topf das Olivenöl erhitzen, darin Zwiebeln und Knoblauch in 2–3 Min. glasig dünsten. Chili und Fenchelstücke zugeben, Gemüsebrühe angießen und aufkochen lassen. Den Bulgur einrühren, den Topf von der Kochstelle nehmen und den Bulgur zugedeckt 15 Min. ausquellen lassen.

4 Backofen auf 75 °C (60 °C Umluft) vorheizen. Aus der Fischmasse mit leicht eingeölten Händen etwa 20 golfballgroße Bällchen formen. In einer Pfanne etwa 1/2 cm hoch Sonnenblumenöl erhitzen und die Bällchen darin portionsweise bei mittlerer Hitze pro Seite in etwa 5 Min. goldbraun ausbacken. Fertige Bällchen auf Küchenpapier abtropfen lassen und im Ofen warm halten.

5 Zuletzt die Pinienkerne in der Pfanne hellbraun rösten, abtropfen lassen und unter den Bulgur rühren, mit Salz und Pfeffer abschmecken. Den Bulgur auf eine Platte geben, die Fischbällchen darauf setzen, mit dem Fenchelgrün und Zitronenachteln garnieren, gleich servieren.

ASIATISCHE AROMAVARIANTE
Für das Fischfilet den unteren Teil von 1 Zitronengrasstängel weich klopfen und sehr fein hacken, ebenso 2 Kaffirlimettenblätter. Beides mit 2 EL fein gehacktem Koriandergrün unter die Fischmasse mischen. Den Bulgur mit den Blättern von 5 Zweigen Thai-Basilikum statt Fenchelgrün würzen. Anstelle der Pinienkerne 2 EL Sesam in einem Pfännchen ohne Fett rösten, über den Bulgur streuen.

Je feiner der Fisch **zerkleinert wird,** *desto lockerer geraten die minzfrischen Bällchen.* **Besonders gut** *geht das mit einem Fleischwolf oder auch mit einem Blitzhacker. Wenn Sie weder noch besitzen, würfeln Sie den Fisch mit einem* **scharfen Messer** *winzig klein.*

Längst nichts Neues mehr: Mit Kartoffeln, Gemüse und Hülsenfrüchten lässt sich viel Spannendes in der Küche anstellen – vor allem, wenn man ihre Geschmackstalente mit einer kräftigen Portion Kräuter herauskitzelt! Wer dann lacht, sind wir: Denn aus den unterschätzten Nebensachen mit wenig Persönlichkeit sind plötzlich aufregend aromatische Hauptgerichte geworden!

KARTOFFELN, GEMÜSE & HÜLSENFRÜCHTE

Kartoffel-Löwenzahn-Gratin

Ein Küchenklassiker geht **wildern**: Zarter Frühlingslöwenzahn gibt dem milden Gratin eine wunderbar **feinherbe** Note. Und ein **Gesundheitsplus!** Denn das wilde Kraut wirkt entwässernd. Der Frühling ist schon vorbei? Auch Sommerlöwenzahn passt: Legen Sie ihn für etwa 10 Minuten in lauwarmes Wasser, das entzieht die Bitterstoffe.

ZUBEREITUNGSZEIT: CA. 20 MIN.
GARZEIT: CA. 50 MIN.
PRO PORTION: CA. 415 KCAL
FÜR 4 PERSONEN

700 g mehlig kochende Kartoffeln
50 g junge Löwenzahnblätter
1 Knoblauchzehe
Butter für die Form
Meersalz
200 g Sahne
200 ml Milch
Pfeffer aus der Mühle
geriebene Muskatnuss
1 EL kalte Butter
2 EL grüne Oliven ohne Stein
100 g Comté (französischer Hartkäse)

1 Kartoffeln schälen, waschen und in hauchdünne Scheiben hobeln. Scheiben mit Küchenpapier trockentupfen. Löwenzahn waschen, verlesen, grobe Stiele entfernen und trockenschleudern. Blätter etwas kleiner zupfen. Einige Blättchen beiseite legen. Den Knoblauch schälen.

2 Backofen auf 175 °C (160 °C Umluft) vorheizen. Eine breite Auflaufform mit der Knoblauchzehe ausreiben und buttern. Die Hälfte der Kartoffelscheiben auf dem Boden der Form auslegen und leicht salzen. Den Löwenzahn darauf schichten und mit den restlichen Kartoffelscheiben bedecken.

3 Sahne und Milch mit dem Knoblauch aufkochen und mit Salz, Pfeffer und Muskat kräftig würzen. Den Knoblauch herausfischen und die Sahne-Milch heiß über die Kartoffelscheiben gießen. Die kalte Butter in Flöckchen obenauf setzen.

4 Kartoffeln im heißen Ofen (Mitte) etwa 35 Min. garen, bis die Oberfläche leicht gebräunt ist. Inzwischen beiseite gelegte Löwenzahnblättchen und die Oliven fein hacken, den Käse in kleine Würfel schneiden. Löwenzahn, Oliven und Käse über das Gratin streuen. Alles 10–15 Min. weitergaren, bis der Käse geschmolzen ist und die Kartoffeln weich sind (mit einer Gabel prüfen). Sofort servieren.

TIPP Verwenden Sie möglichst mehlig kochende Kartoffeln, fest kochende haben eine längere Garzeit. Zu dem Gratin passen sehr gut Lammkoteletts, die Sie einige Stunden vor dem Braten mit Olivenöl, Oregano, Thymian, grob zerstoßenem Pfeffer und Knoblauch marinieren können.

GEMÜSEVARIANTEN
Als italienischer Löwenzahn wird das Bittergemüse Catalogna verkauft. Auch das passt gut zum Kartoffelgratin. Verwenden Sie aber nur die zarten Blätter. Strunk und dicke Stiele wegschneiden. Sie brauchen etwa 1/2 kleine Staude. Auch Rucola eignet sich.

Speck und Brühe würzen **salzig**, Pfeffer und Muskat bringen **angenehme Schärfe** mit, Milch und gedünstete Zwiebeln sorgen für sanft-süßlichen **Ausgleich.** Doch erst wenn sich die Kartoffeln mit dem **Kräuterquartett** einlassen, ist das Geschmackserlebnis perfekt!

Kartoffeln in Kräutersauce

Man nennt sie Kartoffelgemüse, anderenorts **Béchamelkartoffeln** – im Sauerland heißen Kartoffeln in Kräutersauce schlicht »**Schlacks**«. Doch wo auch immer serviert, Hauptsache, das **genial einfache Essen** kommt im Frühsommer auf den Tisch. Dann, wenn es neue Kartoffeln und reichlich frische Kräuter gibt.

ZUBEREITUNGSZEIT: CA. 1 STD. 30 MIN.
PRO PORTION: CA. 425 KCAL
FÜR 4 PERSONEN

1 kg kleine fest kochende Kartoffeln
Salz
1 Zwiebel
50 g durchwachsener Speck
2 EL Butter
4 EL Mehl
500 ml Fleischbrühe
500 ml Milch
je 1 Bund Petersilie, Dill, Zitronenmelisse
    und Borretsch
1 Hand voll Kerbelblättchen
weißer Pfeffer aus der Mühle
geriebene Muskatnuss

ZUM GARNIEREN

Borretschblüten und Kerbelblättchen

1 Die Kartoffeln waschen, ungeschält in Salzwasser zum Kochen aufsetzen und in etwa 25 Min. gar kochen. Abgießen, ausdampfen und abkühlen lassen. Die Zwiebel schälen und fein hacken. Den Speck ganz klein würfeln.

2 In einem breiten Topf die Butter aufschäumen lassen und den Speck darin bei mäßiger Hitze glasig braten. Die Zwiebelwürfel zugeben und leicht andünsten. Das Mehl darüber streuen, kurz andünsten. Den Topf von der Kochstelle nehmen und die Mehlschwitze etwas abkühlen lassen. Brühe und Milch aufgießen, den Topf wieder auf die Kochstelle setzen, alles unter ständigem Rühren langsam aufkochen und einmal aufwallen lassen. Die Sauce bei schwacher Hitze 5 Min. ziehen lassen, dann durch ein Sieb streichen. Wieder in den Topf geben.

3 Die Kräuter waschen, trockenschütteln und die Blättchen fein hacken. Die Kartoffeln pellen und in dicke Scheiben schneiden. Kräuter und Kartoffeln unter die Sauce mischen. Mit Salz, Pfeffer und Muskat kräftig abschmecken. Bei ganz schwacher Hitze zugedeckt noch 15 Min. ziehen lassen, dabei ab und zu umrühren. Wenn die Sauce anzuhängen droht, noch ein wenig Milch zugießen.

4 Zum Servieren das Kartoffelgemüse in eine Schüssel füllen und mit Borretschblüten sowie klein gezupften Kerbelblättchen bestreuen. Dazu passen weich gekochte oder pochierte Eier.

AROMAVARIANTE MIT ESTRAGON & KAPERN
Die Blättchen von 1 Bund Petersilie und 3 Stängeln Estragon abzupfen und fein hacken, mit den Kartoffeln in die Sauce geben. 2 EL Kapern klein schneiden und zugeben, die Sauce mit etwas Kapernlake oder Essig abschmecken. Dieses säuerliche Kartoffelgemüse schmeckt besonders gut zu Bratwurst oder längs halbierter und gebratener Fleischwurst.

Kartoffeln kann man kochen, braten oder pürieren. Oder **füllen** – dann werden sie ganz von der **Würze** ihres Inhalts durchzogen.

Gefüllte Kartoffeln besonders einfach und vier Mal anders

ZUBEREITUNGSZEIT: CA. 1 STD.
FÜR 4 PERSONEN

GRUNDREZEPT

8 große vorwiegend fest kochende
   Kartoffeln (gut 1 kg)
Salz | 2 Möhren | 3 Knoblauchzehen
2 EL Olivenöl (+ Öl für die Alufolie)
1 EL gehackte Thymianblättchen
50 g Käse (Parmesan), gerieben
schwarzer Pfeffer aus der Mühle
8 Scheiben Kräuterbutter

Die Kartoffeln waschen und in Salzwasser 15 Min. vorkochen. Die Möhren und den Knoblauch schälen und ganz klein würfeln. Kartoffeln abgießen und pellen, einen Deckel abschneiden und das Innere aushöhlen, die Hälfte davon fein hacken (Rest für ein anderes Gericht verwenden). Olivenöl erhitzen, Kartoffel-, Möhren- und Knoblauchwürfel darin etwa 5 Min. bei mäßiger Hitze dünsten. Backofen auf 200 °C (180 °C Umluft) vorheizen. Das gedünstete Gemüse mit Thymianblättchen und geriebenem Käse vermischen, mit Salz und Pfeffer würzen. Die Kartoffeln damit füllen, die Deckel wieder aufsetzen. Kartoffeln in geölte Alufolienstücke einwickeln und im heißen Ofen (Mitte) etwa 30 Min. backen. Kartoffeln halb auspacken und die Kräuterbutter darauf schmelzen lassen.

1. GESCHMACKSERLEBNIS: **RUCOLA & PILZE**

125 g Rucola verlesen, waschen und klein schneiden. 2 Schalotten schälen, 100 g Champignons säubern und beides fein hacken, in Olivenöl andünsten. Die Mischung etwas abgekühlt mit Rucola, 100 g grob geraspeltem Butterkäse und 3 EL Crème fraîche vermischen, mit Salz, Pfeffer und Muskat würzen. In die vorbereiteten Kartoffeln füllen und fertig garen. 4 EL Pesto mit etwas Olivenöl verrühren, über die gebackenen Kartoffeln träufeln.

2. GESCHMACKSERLEBNIS: **MINZE & CHILI**

1 Zwiebel und 2 Knoblauchzehen klein würfeln, in Olivenöl goldgelb braten. 200 g mageres Hackfleisch (Lamm oder Rind) zugeben und etwa 7 Min. braten. 2 EL fein gehackte grüne Chilis zugeben, 2 reife Tomaten halbieren und auf einer feinen Gemüsereibe dazureiben. 10 Min. dünsten, bis die Mischung dick wird. Mit 2 EL gehackter Petersilie und 1 EL fein geschnittener Marokkanischer Minze vermischen, salzen und pfeffern, Kartoffeln damit füllen.

3. GESCHMACKSERLEBNIS: **KORIANDERGRÜN & LORBEER**

2 Lorbeerblätter mit 1 kleinen Prise grobem Salz im Mörser fein zerreiben, harte Blattrippen entfernen. 50 g Räucherspeck ohne Schwarte ganz fein würfeln, mit 175 g Schweinemett (gewürztes Schweinehackfleisch), 4 EL Tomatenpüree, 4 EL klein geschnittenem Koriandergrün, dem Lorbeerpulver sowie etwas Cayennepfeffer vermischen. In die Kartoffeln füllen und im Ofen fertig backen.

4. GESCHMACKSERLEBNIS: **CURRYBLÄTTER & YSOP**

2 Möhren und 2 Knoblauchzehen mit der Hälfte der Kartoffelmasse winzig klein würfeln, mit 6 Curryblättern und 3 EL roten Linsen ca. 15 Min. in 275 ml Gemüsebrühe garen, bis diese ganz aufgenommen ist. Curryblätter entfernen, Gemüse stampfen, mit 1 TL gehacktem Ysop, 50 g gehackten Cashewkernen und 125 g Hüttenkäse mischen, mit Salz, Pfeffer und Garam Masala würzen. Kartoffeln damit füllen.

Gemüse mit frischen Curryblättern und Koriander-Minze-Joghurt

Süßliches Asia-Gemüse plus aromatische Curryblätter plus frisch-säuerlicher Koriander-Minze-Joghurt – in der Summe ergibt das einen **glänzenden Partner** zu Reis und Fisch.

ZUBEREITUNGSZEIT: CA. 45 MIN.
PRO PORTION: CA. 200 KCAL
FÜR 4 PERSONEN

1 dicke Süßkartoffel (Batate; ca. 500 g)
100 g Zuckerschoten
2–3 kleine Thai-Auberginen
1 Gemüsezwiebel
1 Stück frischer Ingwer (ca. 3 cm)
4 vollreife Tomaten
1 grüne Chilischote
3–4 Stängel frische Curryblätter
2–3 EL Butterschmalz
je 1 TL Fenchel- und Kreuzkümmelsamen
je 1/2 Bund Koriandergrün und Minze
200 g cremiger Joghurt (mindestens 3,5 % Fett)
Salz | Pfeffer aus der Mühle

1 Die Süßkartoffel schälen, in 1 cm dicke Scheiben, diese in Würfel schneiden. Die Zuckerschoten waschen und schräg halbieren. Die Thai-Aubergine waschen, putzen und in Würfel schneiden. Zwiebel und Ingwer schälen und fein hacken. Tomaten mit kochendem Wasser überbrühen, häuten, halbieren und ohne Stielansatz würfeln. Chilischote putzen, waschen, entkernen und in Ringe schneiden. Curryblattstängel waschen und trockenschütteln.

2 Butterschmalz erhitzen. Zwiebel und Ingwer darin unter Rühren braun anbraten. Fenchel- und Kreuzkümmelsamen darüber streuen und mitbraten. Dann Kartoffelwürfel, Auberginen und Chilischote nach und nach unter Rühren mitbraten, Currystängel dazugeben.

3 Zuckerschoten und Tomaten dazugeben, 150 ml Wasser angießen. Alles 10–12 Min. zugedeckt dünsten, bis die Kartoffeln weich sind. Inzwischen Koriandergrün und Minze waschen und trockenschütteln. Blättchen abzupfen, einige zum Garnieren beiseite legen. Restliche in feine Streifen schneiden und mit dem Joghurt verrühren. Joghurt kräftig mit Salz und Pfeffer würzen.

4 Das Gemüse mit Salz und Pfeffer abschmecken. Curryblattstängel herausfischen. Blättchen, die sich gelöst haben, mitservieren. Sie schmecken würzig. Das Gemüse mit Minze- und Korianderblättchen bestreut servieren. Den Joghurt separat reichen oder zum Schluss der Garzeit unter das Gemüse rühren.

> **GEMÜSEVARIANTEN**
> Schmeckt auch sehr gut mit mehlig kochenden Kartoffeln oder einer anderen Gemüsemischung, z. B. Möhren, Kartoffeln, Brokkoli.

Süßkartoffeln sind festfleischiger als unsere Kartoffeln und machen daher beim Schälen etwas mehr Mühe.

Für gleichmäßige Würfel die Kartoffeln längs in dicke Scheiben, diese in Stifte, diese wiederum quer in Würfel schneiden.

Volles Aroma geben Curryblätter ab, wenn man sie mit anbrät und dann mitgart. Sie können auch mitserviert werden.

Kräuter-Kartoffel-Gnocchi

Wir haben den Gnocchi einen **kräftigen Kräutermix** verpasst. Dazu schmeckt würzige Tomatensauce.

ZUBEREITUNGSZEIT: CA. 1 STD.
RUHEZEIT: CA. 30 MIN.
PRO PORTION: CA. 300 KCAL
FÜR 4 PERSONEN

850 g mehlig kochende Kartoffeln
je 1/2 Bund Petersilie, Schnittlauch,
    Basilikum und Minze
120–140 g Mehl
50 g Parmesan, frisch gerieben
Salz | Pfeffer aus der Mühle
1 Ei (Größe L)

1 Kartoffeln in sprudelnd kochendem Wasser in 20–30 Min. weich kochen. Inzwischen Kräuter waschen, trockenschütteln, fein hacken. Kartoffeln abgießen, etwas ausdampfen lassen, pellen, durch die Kartoffelpresse in eine Schüssel drücken oder zerstampfen. Die abgekühlte Masse mit 120 g Mehl, Parmesan, 1 TL Salz, 1 kräftigen Prise Pfeffer, dem Ei und den gehackten Kräutern verkneten. Falls der Kartoffelteig zu klebrig ist, noch etwas Mehl unterkneten. Teig 30 Min. ruhen lassen.

2 Aus je 1 EL Teig Knödelchen formen. Mit einer Gabel Rillen eindrücken. Gnocchi in sprudelnd kochendes Salzwasser geben. Temperatur sofort reduzieren und Gnocchi bei ganz schwacher Hitze in 5–7 Min. gar ziehen lassen. Mit einem Schaumlöffel aus dem Wasser nehmen und sofort servieren, z. B. mit Tomatensauce und frisch geriebenem Parmesan.

AROMAVARIANTE
Knödelchen mit 1 EL klein gehacktem Salbei und je 2 EL gehacktem Rosmarin und Thymian würzen. Gnocchi mit Salbeibutter servieren. Dazu 100 g Butter mit einigen möglichst kleinen Salbeiblättchen aufschäumen lassen und sofort über die fertigen Gnocchi träufeln.

Ratatouille mit Zitronenthymian und Kräuter-Knoblauch-Creme

Weit mehr als nur eine Beilage: Mit **knusprigem Baguette** kombiniert wird aus der Ratatouille ein leichtes Sommeressen, das wir gern servieren, wenn **Vegetarier** zu Gast sind.

ZUBEREITUNGSZEIT: CA. 45 MIN.
PRO PORTION: CA. 200 KCAL
FÜR 4 PERSONEN

FÜR DIE RATATOUILLE

3 vollreife Tomaten
1 Gemüsezwiebel
1 Aubergine (ca. 200 g)
je 2 kleine gelbe und grüne Zucchini
1 große rote Paprikaschote
1 kleines Bund Zitronenthymian
2 Zweige Rosmarin
1 Lorbeerblatt
4–5 EL Olivenöl
1 Knoblauchzehe
Meersalz | Pfeffer aus der Mühle

FÜR DIE KRÄUTERCREME

3 EL Crème fraîche
2 EL Joghurt
1/2 Bund Petersilie (gut 1 Hand voll Blätter)
1–2 Knoblauchzehen
Meersalz | Pfeffer aus der Mühle

AUSSERDEM

Küchengarn

1 Für die Ratatouille die Tomaten mit kochendem Wasser überbrühen, häuten und ohne die Stielansätze würfeln. Die Gemüsezwiebel schälen, halbieren und in feine Streifen schneiden. Die Aubergine, die Zucchini und die Paprikaschote waschen und putzen. Aubergine längs vierteln und in gröbere Stücke schneiden, Zucchini in 1/2 cm dicke Scheiben, Paprika in Stücke schneiden. 1 Zweig Zitronenthymian beiseite legen. Rest mit Rosmarin und Lorbeerblatt zu einem Kräutersträußchen zusammenbinden.

2 Das Öl in einem Schmortopf erhitzen. Auberginen darin anbraten, Die Zwiebeln dazugeben und in 4–6 Min. bei mittlerer Hitze weich braten, aber nicht bräunen. Den Knoblauch schälen und dazupressen. Die Zucchini, die Paprika, das Kräutersträußchen und die Tomaten dazugeben. Alles kräftig salzen und pfeffern und zugedeckt bei schwacher Hitze 20–25 Min. schmoren.

3 Inzwischen für die Kräutercreme die Crème fraîche und den Joghurt glatt rühren. Blättchen vom restlichen Zitronenthymian abstreifen. Petersilie waschen, trockenschütteln und klein hacken. Kräuter unter die Creme rühren. Knoblauch schälen und dazupressen. Die Creme mit Salz und Pfeffer abschmecken.

ORIENTALISCHE AROMAVARIANTE
Kichererbsen (Dose) mitgaren. Ratatouille mit gemahlenem Koriander und Kreuzkümmel abschmecken. Die Kräutercreme mit Petersilie, Koriandergrün und 1 EL frisch gehackten Minzeblättchen würzen.

*Aus dem **Französischen** übersetzt bedeutet Ratatouille so viel wie »gerührter Fraß«. Das vergessen Sie sofort, wenn Sie den provenzalischen Eintopf aus **sonnenverwöhnten Zutaten** einmal gegessen haben – denn eine Ratatouille ist warm oder kalt hochsommerlicher **Genuss pur!***

Spargel wird uns nie langweilig – dank kräuterwürziger Saucen. So lässt sich das edle Gemüse jeden Tag **anders aromatisieren.** Und wenn die Saison am 24. Juni vorbei ist, schmecken die **Saucen** auch zu Rübchen oder hellem Fleisch.

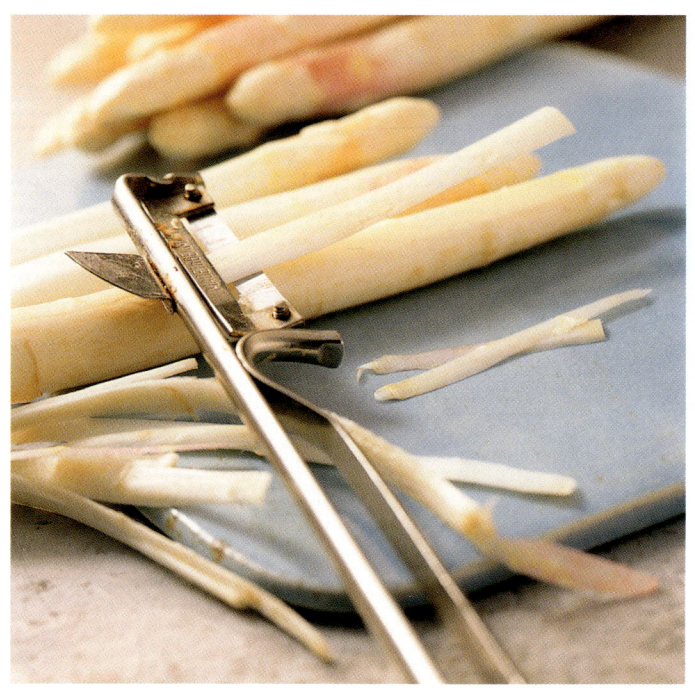

Spargel besonders einfach und vier Mal mit Sauce

**ZUBEREITUNGSZEIT: CA. 30 MIN.
FÜR 4 PERSONEN**

GRUNDREZEPT

1,5 kg weißer Spargel
Salz | Zucker
50 g Butter
1 Hand voll Petersilie

Den Spargel waschen, die Stangen mit dem Spargelschäler gut schälen, die holzigen Enden abschneiden. Inzwischen reichlich Wasser aufkochen. Das sprudelnd kochende Wasser mit je 1 TL Salz und Zucker würzen. Spargelstangen darin je nach Dicke 10–15 Min. kochen lassen.
Die Butter schmelzen. Petersilie waschen und trockenschütteln. Die Blättchen fein hacken. Den Spargel abgießen und sofort mit flüssiger Butter übergossen und mit gehackter Petersilie bestreut servieren.

1. GESCHMACKSERLEBNIS: **ROSMARIN-HOLLANDAISE**

115 g Butter schmelzen. 2 Eier (Größe L, zimmerwarm) mit fein gehackten Nadeln von 2 großen Rosmarinzweigen, 1 EL Orangenlikör, Salz und Pfeffer verrühren. Mischung über heißem Wasserbad weißschaumig schlagen. 1 TL abgeriebene Orangenschale unterrühren. Löffelweise die flüssige Butter unterschlagen, bis eine dickcremige Sauce entsteht. Mit Salz, Pfeffer und evtl. Orangensaft abschmecken.

2. GESCHMACKSERLEBNIS: **BRUNNENKRESSE-RELISH**

1 rote Zwiebel schälen und sehr fein hacken, gut 1 Hand voll Brunnenkresse- sowie einige Petersilienblättchen waschen, trockenschütteln und zusammen mit 1 EL Kapern fein hacken. 1 EL Weißweinessig mit 1 Msp. Dijon-Senf und 3 EL kaltgepresstem Rapsöl oder Olivenöl verrühren. Zwiebeln und Kräutermischung unterrühren. Das Relish mit Salz und Pfeffer abschmecken.

3. GESCHMACKSERLEBNIS: **WALDMEISTER-SAHNE**

1 Bund Waldmeister in 200 ml Weißwein 15 Min. ziehen lassen. 2 Schalotten schälen und in sehr feine Würfel schneiden, in 1 EL Butter hellgelb dünsten. 200 ml Kalbsfond zugießen, 10 Min. offen köcheln lassen. Waldmeisterwein (ohne das Kraut) angießen und um ein Drittel einkochen. 200 g Sahne zugießen und wieder um ein Drittel einkochen, bis die Sauce cremig ist. Mit Salz, Pfeffer und 1 Prise Zucker abschmecken. Mit wenig gehacktem Waldmeister bestreut servieren.

4. GESCHMACKSERLEBNIS: **KERBEL-CREME**

2 Frühlingszwiebeln putzen, waschen und mit dem Grün sehr fein hacken. Frühlingszwiebeln mit 1 EL fein geschnittener Petersilie in 2 EL Butter sanft andünsten. 1 gute Hand voll Kerbelblättchen waschen, gut abtropfen lassen, sehr fein hacken. 1 EL Noilly Prat und etwas Spargelwasser zu den Frühlingszwiebeln geben. 200 g Crème fraîche einrühren und alles sämig einköcheln lassen. Mit Salz, Pfeffer und etwas Zitronensaft abschmecken. Kerbel unterrühren und Sauce mit 1 sehr frischen Eigelb legieren.

Gefüllte Gemüseblätter und -knollen wecken **Neugier:** Was steckt wohl drin? Mit diesem Gericht überraschen Sie gleich doppelt: Die Kohlrabi bieten Raum für eine vegetarische Grünkern-Gemüse-Füllung mit feiner **Estragonnote,** die Blätter umhüllen einen **majoranwürzigen Hackfleischteig.**

Gefüllte Kohlrabi mit Blätterröllchen

Weil es uns Leid tat, **schöne Kohlrabiblätter** wegzuwerfen, kamen wir auf die Idee, sie wie Kohlrouladen zu füllen und mitzugaren. Das Ergebnis war ein **Genuss,** und seither landen bei uns keine Kohlrabiblätter mehr im Abfall.

ZUBEREITUNGSZEIT: CA. 50 MIN.
GARZEIT: CA. 45 MIN.
PRO PORTION: CA. 355 KCAL
FÜR 4 PERSONEN

4 große Kohlrabi mit schönen Blättern
Salz │ 2 Zwiebeln
3 EL Pflanzenöl
100 g Grünkernschrot
200 ml Gemüsebrühe
2 kleine zarte Möhren
1 EL getr. Steinpilze
2 EL Ricotta
2 TL gehackter Estragon
schwarzer Pfeffer aus der Mühle
1/2 Brötchen vom Vortag
150 g gemischtes Hackfleisch
1 EL gehackter Majoran
300 g reife Tomaten
300 ml kräftiger Gemüsefond

1 Von den Kohlrabi 12 schöne große Blätter ablösen, dicke Blattrippen glatt schneiden. Die Knollen schälen, dabei das obere Ende mit den zarten Blättern glatt abschneiden, zurückbehalten. Die Knollen von der Wurzelseite her mit einem Kugelausstecher aushöhlen, in kochendem Salzwasser etwa 20 Min. vorgaren. Die Knollen herausheben und mit der Höhlung nach unten abtropfen lassen.

2 Die Kohlrabiblätter im kochenden Wasser etwa 10 Min. überbrühen, herausheben, kalt abschrecken und ausgebreitet abtropfen lassen. Die Zwiebeln schälen und fein hacken. 1 EL Öl erhitzen und ein Drittel der Zwiebelwürfel darin bei mäßiger Hitze dünsten, bis sie glasig sind. Grünkernschrot einstreuen und 30 Sek. anrösten. Gemüsebrühe aufgießen und einmal aufkochen lassen. Bei schwacher Hitze leise köcheln lassen, bis die Flüssigkeit fast verkocht ist.

3 Möhren schälen und ganz klein würfeln. Pilze fein zerbröckeln. Beides mit Ricotta und Estragon unter die Grünkernmasse rühren, mit Salz und Pfeffer abschmecken, beiseite stellen.

4 Das Brötchen in kaltem Wasser kurz einweichen, fest ausdrücken, mit einem Drittel gehackter Zwiebel und dem Hackfleisch vermischen, mit Majoran, Salz und Pfeffer kräftig würzen. Tomaten kurz überbrühen, häuten und entkernen, das Fruchtfleisch klein würfeln.

5 Auf jedes Kohlrabiblatt jeweils 1 EL Hackmasse geben, das Blatt aufrollen, dabei die Ränder nach innen schlagen. Die Kohlrabiknollen mit der Grünkernmischung füllen. In einem breiten Schmortopf das restliche Öl erhitzen, übrige Zwiebelwürfel darin andünsten. Kohlrabi und Blätterröllchen (Nahtstelle nach unten) hineinsetzen, Tomatenwürfel dazwischen verteilen, Gemüsefond angießen. Mit Salz und Pfeffer abschmecken, zugedeckt bei schwacher Hitze etwa 45 Min. garen.

6 Kohlrabi und Röllchen auf Tellern anrichten. Mit der Schmorsauce umgießen, mit den Kohlrabienden garnieren. Dazu passt Reis.

MEDITERRANE AROMAVARIANTE
Für eine mediterrane Note Grünkernschrot mit gehackten Thymianblättchen, die Hackfleischmischung mit Oregano würzen. Noch 2 EL fein geschnittene Basilikumblätter in die Sauce rühren.

Vietnamesisches Gemüse mit Kräutern

Warum wir die vietnamesische Küche so gern mögen? Weil hier **gekräutert** wird, was das Zeug hält! In Vietnam geht man längst nicht so verschwenderisch mit Gewürzen um wie in anderen asiatischen Ländern – vielmehr ist frisches **Grün Aromalieferant** Nummer 1.

ZUBEREITUNGSZEIT: CA. 1 STD.
PRO PORTION: CA. 250 KCAL
FÜR 4 PERSONEN

8 getr. Shiitakepilze
je 1/2 Hand voll glatte Petersilie,
   Japanische Minze, Thai-Basilikum,
   Koriandergrün, Schwarznessel und
   Chinesischer Schnittlauch
2 kleine Auberginen à 200 g
2 kleine Zucchini à 150 g
30 g frischer Ingwer
2 EL Zitronensaft | Salz
6 EL Pflanzenöl
1 Bund Frühlingszwiebeln
2 rote Paprikaschoten
2 grüne Chilischoten
2 große Möhren
4 große grüne Chinakohlblätter
4 Knoblauchzehen
10 frische Curryblätter
300 ml kräftige Gemüsebrühe
4 EL vietnamesische Fischsauce
   (nuoc mam)
2 EL helle Sojasauce
2 EL gehackte Bockshornkleeblätter
   nach Belieben

1 Die Shiitakepilze in etwa 200 ml warmem Wasser einweichen. Die Kräuter waschen und trockenschütteln, die Blättchen abzupfen, die zarten Stängelspitzen ganz lassen und beiseite legen. Die Kräuterblättchen fein hacken.

2 Die Auberginen und Zucchini waschen und putzen, die Auberginen längs achteln, die Zucchini längs vierteln. Alles in etwa 4 cm lange Stücke schneiden, in eine Schüssel füllen. Ingwer schälen und auf einer Gemüsereibe dazureiben. Das Gemüse mit den gehackten Kräutern und Zitronensaft würzen, kräftig salzen und die Hälfte vom Öl zugeben. Mit den Händen gut durchmischen und 15 Min. ziehen lassen.

3 Die Frühlingszwiebeln waschen, putzen und klein schneiden. Die Paprikaschoten waschen, halbieren und putzen, längs in Streifen und diese schräg in Stücke schneiden. Chilis längs aufschlitzen, entkernen, putzen und waschen. Die Schoten in Streifen schneiden. Möhren schälen, längs halbieren und die Hälften schräg in Stücke schneiden. Kohlblätter waschen und in Streifen schneiden. Knoblauch schälen und hacken. Curryblätter waschen, ganz lassen.

4 Die Shiitakepilze aus dem Wasser heben und fest über dem Einweichwasser ausdrücken, in Streifen schneiden. Die Gemüsebrühe mit der Shiitakebrühe, der Fischsauce und der Sojasauce vermischen.

5 Einen Wok oder eine tiefe Pfanne mit dem restlichen Öl erhitzen. Auberginen- und Zucchinistücke aus der Marinade heben, mit Küchenpapier trockentupfen und im heißen Öl etwa 7 Min. rundum kräftig anbraten, bis alles leicht gebräunt ist. Das übrige Gemüse zugeben und kurz anbraten. Marinade und gewürzte Gemüsebrühe angießen. Die beiseite gelegten Kräuterspitzen und die Curryblätter unterrühren, einmal aufkochen lassen. Mit Salz abschmecken und mit gehackten Bockshornkleeblättern bestreut zu gekochtem Reis servieren.

AROMAVARIANTE MIT PFEFFERBLÄTTERN & KAPUZINERKRESSE
Mindestens zwei frische Kräuter sollten dieses Gericht bereichern – z. B. auch Thai-Pfefferblätter (»la lot« bzw. »cha plu«) und Kapuzinerkresseblätter, die ähnlich schmecken wie vietnamesischer Wasserpfeffer.

*Für dieses Wokgericht können Sie Gemüsesorten ganz nach **Lust und Laune** kombinieren – Hauptsache, Sie sparen nicht an **vielen, vielen Kräutern** und damit an dem, was die **vietnamesische** Küche ausmacht.*

Ob einfache Champignons oder edle Steinpilze, weiße Austernseitlinge oder knallgelbe Pfifferlinge – **Pilze lieben Kräuter!**

Gebratene Pilze besonders einfach und vier Mal anders

ZUBEREITUNGSZEIT: CA. 30 MIN.
FÜR 4 PERSONEN

GRUNDREZEPT
500–750 g Pilze
50 g Butter
2 EL Pflanzenöl
Salz | schwarzer Pfeffer aus der Mühle
3–4 EL gehackte Kräuter

Die Pilze möglichst nur trocken säubern, sonst saugen sie sich mit Wasser voll. Zuerst mit einer kleinen Bürste oder einem Kuchenpinsel Erd- oder Substratreste abbürsten, dann mit einem kleinen Messer unansehnliche Stellen und hartnäckigen Schmutz abschaben oder wegschneiden. Die Stielenden, die meist angetrocknet und hart sind, abschneiden (saubere Enden kann man für Pilzpulver trocknen). Die Pilze längs in Scheiben schneiden.
In einer großen Pfanne die Butter mit dem Öl stark erhitzen, Pilzscheiben rasch darin ausbreiten und unter Rühren etwa 7 Min. braten, bis der austretende Pilzsaft verdampft ist und die Pilze bräunen. Mit Salz und Pfeffer würzen und die Kräuter untermischen, kurz Aroma ziehen lassen, dann sofort servieren, ehe die Pilze zäh werden.

1. GESCHMACKSERLEBNIS: **STEINPILZE & PETERSILIE**

Etwa 750 g Steinpilze säubern, längs halbieren. Madenbefallene Pilze wegwerfen. Die anderen in Scheiben schneiden. Blättchen von 1 Bund Petersilie fein hacken. 3 Schalotten schälen und klein würfeln. In einer Pfanne die Butter-Öl-Mischung stark erhitzen, Pilzscheiben hineingeben und beim Wenden mit den Schalottenwürfeln bestreuen. Wenn alles leicht gebräunt ist, mit Petersilie vermischen, salzen, pfeffern. Ein paar Tropfen Zitronensaft darüber träufeln.

2. GESCHMACKSERLEBNIS: **PFIFFERLINGE & THYMIAN**

Pfifferlinge (hier reichen 400 g) säubern und längs halbieren. 500 g Tomaten überbrühen, häuten und entkernen, in Würfel schneiden. 75 g durchwachsenen Speck klein würfeln, in 2 EL Pflanzenöl auslassen. Pfifferlinge zugeben und bei starker Hitze kurz anbraten. Tomatenwürfel zugeben und alles unter Rühren dünsten, bis die Tomaten zerfallen. 1 EL abgezupfte Thymianblättchen darüber streuen, untermischen und alles mit Salz und Pfeffer würzen.

3. GESCHMACKSERLEBNIS: **AUSTERNPILZE & ZITRONENVERBENE**

Etwa 750 g Austernpilze säubern, harte Wurzelansätze abschneiden (für Pilzpulver trocknen). Kleine Pilze ganz lassen, größere längs halbieren. 1 Hand voll Zitronenverbenenblätter waschen, in Streifen schneiden. 2 Knoblauchzehen fein hacken. Mischung aus Butter und Olivenöl erhitzen, die Pilze erst auf der glatten Seite anbräunen, dann wenden, Knoblauch und Zitronenverbene zugeben. Pilze auch auf der zweiten Seite leicht bräunen, salzen, pfeffern und mit 3 EL Zitronensaft beträufeln.

4. GESCHMACKSERLEBNIS: **CHAMPIGNONS & MINZE**

Gut 500 g Champignons säubern, kleinere Pilze ganz lassen, die größeren halbieren oder vierteln. 2 Sardellen in Salzlake abspülen, fein hacken. Blättchen von 3 Zweigen Marokkanischer Minze und 1/2 Bund glatter Petersilie getrennt fein hacken. Butter-Öl-Mischung erhitzen und die Champignons bei starker Hitze braten und leicht bräunen. Sardellen und Minze zugeben, salzen und pfeffern. 2–3 EL Weißwein darüber träufeln, kurz erhitzen und mit gehackter Petersilie bestreuen.

Bohnen-Kartoffel-Pfanne

Bohnenkraut und grüne Bohnen – ein **klassisches Duo.** Mit Kartoffeln und Cocktailtomaten wird daraus ein stimmiges Quartett, das mit einer herbwürzigen, **pfeffrigen Komposition** aufspielt.

ZUBEREITUNGSZEIT: CA. 35 MIN.
GARZEIT FÜR DIE KARTOFFELN: CA. 30 MIN.
(+ ABKÜHLZEIT)
PRO PORTION: CA. 265 KCAL
FÜR 4 PERSONEN

500 g fest kochende Kartoffeln
250 g grüne Bohnen (Keniabohnen)
1 kleines Bund Bergbohnenkraut
    (oder 1/2 Bund Bohnenkraut mit
    ein paar Zweigen Thymian gemischt)
Salz | 150 g Schafkäse
1–2 Knoblauchzehen
1/2 Bund Petersilie
100 g Cocktailtomaten
Pfeffer aus der Mühle
4 EL Olivenöl

1 Am besten am Vortag die Kartoffeln waschen und in der Schale in 25–30 Min. weich kochen. Abgießen und abkühlen lassen.

2 Die Bohnen waschen und abtropfen lassen. Die Enden abschneiden, Bohnen – falls nötig – in Stücke schneiden. Bohnenkraut waschen. Inzwischen reichlich Wasser aufkochen und salzen. Bohnen darin mit 3–4 Stängeln Bohnenkraut in 4–6 Min. bissfest blanchieren, abgießen und eiskalt abschrecken. Bohnenkraut entfernen.

3 Kartoffeln pellen, halbieren. Hälften längs in 3–4 Spalten schneiden. Schafkäse würfeln. Knoblauch schälen und hacken. Blättchen vom übrigen Bohnenkraut abstreifen, fein hacken. Petersilie waschen und hacken. Cocktailtomaten waschen, halbieren, mit Salz, Pfeffer, Schafkäse, 2 EL Öl, 2 EL Petersilie und 1 guten Prise gehacktem Bohnenkraut vermischen.

4 Restliches Olivenöl in einer großen Pfanne erhitzen. Kartoffeln darin nebeneinander bei mittlerer bis starker Hitze in 2–3 Min. braun braten. Bohnen dazugeben und 2–3 Min. unter Rühren mitbraten. Mit Pfeffer, Salz und etwas gehacktem Bohnenkraut würzen, dann die Cocktailtomaten und den Schafkäse dazugeben. Alles noch 2–3 Min. weiterbraten, dabei einmal wenden. Mit der restlichen Petersilie und dem übrigen Bohnenkraut bestreuen und in der Pfanne servieren.

AROMAVARIANTE MIT ZWIEBELN & ROSMARIN
Statt der Bohnen 1 dicke Gemüsezwiebel schälen, halbieren und in sehr feine Streifen schneiden. 2 Zweige Rosmarin waschen, Nadeln abstreifen und fein hacken. Zwiebelstreifen mit Rosmarin in 2 EL Olivenöl weich dünsten, dann aus der Pfanne nehmen. Kartoffeln braun braten. Zwiebelstreifen, Schafkäsewürfel und 3 EL schwarze Oliven dazugeben. Alles mit Salz und Cayennepfeffer würzen.

Die Stielansätze der Bohnen mit einem kleinen Gemüsemesser abknipsen.

Vom Bohnenkraut die Blättchen abstreifen oder – besonders zarte – abzupfen.

Kartoffeln, Bohnen, dann Tomaten und Käse nacheinander zugeben und braten.

Kidneybohnen mit Epazote

Bei Tex-Mex-Bohnengerichten kann man sich leicht an das **ganz eigene Aroma** von Epazote gewöhnen.

ZUBEREITUNGSZEIT: CA. 30 MIN.
PRO PORTION: CA. 430 KCAL
FÜR 4 PERSONEN

2 grüne Paprikaschoten
4 Zwiebeln
2 Knoblauchzehen
1 EL Pflanzenöl
500 g Hackfleisch (vom Rind)
4 Stängel Epazote
125 ml Fleischbrühe
2 Dosen Kidneybohnen à 225 g
1 große Dose geschälte Tomaten à 800 ml
1–3 EL Chili-Gewürzmischung (Fertigprodukt)
Tabasco | Salz

1 Die Paprikaschoten waschen, halbieren, putzen und klein würfeln. Zwiebeln und Knoblauch schälen, grob hacken. Pflanzenöl erhitzen, das Hackfleisch zugeben und bei starker Hitze kurz anbraten, dabei zerkrümeln. Die Hitze verringern, Zwiebeln, Knoblauch und Paprikaschoten zugeben und alles braten, bis die Zwiebeln goldfarben sind.

2 Epazote waschen, die Blätter abzupfen und beiseite legen. Die Stängel mit der Brühe zur Hackmischung geben, 15 Min. zugedeckt schmoren lassen. Die Bohnen in ein Sieb geben, abspülen und abtropfen lassen. Mit den Tomaten unter die Hackmischung rühren, die Epazotestängel entfernen. Bohnen mit Chili-Gewürzmischung und Tabasco so scharf wie erträglich abschmecken. Noch 5 Min. erhitzen. Epazoteblätter grob hacken. Die Bohnen mit Salz abschmecken, mit Epazote bestreut servieren.

AROMAVARIANTE MIT ZITRONENTHYMIAN
Am ehesten lässt sich das bitterscharfe, herbfrische Aroma der Epazote mit 2 EL frischen Zitronenthymianblättchen und 2 Zweigen gehackten Gundermannblättchen nachempfinden, dazu nach Belieben etwas geriebene Zitronenschale – oder Zitronenmelisse, die aber anders schmeckt.

Kichererbsenbällchen (Falafel)

In Israel und benachbarten Ländern sind die frittierten Kichererbsenbällchen ein beliebter Snack, **klassisches Streetfood.** Zum Sattessen braucht's dann nicht mehr als einen bunten Salat und frisches Fladenbrot.

ZUBEREITUNGSZEIT: CA. 45 MIN.
QUELLZEIT: CA. 16 STD.
PRO PORTION: CA. 570 KCAL
FÜR 4 PERSONEN

FÜR DIE FALAFEL

250 g getr. Kichererbsen
2 Frühlingszwiebeln
2 Knoblauchzehen
1 frische rote Chilischote
60 g Hartweizengrieß
3 EL geschnittenes Koriandergrün
2 EL gehackte Marokkanische Minze
80–100 g Kichererbsenmehl
1 TL gem. Kreuzkümmel
Salz | schwarzer Pfeffer aus der Mühle
Pflanzenöl zum Frittieren

FÜR DIE TAHINI-SAUCE

100 g Tahin (Sesampaste, Reformhaus
  oder türkischer Spezialitätenladen)
4 EL Zitronensaft
3 EL Vollmilchjoghurt
2 Knoblauchzehen
1–2 Prisen Zucker
1 EL fein geschnittenes Koriandergrün

ZUM GARNIEREN

1 Bund glatte Petersilie

1 Die Kichererbsen in reichlich kaltem Wasser über Nacht (mindestens 15 Std.) einweichen. Dann in einem Sieb überbrausen und gut abtropfen lassen. Die Kichererbsen fest zwischen den Händen reiben, bis sich die harten Schalen lösen. Schalen entfernen.

2 Die Frühlingszwiebeln waschen, putzen und in Stücke schneiden. Knoblauch schälen und grob würfeln. Chilischote aufschlitzen, entkernen und putzen, die Schote klein würfeln. Die Kichererbsen mit Grieß, Frühlingszwiebeln, Knoblauch, Chiliwürfeln, Koriandergrün und Minze durch den Fleischwolf (feine Scheibe) drehen oder im Blitzhacker nicht zu fein pürieren. Die Masse mit 80 g Kichererbsenmehl vermischen, mit Kreuzkümmel, Salz und Pfeffer würzen. Gut verkneten und zugedeckt 1 Std. im Kühlschrank quellen lassen.

3 Für die Tahini-Sauce das Tahin im Glas cremig rühren und die benötigten 100 g davon in eine Schüssel füllen. Mit Zitronensaft, Joghurt und 4–6 EL Wasser zu einer glatten Sauce verrühren. Den Knoblauch schälen und dazupressen, die Sauce mit Salz, Pfeffer und 1 guten Prise Zucker abschmecken. Mit Koriandergrün bestreuen.

4 Den Backofen auf 75 °C (60 °C Umluft) vorheizen. Den Kichererbsenteig noch einmal gut durchkneten, und wenn er zu weich ist, noch etwas Kichererbsenmehl zugeben. Aus dem Teig etwa 40 gut walnussgroße Bällchen formen.

5 In einer tiefen Pfanne oder in einer Fritteuse reichlich Öl auf 170 °C erhitzen (oder bis sich an einem eingetauchten Holzstäbchen Bläschen bilden). Die Falafel darin portionsweise in 5–7 Min. rundum goldbraun ausbacken. Fertige herausheben, auf Küchenpapier entfetten, im Backofen warm halten. Fertige Falafel anrichten, mit Petersilienzweigen und Zitronenachteln garnieren und mit der kalten Tahini-Sauce servieren.

GRIECHISCHE AROMAVARIANTE
200 g mehlig kochende Kartoffeln als Pellkartoffeln garen, pellen und zerstampfen. Eingeweichte Kichererbsen pürieren, mit dem Kartoffelpüree vermischen und mit je 1 TL getrockneter Minze, Thymian und Oregano würzen, mit Salz und Pfeffer abschmecken. Etwas größere Kugeln formen, leicht flach drücken und in einer Pfanne in Olivenöl beidseitig braten.

Frische orientalische Kräuter und **wärmende Würzen** *in kleinen Knusperkugeln, dazu noch der nussige Tahini-Dip – und Sesam öffnet sich …*

Ob Rotbarsch, Kabeljau oder Lachs – zarter **Fisch** tummelt sich gern in aromatischen Kräutersaucen. Oder verbirgt sich unter knusprigen **Kräuterkrusten.** Mal klassisch mit Dill, mal mediterran mit Lorbeer, mal orientalisch mit Minze – auf jeden Fall immer ein Geschmackserlebnis, das sich **gekräutert** hat!

FISCH & MEERESFRÜCHTE

Knusperfisch mit Dillremoulade

Warum eigentlich nur freitags? Knusprig umhüllt und **würzig gedippt** schmeckt saftiger Fisch an **jedem Wochentag.** Und auch allen, die sonst lieber Fleisch essen.

1 Beim Fischfilet eventuelle Gräten mit den Fingern aufspüren und mit einer Pinzette herausziehen. Fischfilet waschen, trockentupfen und in Portionsstücke schneiden, mit Zitronensaft beträufeln, salzen, pfeffern und ruhen lassen. Für den Ausbackteig das Mehl in eine Schüssel sieben. Das Ei trennen. Eiweiß kühl stellen. Eigelb mit dem Bier und 1 kräftigen Prise Salz zum Mehl geben und alles zu einem glatten Teig rühren. Schüssel abdecken und Teig etwa 20 Min. ruhen lassen.

2 Inzwischen für die Dillremoulade das Ei pellen und halbieren. Das Eigelb in einer Schüssel zerdrücken und mit dem Joghurt glatt rühren. Eiweiß sehr fein hacken. Dill und Schnittlauch waschen und trockenschütteln. Dillblättchen hacken, Schnittlauch in feine Röllchen schneiden. Cornichons und Kapern ebenfalls fein hacken. Sardellenfilet abwaschen und klein hacken. Alles mit dem Joghurt verrühren und mit Salz, Pfeffer und Zitronensaft abschmecken.

3 Das beiseite gestellte Eiweiß steif schlagen, unter den Teig heben. Das Öl in einer großen Pfanne oder in zwei Pfannen erhitzen. Die Fischstückchen mit einer Gabel durch den Teig ziehen und sofort ins heiße Öl geben. Jeweils je nach Dicke in 4–6 Min. von jeder Seite goldbraun braten. Den Knusperfisch mit Dillremoulade servieren. Dazu passen Bratkartoffeln oder Kartoffelsalat.

ZUBEREITUNGSZEIT: CA. 35 MIN.
PRO PORTION: CA. 475 KCAL
FÜR 4 PERSONEN

FÜR DEN KNUSPERFISCH

600 g dicke Fischfilets (z. B. Rotbarsch)
Meersalz | Pfeffer aus der Mühle
1 EL Zitronensaft
100 g Mehl
1 Ei (Größe M)
130 ml helles Bier
ca. 150 ml Pflanzenöl zum Ausbacken

FÜR DIE DILLREMOULADE

1 hart gekochtes Ei
300 g Joghurt
1 kleines Bund Dill
1/2 Bund Schnittlauch
4 Cornichons
1 TL Kapern
2 Sardellenfilets
Meersalz | Pfeffer aus der Mühle
1–2 TL Zitronensaft

AROMAVARIANTEN
1. Mit Gartenkräutern: Die Remoulade statt mit Dill mit einer Mischung aus Petersilie, Estragon und Kerbel anrühren.
2. Mit Korianderdip: Statt Remoulade einen Asia-Dip zum Knusperfisch servieren: Dazu 1 kleines Stück zarten Ingwer (etwa 2 cm) sehr fein hacken oder durch die Knoblauchpresse drücken. Mit 4 EL Öl, 2 EL süßer Chilisauce, 4 EL Sojasauce und 2–3 EL frisch gehacktem Koriandergrün verrühren. Fischfilets vor dem Panieren mit etwas Sojasauce und Limettensaft marinieren.

Kräuterpasten schützen saftiges Fischfilet im Ofen vor dem Austrocknen. Und spenden knusprige Kräuterwürze – je nach Lust oder Saison mit Dill, Basilikum, Minze oder Koriander.

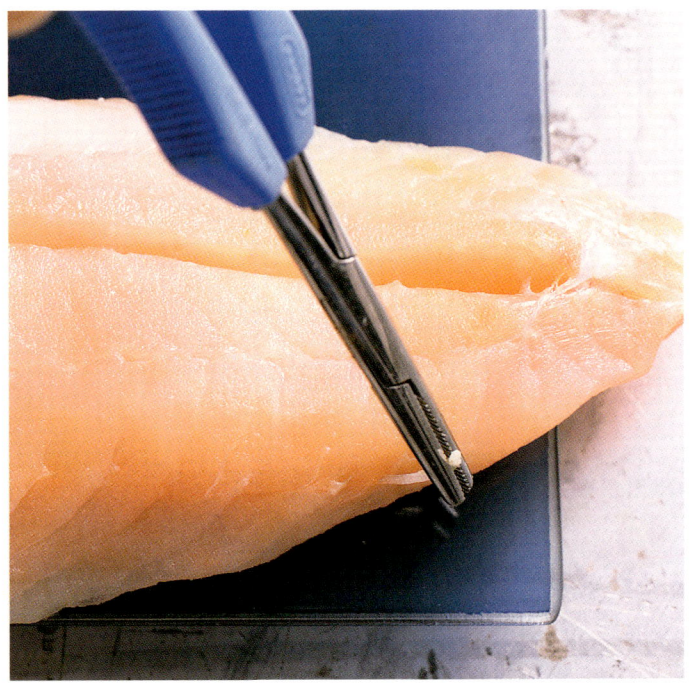

Kabeljau mit vier Mal Kräuterpaste

ZUBEREITUNGSZEIT: CA. 10 MIN.
GARZEIT: 15–20 MIN.
FÜR 4 PERSONEN

BASISREZEPT

800 g Kabeljaufilet (am besten dickeres Rückenfilet; ersatzweise Schellfisch, Seelachs oder Rotbarsch)
2 EL Zitronensaft | Salz
Pfeffer aus der Mühle | Öl für die Form

Backofen auf 200 °C (180 °C Umluft) vorheizen. Im Fischfilet eventuelle Gräten mit den Fingern aufspüren und mit einer Pinzette herausziehen. Fischfilet waschen, trockentupfen, mit Zitronensaft beträufeln, salzen und pfeffern. Große Filets in Portionsstücke schneiden und in eine geölte Form setzen.

Kräuterpaste nach Wahl (Rezepte siehe rechte Seite) auf die Filets geben, entweder mit dem Messerrücken darauf streichen oder mit den Fingern andrücken. Fischfilet je nach Dicke 15–20 Min. im heißen Ofen (Mitte) garen.

1. GESCHMACKSERLEBNIS: **DILL & MEERRETTICH**

1 dickes Bund Dill waschen und trockenschütteln. Blättchen fein hacken. 1 Stückchen Meerrettichstange (2–3 cm) schälen, fein raspeln und sofort mit 2 EL Zitronensaft und dem Dill vermischen. 40 g weiche Butter mit etwas Salz und Pfeffer schaumig rühren, 1 Eiweiß (von 1 kleinen Ei) und die Meerrettichmischung unterrühren. 3–4 EL Semmelbrösel untermischen, so dass eine streichfähige Paste entsteht. Fisch damit bestreichen und im Ofen überbacken.

2. GESCHMACKSERLEBNIS: **MINZE & MANDELN**

1 dickes Bund Minze waschen, trockenschütteln, Blättchen fein hacken. Schale von 1 kleinen Limette fein abreiben. 40 g abgezogene Mandeln in der Küchenmaschine grob zerkleinern, mit 2 EL Olivenöl in einer Schüssel verrühren. 1 geschälte Knoblauchzehe dazupressen. Mit 1 Eiweiß (von 1 kleinen Ei), Minze und Limettenschale vermengen. Minze-Mandel-Paste kräftig mit Salz und Cayennepfeffer würzen. Fisch damit bestreichen und im Ofen überbacken.

3. GESCHMACKSERLEBNIS: **BASILIKUM, PETERSILIE & TOMATE**

1 Bund Basilikum sowie 1/2 Bund Petersilie waschen und trockenschütteln. Die Blättchen abzupfen und fein schneiden. 2 Knoblauchzehen schälen und grob zerkleinern. 8–10 in Öl eingelegte getrocknete Tomaten (Glas) mit 4 EL Olivenöl, dem Knoblauch und 2 EL Pinienkernen pürieren. 1 EL frisch geriebenen Parmesan sowie die Kräutermischung unterrühren. Die Paste mit Salz und Pfeffer abschmecken. Das Fischfilet damit bestreichen und im heißen Ofen überbacken.

4. GESCHMACKSERLEBNIS: **KORIANDERGRÜN & ZITRONENGRAS**

1 dickes Bund Koriandergrün waschen, trockenschütteln, Blättchen fein hacken. 1 Stück frischen Ingwer (ca. 2 cm) schälen, fein hacken. 1 grüne Chilischote putzen, waschen, fein zerkleinern. 1 Stängel Zitronengras putzen. Das untere verdickte Ende fein hacken. 40 g ungesalzene Erdnüsse grob hacken, mit 1 EL Öl und 1 EL Fischsauce in einer Schüssel verrühren. Zerkleinerte Zutaten untermischen. Alles mit 1 Eiweiß (von 1 kleinen Ei) vermengen. Den Fisch mit der Korianderpaste bestreichen, im Ofen überbacken.

Geschnetzeltes von Salm und Zander

Franzosen lieben Sauerampfer, der mit seiner **erfrischenden Säure** besonders gut zu Fisch passt.
Ein schönes **Frühjahrsgericht,** das richtig was hermacht – perfekt, um Gäste zu beeindrucken!

ZUBEREITUNGSZEIT: CA. 1 STD.
PRO PORTION: CA. 570 KCAL
FÜR 4 PERSONEN

300 g Lachsfilet ohne Haut
300 g Zanderfilet ohne Haut
Salz | weißer Pfeffer aus der Mühle
1 EL Zitronensaft
2 Platten (150 g) TK-Blätterteig
300 g frische zarte Erbsen in der Schote
100 g kleine weiße Champignons
1 Bund Sauerampfer
2 Schalotten
35 g kalte Butter
2 TL Mehl
1 Lorbeerblatt
1 kleiner Zweig Thymian
3 cm dünn abgeschälte Schale
    von einer unbehandelten Zitrone
200 g Fischfond (Glas)
150 ml Weißwein
100 g Sahne
1 Eigelb

1 Fischfilets mit Küchenpapier trockentupfen, in Streifen schneiden, dabei eventuelle Gräten entfernen. Fischstreifen leicht salzen und pfeffern, mit 1/2 EL Zitronensaft beträufeln und zugedeckt kühl stellen. Blätterteigplatten nebeneinander auftauen lassen.

2 Die Erbsen auspalen, waschen und abtropfen lassen. Champignons trocken säubern, putzen und in Scheiben schneiden, mit dem restlichen Zitronensaft beträufeln. Sauerampfer waschen, trockenschütteln und in schmale Streifen schneiden. Die Schalotten schälen und fein hacken. Backofen auf 220 °C (200 °C Umluft) vorheizen.

3 In einem Topf 1/2 EL Butter aufschäumen lassen und darin die Schalottenwürfel bei mittlerer Hitze in etwa 3 Min. hell andünsten. Das Mehl darüber stäuben, Lorbeerblatt, Thymianzweig und Zitronenschale zugeben. Fischfond und Wein zugießen und offen bei mittlerer Hitze etwa 10 Min. leise köcheln lassen. Die Sahne zugießen und noch etwas einkochen, bis die Sauce leicht gebunden ist.

4 Aus den Blätterteigplatten Halbmonde ausstechen, diese auf ein mit Backpapier belegtes Blech setzen. Eigelb mit ein paar Tropfen Wasser verquirlen, die Oberfläche der Halbmonde damit bestreichen. Im heißen Ofen (Mitte) in etwa 12 Min. goldbraun backen.

5 Die Sahnesauce durch ein Sieb gießen und wieder aufkochen. Die Erbsen, die Champignons und den Sauerampfer zugeben, einmal aufkochen lassen. Die Fischstreifen in die Sauce geben und in 3–4 Min. gar dünsten. Die restliche Butter in kleinen Stücken unter die Sauce rühren, mit Salz und Pfeffer abschmecken. Mit den Blätterteig-Halbmonden garniert servieren.

AROMAVARIANTE MIT WEINBERGSKNOBLAUCH
Den wilden Knoblauch mit kleinen Knollen und langen, grünen Trieben findet man in Weinbergen. In Südfrankreich wird er Rockambole genannt und ist auch auf Märkten zu bekommen. Statt der Schalotten 2–3 Knollen schälen und fein hacken, andünsten. Die Sauce dann mit dem fein gehackten Grün würzen.

*In diesem feinen Fischgericht kommt ein Würzkraut wieder **zu Ehren**, das beinahe schon in Vergessenheit geraten war: **Sauerampfer.** Da er schmeckt, wie er heißt, harmoniert er nicht nur mit Fisch, sondern auch mit dem süßlichen Aroma **von Sahne und Butter.***

Mittelmeer-Aromen satt für **italienische Momente:** *Kräftiger Rosmarin, feinherber Lorbeer, leicht scharfer Knoblauch und aromatisches Olivenöl an* **saftig-würzigen Makrelen** *– die »festa sui prati« kann steigen!*

Gegrillte Makrele

Lorbeer und Rosmarin verleihen dem saftigen Makrelenfleisch Aroma, **Kräuteröl** würzt die knusprig gegrillte Haut. Und wenn Sie abends ein **Grillfest** geplant haben, füllen Sie die Fische schon nachmittags mit Kräutern und Limette. Abends dann nur noch auf den Grill legen und genießen!

ZUBEREITUNGSZEIT: CA. 30 MIN.
PRO PORTION: CA. 375 KCAL
FÜR 4 PERSONEN

2 küchenfertige Makrelen (à ca. 500 g)
Meersalz | Pfeffer aus der Mühle
4–6 kleine Zweige Rosmarin
1 1/2 unbehandelte Limetten
3 Knoblauchzehen
4 EL Olivenöl (+ Öl für den Rost)
4–6 Lorbeerblätter (am besten frische)

1 Die Makrelen gründlich waschen und trockentupfen. Je 1 EL Meersalz und grob gemahlenen Pfeffer vermischen. Die Fische innen und außen mit der Mischung würzen. Den Rosmarin waschen und trockentupfen. Von 1 Zweig die Nadeln abstreifen und sehr fein hacken. Die Limette waschen, eine Hälfte auspressen, die andere in Scheiben schneiden. Den Knoblauch schälen.

2 Gehackten Rosmarin mit etwas Salz und Pfeffer, 2 EL Limettensaft und 4 EL Öl verrühren, 1 Knoblauchzehe dazupressen.

3 Die restlichen Knoblauchzehen halbieren und mit den Limettenscheiben, Lorbeerblättern und Rosmarinzweigen in die Bauchhöhlen der Fische geben. Den Holzkohle- oder Backofengrill vorheizen.

4 Für das Grillen im Backofen eine Auflaufform mit dem Kräuteröl bestreichen. Fische hineinlegen, mit etwas Kräuteröl beträufeln und unter den heißen Grillschlangen (mit etwa 15 cm Abstand) je nach Größe 10–12 Min. grillen, dann wenden. Fische erneut mit Kräuteröl bestreichen und weitere 10–12 Min. grillen. Beim Grillen den Fisch im Auge behalten. Seine Haut soll knusprig braun, aber nicht zu dunkel werden.

5 Beim Holzkohlegrill den Rost gut einölen. Die Fische auf dem heißen Grill – je nach Glut – 20–25 Min. grillen. Dabei einmal wenden und vorsichtig mit Kräuteröl bestreichen.

6 Fertig gegrillte Fische sofort mit der knusprigen Haut teilen: Die Haut entlang des Rückens durchtrennen, oberes Filet hinter dem Kopf lösen. Das Filet mit knuspriger Haut vorsichtig von der Mittelgräte abheben. Das untere Filet vom Schwanz trennen, dann die Gräten im Ganzen abheben und mit Kopf entfernen. Die Filets auf vorgewärmten Tellern anrichten, mit übrigem Öl beträufeln.

AROMAVARIANTE MIT KRESSE & PETERSILIE
Für das Kräuteröl 1/2 Beet Kresse abschneiden und mit einigen Petersilienblättchen sehr fein hacken. Mit 2 EL Noilly Prat, etwas abgeriebener Zitronenschale, Salz, Pfeffer, Muskat und 4 EL Öl verrühren. Das übrige Kressebeet abschneiden. Kresse mit 2–3 Petersilienstängeln und 2–3 Zitronenscheiben in die Fische füllen.

Seehecht mit Kräutern und Muscheln

Fischfilet, feine Venusmuscheln und viel Koriandergrün – das ist **typisch portugiesisch.** Für alle, die den **intensiven Geschmack** des Krauts nicht mögen, gibt's eine Variante mit Petersilie. So oder so: Frisches Weißbrot darf nicht fehlen.

ZUBEREITUNGSZEIT: CA. 45 MIN.
PRO PORTION: CA. 265 KCAL
FÜR 4 PERSONEN

4 Seehechtfilets à 125 g (ersatzweise Hokifilets)
Salz | schwarzer Pfeffer aus der Mühle
300 g Venusmuscheln (ersatzweise Miesmuscheln)
250 g reife Tomaten
1 große Zwiebel
2 Knoblauchzehen
1 Möhre
1 Stange Staudensellerie
1 rote Paprikaschote
1 große rote Chilischote
4 EL Olivenöl
4 EL grob geschnittenes Koriandergrün
1 EL gehackte Minze
100 ml trockener Weißwein
2 EL weißer Portwein

1 Die Fischfilets mit Küchenpapier trockentupfen, salzen und pfeffern. Abgedeckt kühl stellen. Venusmuscheln in kaltem Wasser gründlich waschen und abtropfen lassen. Geöffnete Muscheln, die sich auch beim Antippen nicht schließen, sowie beschädigte wegwerfen.

2 Stielansätze der Tomaten entfernen. Tomaten kurz überbrühen, häuten, quer halbieren und entkernen. Das Fruchtfleisch würfeln. Die Zwiebel und den Knoblauch schälen, fein hacken. Das Gemüse waschen, putzen und klein würfeln. Die Chilischote längs aufschlitzen, entkernen und die Schote in große Stücke schneiden.

3 In einer großen Pfanne das Öl erhitzen. Darin Zwiebeln, Knoblauch, Möhren und Staudensellerie in etwa 10 Min. hell andünsten. Paprika, Chilis, Tomaten, die Hälfte vom Koriandergrün und die Minze zugeben. Weißwein und Portwein angießen, kurz einkochen lassen.

4 Die Seehechtfilets in die Sauce legen, 3 Min. offen garen, dann die Filets wenden, die Muscheln zugeben. Alles leicht salzen und pfeffern, zugedeckt bei schwacher Hitze 5–7 Min. garen, bis sich die Muscheln geöffnet haben. Fischfilet mit Muscheln (noch nicht geöffnete aussortieren und wegwerfen) auf Teller verteilen, mit restlichem Koriandergrün bestreuen und servieren.

AROMAVARIANTE MIT PETERSILIE
Statt Koriandergrün 1 großes Bund Petersilie waschen, trockenschütteln und die Blättchen abzupfen. Zwei Drittel davon mit 2 Knoblauchzehen im Mörser zerstampfen oder im Blitzhacker pürieren. Das Petersilienpüree mit den Tomaten in die Pfanne geben, zum Servieren das Gericht mit den restlichen Petersilienblättchen bestreuen.

Die Muscheln in kaltem Wasser gründlich säubern, geöffnete unbedingt aussortieren.

Das Mischgemüse bei mittlerer Hitze nur hell andünsten, dann den Wein angießen.

Frisches Koriandergrün verleiht dem Gericht Farbe und sein typisches Aroma.

Tunfisch mit Kräuter-Dattelsauce

Für dieses Gericht haben wir uns von der **altrömischen Küche** inspirieren lassen – genauer gesagt von Apicius, der im 1. Jahrhundert nach Christus ein Buch über die **Kochkunst** schrieb.

ZUBEREITUNGSZEIT: CA. 40 MIN.
PRO PORTION: CA. 495 KCAL
FÜR 4 PERSONEN

4 Tunfischsteaks à 125 g
Salz | Pfeffer aus der Mühle
2 Frühlingszwiebeln
je 2 Zweige Liebstöckel, Thymian,
    Dill und Selleriegrün
4 Blättchen Weinraute
6 Datteln ohne Stein | 3 EL Olivenöl
1/4 l Weißwein
4 EL Dessertwein (Vino Santo)
2 EL Weißweinessig
2 TL Fischsauce
1 TL Senf | 2 TL Honig

1 Tunfischsteaks mit Küchenpapier trockentupfen, salzen und pfeffern. Frühlingszwiebeln waschen, putzen, hellen Teil fein hacken, den grünen in Ringe schneiden. Kräuter waschen, trockenschütteln, Blättchen abzupfen, hacken. Datteln enthäuten und im Mörser zerstampfen.

2 In einer Schmorpfanne das Öl erhitzen, die Fischsteaks darin pro Seite knapp 1 Min. anbraten, aus der Pfanne heben. Gehackte Frühlingszwiebeln andünsten, Dattelpüree und die Kräuter zugeben. Die Weine, Essig, Fischsauce, Senf und Honig unterrühren, aufkochen, salzen und pfeffern. Tunfischsteaks in die Sauce legen und alles noch 5 Min. zugedeckt ziehen lassen. Mit den Frühlingszwiebelringen bestreut servieren.

AROMAVARIANTE MIT KORIANDERGRÜN
Statt Weinraute 2–3 EL grob geschnittenes Koriandergrün zugeben, die Sauce mit 1 Prise Asant (Asafötida, Asienladen) würzen.
Anstelle von Essig nahmen die alten Römer auch gern Sumach – etwa 1 EL Pulver in heißem Wasser auflösen, zur Sauce geben.

Perfekt für die Schnell-und-edel-Küche: **Garnelen** aus der Pfanne sind in **Nullkommanix** gar, machen was her und vertragen sich mit vielen **Kräuterkombinationen** aufs Beste.

Grundrezept Garnelen aus der Pfanne

**ZUBEREITUNGSZEIT: CA. 30 MIN.
FÜR 2 PERSONEN**

400 g Riesengarnelen
  in der Schale
2 TL Zitronensaft
150 g kleine Kirschtomaten
1 Knoblauchzehe | 2 EL Olivenöl
50 ml Weißwein | 1 EL Cognac
Salz | Pfeffer aus der Mühle

Die Garnelenpanzer am Rücken mit einer Schere aufschneiden und mit Kopf und Schwanzflossen ablösen. Mit einem spitzen Messer den dunklen Darm anheben und langsam herausziehen. Die Garnelen unter kaltem Wasser abspülen und trockentupfen. Mit Zitronensaft beträufeln und beiseite stellen. Die Kirschtomaten waschen und halbieren. Knoblauch schälen und grob hacken. In einer Schmorpfanne das Olivenöl mit dem Knoblauch erhitzen, bis der Knoblauch goldgelb ist. Die Tomaten mit den Garnelen 2 Min. im heißen Öl schwenken, Weißwein und Cognac zugießen, einmal aufkochen lassen. Mit Salz und Pfeffer würzen, sofort servieren.

1. GESCHMACKSERLEBNIS: FENCHELGRÜN & PETERSILIE

Etwa 50 g zarte Fencheltriebe vom Gewürzfenchel waschen, die zarten Spitzen abzupfen, die Stängel in kochendem Salzwasser 2–3 Min. überbrühen, abtropfen lassen und in etwa 1 cm lange Stücke schneiden. 4–5 Zweige glatte Petersilie grob hacken. Fenchelstängel und Petersilie nach dem Anbraten zum Knoblauch geben, weiter wie im Grundrezept. Zum Schluss mit den Fenchelspitzen garnieren.

2. GESCHMACKSERLEBNIS: ROSMARIN & ZITRONENVERBENE

1 Frühlingszwiebel waschen, den hellen Teil in feine Scheiben, den grünen in feine Ringe schneiden. Helle Scheiben mit dem Knoblauch nach Grundrezept andünsten, mit den Tomaten noch 1 TL gehackte frische Rosmarinnadeln und 1 Msp. gemahlenen Peperoncini (Chilis) zugeben. Zuletzt alles mit 1 TL fein geschnittenen Zitronenverbeneblättern und den grünen Frühlingszwiebelringen würzen.

3. GESCHMACKSERLEBNIS: MINZE & KOKOSMILCH

2 Schalotten schälen und hacken. Mit dem Knoblauch (es dürfen auch 2 Zehen sein) andünsten. Statt der Kirschtomaten 250 ml Kokosmilch angießen und aufkochen, 1 EL grüne Currypaste und 1 in feine Streifen geschnittenes Kaffirlimettenblatt zugeben. Die Garnelen kurz in der Sauce erhitzen, mit 1 TL Palmzucker und etwas Fischsauce abschmecken, mit 2 EL fein geschnittener Japanischer Minze bestreuen und sofort servieren.

4. GESCHMACKSERLEBNIS: KORIANDERGRÜN & THYMIAN

Die Garnelen statt mit Zitronensaft mit Limettensaft beträufeln. 1 frische rote Chilischote ohne Kerne fein hacken, mit dem Knoblauch andünsten. 1/2 TL getrockneten Thymian und 1 Lorbeerblatt ins Öl geben, Tomaten und Garnelen einrühren, etwas geriebene Limettenschale zugeben, garen wie im Grundrezept. Die Sauce nach Belieben mit Tabasco schärfer machen und mit 2–3 EL grob geschnittenen Korianderblättchen bestreut servieren.

Damit das Zitronengras sein unverwechselbar **frisches Aroma** in der Kokosmilch so richtig entfalten kann, werden die harten Stängel **flach geklopft**. Sie können sie aber auch zwischen zwei *Holzbrettern* anquetschen – das hat den gleichen Effekt.

Seafood-Curry mit Zitronengras und Koriander

Abgesehen von der **Schnippelarbeit** ist das zitronig frische **Wokgericht** schnell gemacht –
und flexibel obendrein: Sie können dafür auch nur Fischfilet nehmen oder eine fertige
Meeresfrüchtemischung.

ZUBEREITUNGSZEIT: CA. 45 MIN.
PRO PORTION: CA. 410 KCAL
FÜR 4 PERSONEN

400 g Fischfilet von festfleischigen Fischen
   (z. B. Rotbarsch, Kabeljau)
100 g küchenfertige Tintenfischtuben
100 g geschälte und gegarte Garnelen
Saft von 1 Limette
Salz | Pfeffer aus der Mühle
1 Stück frischer Ingwer (ca. 2 cm)
1 dickes Bund Frühlingszwiebeln
1 Bund Koriandergrün
3 Stängel Zitronengras
2 EL Erdnussöl
1–2 EL grüne Currypaste
1 Dose ungesüßte Kokosmilch (400 ml)
2–3 EL Fischsauce

1 Beim Fischfilet eventuelle Gräten mit den Fingern aufspüren und mit einer Pinzette aus dem Fischfilet herausziehen. Fisch, Tintenfischtuben und Garnelen waschen und trockentupfen. Filet in mundgerechte Stücke schneiden. Tintenfischtuben in 1/2 cm dünne Ringe schneiden. Alles mit Limettensaft beträufeln, salzen und leicht pfeffern.

2 Den Ingwer schälen und hacken. Die Frühlingszwiebeln putzen, waschen und in Ringe schneiden. Den Koriander waschen und trockenschütteln. Korianderblättchen abzupfen. Von den Zitronengrasstängeln äußere lose Blätter entfernen. Wurzelansatz abschneiden. Den unteren Teil von 2 Stängeln mit einem Hammer flach klopfen, den des übrigen Stängels ganz fein hacken.

3 Das Öl in einem Wok oder einer hohen Pfanne erhitzen. Ingwer und Frühlingszwiebeln darin ganz kurz unter Rühren anbraten. Die Currypaste dazugeben. Die Kokosmilch angießen und aufkochen. Zitronengrasstängel, gehacktes Zitronengras und 2 EL Fischsauce dazugeben. Alles offen etwa 5 Min. kochen und dabei etwas einkochen lassen, dann die Hitze reduzieren.

4 Die Zitronengrasstängel entfernen, Tintenfischringe und Fischfilets dazugeben und in etwa 3 Min. zugedeckt gar ziehen lassen, dann die Garnelen dazugeben und 1–2 Min. miterhitzen. Die fertige Sauce mit Fischsauce abschmecken. Das Seafood-Curry mit Korianderblättchen bestreut sofort servieren.

AROMAVARIANTE MIT LIMETTENBLÄTTERN, THAI-BASILIKUM & MINZE
Sie können statt des Zitronengrases auch 3–4 Kaffirlimettenblätter mitgaren. Wer Koriander nicht so gern mag, streut Thai-Basilikum oder eine Mischung aus Basilikum und Minze über das fertige Gericht.

Krake mit Fenchelgrün

An einem **Marktstand in Kreta** haben wir diesen Oktopus gegessen – und dann so lange nachgekocht, bis er genau so schmeckte. **Unbedingt ausprobieren!**

VORBEREITUNGSZEIT: CA. 4 STD.
ZUBEREITUNGSZEIT: CA. 30 MIN.
GARZEIT: CA. 1 STD. 30 MIN.
PRO PORTION: CA. 325 KCAL
FÜR 4 PERSONEN

750 g Krake (Oktopus),
    vorzugsweise die dicken Fangarme
300 ml Weißwein | Salz
150 g wilder Fenchel (zarte Sprossen vom
    Gewürzfenchel, am besten die weichen Triebe,
    an denen sich später die Blüten entwickeln)
500 g reife Tomaten
4 Zwiebeln
6 Knoblauchzehen
6 EL Olivenöl
250 ml Rotwein
1 TL Fenchelsamen
1 Lorbeerblatt
schwarzer Pfeffer aus der Mühle

1 Den Oktopus waschen, in einen Topf geben, den Weißwein und so viel Wasser angießen, dass der Oktopus bedeckt ist. Salzen und bei starker Hitze aufkochen. Sobald sich Schaum bildet, die Hitze verringern und den Oktopus zugedeckt etwa 10 Min. leise köcheln lassen. Die Kochstelle abschalten und den Oktopus im Sud etwa 4 Std. erkalten lassen. Den Oktopus aus dem Sud nehmen, abspülen und die dunkle Haut abrubbeln. Mit Küchenpapier trockentupfen und in etwa 2 cm breite Stücke schneiden.

2 Die Fenchelstängel waschen, die zarten Fenchelzweige beiseite legen, die Stängel in kochendem Salzwasser 1 Min. überbrühen, abtropfen lassen und in 1 cm lange Stücke schneiden. Die Tomaten überbrühen, häuten und entkernen, die Stielansätze entfernen und das Tomatenfleisch grob würfeln. Zwiebeln und Knoblauch schälen, klein hacken.

3 In einem Schmortopf das Olivenöl erhitzen. Zwiebeln und Knoblauch darin bei mäßiger Hitze in etwa 15 Min. goldgelb andünsten. Die Krakenstücke, Tomaten und das Fenchelgrün zugeben, den Rotwein aufgießen und alles mit Fenchelsamen, Lorbeer, Salz und Pfeffer würzen. Fest zugedeckt bei ganz schwacher Hitze 1–1 1/2 Std. schmoren, bei Bedarf ein wenig Wasser nachgießen.

4 Den geschmorten Oktopus anrichten und mit den restlichen Fenchelzweigen garnieren. Mit kleinen gekochten und in Butter geschwenkten Kartoffeln servieren.

AROMAVARIANTEN
1. Mit Oregano & Minze: Statt normaler Zwiebeln 15 ganz kleine Zwiebelchen (eventuell Grillzwiebeln) schälen, ganz lassen, mit dem Knoblauch langsam dünsten. Kurz vor Ende der Garzeit 2 EL fein geschnittenen Oregano, 1 EL gehackte Minze und 1 TL frische Thymianblättchen zugeben.
2. Mit Sellerie & Petersilie: 2 Stangen Staudensellerie in kleine Stücke schneiden, kurz mit den Zwiebeln andünsten. 2 EL fein geschnittene grüne Sellerieblättchen mit dem Oktopus schmoren, zum Schluss 2 EL fein geschnittene Petersilie untermischen.

*Sie denken bei **Oktopus** an zähen Kaugummi? Geben Sie ihm mit diesem griechisch inspirierten Gericht* ***eine neue Chance:*** *Durch das ganz, ganz langsame Garziehen in Weißweinsud wird der Oktopus so zart, dass er auf der **Zunge** zergeht!*

Vietnamesischer Tintenfisch mit fünf Kräutern

In Vietnam wird neben **reichlich Koriandergrün** und Basilikum das zitrusduftige Kraut »vap ca«verwendet. Weil es bei uns leider nicht zu bekommen ist, haben wir **Zitronenverbene** zum fünften Kraut gemacht – ein perfekter Ersatz!

ZUBEREITUNGSZEIT: CA. 50 MIN.
PRO PORTION: CA. 295 KCAL
FÜR 4 PERSONEN

750 g küchenfertige dicke
    Tintenfischtuben (Sepien)
Salz | 1 Bund Frühlingszwiebeln
4 Knoblauchzehen
3 kleine grüne Thai-Chilischoten
4 Krachai-Wurzeln (Fingerwurz;
    ersatzweise frischer Ingwer)
1 Bund Koriandergrün
1 kleines Bund glatte Petersilie
je 3 Zweige Thai-Basilikum (»bai horapha«)
    und Heiliges Basilikum («bai grapau»)
2 Zweige Zitronenverbene
5 EL Erdnussöl
200 ml Gemüsefond
4 EL vietnamesische Fischsauce (»nuoc mam«)
schwarzer Pfeffer aus der Mühle

1 Die Tintenfischtuben kalt abspülen und längs halbieren. In kochendem Salzwasser 1 Min. überbrühen, kalt abschrecken und abtropfen lassen. Die Tuben mit der Innenseite nach oben auf ein Brett legen und mit einem scharfen Messer im Abstand von 1 mm rautenförmig einkerben, dabei das Fleisch nicht durchtrennen. Die Tuben in 2 x 3 cm große Stücke schneiden.

2 Die Frühlingszwiebeln putzen, waschen und die hellen und die grünen Teile getrennt in kurze Stücke schneiden. Knoblauch schälen, Chilis waschen, putzen und entkernen, beides in feine Streifen schneiden. Krachai-Wurzeln schälen (von vier Seiten die dünne Schale senkrecht abschneiden), die Wurzeln schräg in feine Scheibchen schneiden. Die Kräuter waschen und die Blättchen abzupfen, zarte Zweigspitzen ganz lassen. Die Zitronenverbene-Blätter in feine Streifen schneiden.

3 In einer tiefen Pfanne oder im Wok das Öl erhitzen. Die Tintenfischstücke darin kurz unter Rühren anbraten. Die hellen Lauchzwiebelstücke, Knoblauch, Chilis und Krachai zugeben, unter Rühren glasig braten. Den Fond zugießen und aufkochen lassen. Mit Fischsauce, Salz und Pfeffer abschmecken, die Kräuter untermischen und das Gericht sofort mit Reis servieren.

AROMAVARIANTEN
1. Mit Kaffirlimettenblättern: Anstelle der Kräuter 5–6 Kaffirlimettenblätter waschen, längs knicken und die harte Mittelrippe wegschneiden. Die Blätter fest aufrollen und in hauchfeine Streifen schneiden. Zu den Tintenfischen geben, statt Gemüsefond Kokosmilch angießen. Nach Belieben mit Limettensaft abschmecken.
2. Mit Chinesischem Schnittlauch: 1 Bund Chinesischen Schnittlauch waschen, sehr schräg in feine Streifen schneiden. Mit den Lauchzwiebeln braten. Statt Fond kräftige Hühnerbrühe aufgießen, mit heller Sojasauce abschmecken.

Das **feine Meeresaroma** *der Sepien verträgt sich wunderbar mit den fünf Kräuterexoten. Fix im Wok gerührt, geht keine der Geschmacksnuancen von* **anisartig bis frisch-pfeffrig** *verloren.*

Ob sanft geschmort, knusprig gebraten oder schnell im Wok gewirbelt –
saftiges Fleisch und zartes Geflügel sind dankbare Partner kräftiger
Kräuteraromen. Die finden sich mal in krossen Pasten obenauf, mal in
cremigen Saucen darum herum, sind in jedem Fall spannend kombiniert
und international inspiriert. Folgen Sie uns auf kräutergrünen Pfaden in
die Toskana oder nach Thailand, in die Provence oder nach Marokko!

FLEISCH & GEFLÜGEL

Kalbsmedaillons mit Zitronen-Kräuter-Butter

Die **scharf-säuerliche** Kräuterbutter zerläuft nicht nur gern auf kurz gebratenen Kalbsmedaillons, auch allerlei Gegrilltem gibt sie **würzigen Schmelz** – sei es Fleisch, Fisch oder Gemüse. Wir lieben sie außerdem auf **knusperfrischem** Baguette.

1 Für die Zitronen-Kräuter-Butter die weiche Butter glatt rühren, Salz, grob zerstoßene Chili und Zitronenschale unterrühren. Zitronenbasilikum waschen, Blättchen fein hacken und unter die Butter rühren. Butter abschmecken und falls nötig nochmals salzen. Butter nach Belieben mit Hilfe von Backpapier zu einer Rolle formen und im Kühlschrank fest werden lassen.

2 Für die Medaillons das Öl mit der Butter in einer Pfanne erhitzen. Die Kalbsmedaillons salzen und pfeffern und im heißen Fett ganz kurz von beiden Seiten scharf anbraten, dann die Hitze reduzieren. Medaillons weitere 3–4 Min. pro Seite braten. Kräuterbutter in Scheibchen schneiden. Medaillons mit Bratflüssigkeit beträufelt und mit Kräuterbutter belegt servieren.

ZUBEREITUNGSZEIT: CA. 25 MIN.
PRO PORTION: CA. 405 KCAL
FÜR 4 PERSONEN

FÜR DIE ZITRONEN-KRÄUTER-BUTTER

100 g weiche Butter | Salz
1/2–1 EL grob zerstoßene Chilischote
1 TL abgeriebene Schale von
   einer unbehandelten Zitrone
1 kleines Bund Zitronenbasilikum
Pfeffer aus der Mühle

FÜR DIE KALBSMEDAILLONS

2 EL Pflanzenöl | 1 EL Butter
8 Kalbsmedaillons (à 70–80 g)
Salz | Pfeffer aus der Mühle

KRÄUTERBUTTER-VARIANTEN
1. Mit Petersilie & Thymian: Für die klassische Variante 100 g Butter mit 1 gepressten Knoblauchzehe, 2 EL fein geschnittener Petersilie, 1 EL Thymianblättchen, Salz und Pfeffer würzen.
2. Mit Estragon: 1 EL Kapern hacken und mit 2 EL fein geschnittenem Estragon, Salz und Pfeffer mit einer Gabel unter 100 g weiche Butter mengen.
3. Mit Kaffirlimette: 1 kleines Stück zarten frischen Ingwer (etwa 1 cm) schälen und durch die Knoblauchpresse drücken. Den unteren Teil von 1 Stängel Zitronengras putzen und sehr fein hacken. 1 Kaffirlimettenblatt ohne Mittelrippe, einige Blättchen Thai-Basilikum und 1 Stückchen grüne Chilischote waschen und fein hacken. Alles mit 100 g weicher Butter verrühren.
4. Mit Schnittlauch: 1 kleines Bund Schnittlauch waschen und in feine Röllchen schneiden. Mit 1 Msp. Dijon-Senf und 1 Spritzer Zitronensaft unter 100 g weiche Butter mengen.

Ob Frikadellen, **Fleischpflanzerl** oder Buletten, Polpettine oder Köfte: Hackfleischbällchen werden überall **heiß geliebt.** Und lassen sich mit Kräutern international variieren.

Frikadellen besonders einfach und vier Mal anders

ZUBEREITUNGSZEIT: CA. 35 MIN.
FÜR 4 PERSONEN

GRUNDREZEPT

1 Brötchen vom Vortag | 1 Schalotte
1 dickes Bund Schnittlauch
500 g gemischtes Hackfleisch
1 Ei (Größe L) | 1 EL Senf | Salz
Pfeffer aus der Mühle
evtl. 1/2 EL Semmelbrösel
2 EL Butterschmalz

Das Brötchen vom Vortag in lauwarmem Wasser einweichen. Die Schalotte schälen und sehr fein hacken. Den Schnittlauch waschen, trockenschütteln und in feine Ringe schneiden. Brötchen fest ausdrücken (z. B. in einem Sieb), mit Schnittlauch, Schalotte, Hackfleisch, Ei und Senf vermengen. Mit Salz und Pfeffer kräftig würzen. Falls der Fleischteig zu weich ist, Semmelbrösel untermischen. Aus dem Hackfleischteig mit angefeuchteten Händen 8–12 flache Frikadellen formen. Das Butterschmalz in einer großen Pfanne erhitzen. Die Frikadellen darin bei mittlerer Hitze 8–12 Min. pro Seite braten.

1. GESCHMACKSERLEBNIS: **MIT LIEBSTÖCKEL & PETERSILIE**

1 Brötchen einweichen. 1 Zwiebel schälen und fein würfeln. 1 kleines Bund Petersilie und 4 Stängel Liebstöckel waschen und trockenschütteln. Blättchen fein hacken. Zwiebelwürfel und Kräuter 2–3 Min. in 1 EL Öl andünsten. Mischung mit ausgedrücktem Brötchen, 500 g gemischtem Hackfleisch oder Rinderhack, 1 Ei (Größe M), 1 EL Ketchup, Salz, Pfeffer und Paprikapulver vermengen, falls nötig wenig Semmelbrösel unterkneten. Hackfleisch zu Frikadellen formen und diese in 2 EL heißem Öl 8–12 Min. pro Seite braten.

2. GESCHMACKSERLEBNIS: **MIT THYMIAN & ROSMARIN**

1 Brötchen einweichen. 1 Schalotte und 2 Knoblauchzehen schälen und in feine Würfel schneiden. 1/2–1 kleine rote Chilischote fein hacken. Schalotte, Knoblauch und Chili mit je 2 EL fein gehacktem Rosmarin und Thymian in 1 EL Olivenöl glasig dünsten. Das Brötchen ausdrücken und mit der Kräutermischung sowie 500 g Lammhackfleisch, 1 Ei (Größe M) und Salz vermengen. Aus dem Hackfleischteig Frikadellen formen und diese in 2 EL heißem Olivenöl 8–12 Min. pro Seite braten.

3. GESCHMACKSERLEBNIS: **MIT KRÄUTERFÜLLUNG**

500 g Kalbfleisch durch den Fleischwolf drehen. 1 Brötchen einweichen, fest ausdrücken, mit 1 Ei (Größe M), Salz, Pfeffer und reichlich geriebener Muskatnuss unter das Hackfleisch mischen. Je 1 EL gehackte Petersilie, Estragon, Minze und Oregano mit 2 EL weicher Butter und ein wenig Limettensaft vermischen. Hack zu 8 Kugeln formen, jeweils ein Loch eindrücken und mit Kräuterbutter füllen. Das Loch verschließen, kleine flache Frikadellen formen und in heißer Butter 7 Min. pro Seite braten.

4. GESCHMACKSERLEBNIS: **MIT MINZE & FETA**

80 g Feta-Schafkäse sehr fein würfeln. 4 Zweige Minze und nach Belieben auch 1 Zweig Zitronenmelisse waschen, trockenschütteln, Blättchen sehr fein schneiden. Käse mit 2 EL Kräutern mischen. 1 Brötchen einweichen, fest ausdrücken, mit 500 g Lamm- oder Rinderhackfleisch, restlicher Minze, 1 Ei (Größe M), 1 TL gem. Kreuzkümmel, 1 EL rosenscharfem Paprikapulver und dem Minze-Feta vermengen. Mischung kräftig salzen. Hackfleisch zu Frikadellen formen und in Olivenöl in 8–12 Min. pro Seite ausbacken.

Lammkeule mit grüner Sauce

Lamm und **Rosmarin** gehören für uns einfach zusammen. Darum bekommt das Fleisch hier richtig viel Zeit, das kräftige Aroma des Krauts aufzunehmen. Um später mit **grüner Sahnesauce** genüsslich verzehrt zu werden.

ZUBEREITUNGSZEIT: CA. 45 MIN.
GARZEIT: CA. 2 STD. 15 MIN.
PRO PORTION: CA. 655 KCAL
FÜR 6 PERSONEN

1 Lammkeule ohne Knochen (ca. 1 kg)
Salz | schwarzer Pfeffer aus der Mühle
3 Stangen Staudensellerie
1 große Zwiebel
5 Gewürznelken
2 Lorbeerblätter
1 Knolle Knoblauch
3 frische Rosmarinzweige
500 g zarte Möhren

FÜR DIE GRÜNE SAUCE

1 kleines Bund glatte Petersilie
3 Dillzweige
1 Zweig Estragon
1 Zweig Zitronenmelisse
1 Hand voll Kerbelblättchen
2 Sauerampferblätter
400 g saure Sahne
125 g Mayonnaise
Salz | Pfeffer aus der Mühle
1 EL Senf | Zucker

AUSSERDEM

Küchengarn

1 Die Lammkeule mit Küchenpapier trockentupfen, innen mit Salz und Pfeffer würzen, mit Küchengarn wie einen Rollbraten binden. Staudensellerie im Ganzen waschen, vom oberen Teil etwa 10 cm abschneiden, die verbliebenen Stauden längs durch den Wurzelansatz halbieren und beiseite legen. Die Zwiebel schälen, mit Gewürznelken und Lorbeerblättern spicken. Vom Knoblauch nur die äußeren Hüllblätter und Wurzelreste entfernen. Rosmarinzweige waschen.

2 Die Zwiebel, die Knoblauchknolle, die Selleriespitzen und den Rosmarin in einen großen Topf geben, etwa 2 l Wasser angießen und aufkochen. Salzen und die Lammkeule in den Sud geben, einmal aufwallen lassen und den Schaum an der Oberfläche abschöpfen. Die Hitze klein schalten, Deckel auflegen und die Lammkeule etwa 1 1/2 Std. ganz leise simmern lassen.

3 Dann die Möhren schälen, mit den Staudenselleriehälften in den Sud geben und noch 30–45 Min. garen, bis das Gemüse gar ist. Inzwischen für die Sauce die Kräuter waschen, trockenschütteln und die Blättchen fein hacken. Saure Sahne mit der Mayonnaise verrühren, die Kräuter untermischen. Mit Salz, Pfeffer, dem Senf und 1 guten Prise Zucker würzen.

4 Die Lammkeule aus dem Sud heben und das Garn entfernen. Das Fleisch in dünne Scheiben schneiden und mit Staudenselleriehälften und Möhren anrichten. Die grüne Sauce kalt dazuservieren.

> **AROMAVARIANTEN**
> **1. Mit Bärlauch:** Von 3 Bund Bärlauch die unteren Blattabschnitte statt Rosmarin in den Sud geben und mitgaren. Für die grüne Sauce die (zarteren) oberen Blattabschnitte ganz fein schneiden, mit Sahne und Mayonnaise mischen.
> **2. Mit Wildkräutern:** Den Sud aus halb Weißwein, halb Wasser mit 4 Stängeln Wiesensalbei zubereiten, für die grüne Sauce wilden Majoran (Dost), Feldthymian (Quendel), ein paar Blättchen Schafgarbe und Gundermann fein gehackt unter die Sahnemischung rühren, mit Wiesensalbeiblüten garnieren.

*Original oder **Fälschung?** Darüber, welche Kräuter in die **traditionelle** Frankfurter Grüne Sauce gehören, lässt sich trefflich streiten. Wir finden: Erlaubt ist, **was schmeckt!***

*Saftiges Fleisch sucht kräftige Würze für **innige Beziehung!** Damit dem Braten die Aromen von **Rosmarin, Salbei und Oregano** durch und durch gehen, wird er mit der Kräuterpaste »gespickt«.*

Toskanischer Kräuterbraten mit Rosmarinkartoffeln

Die **Küche duftet** wunderbar, wenn der saftige Braten im Ofen schmort. Und das Beste: Die Beilagen garen gleich mit. So haben Sie Zeit, mit Ihren Gästen ein **Gläschen Prosecco** zu trinken und sich mit ihnen **relaxt** aufs Essen zu freuen.

ZUBEREITUNGSZEIT: CA. 45 MIN.
GARZEIT: CA. 2 STD.
MARINIERZEIT: 2–4 STD.
PRO PORTION: CA. 535 KCAL
FÜR 4 PERSONEN

6–8 große Zweige Rosmarin
4 Salbeiblättchen
gut 1 EL Oreganoblättchen
3 Knoblauchzehen
1 TL Fenchelsamen
1/2 TL schwarze Pfefferkörner
grobes Meersalz
3 EL Olivenöl
1,2 kg Schweinebraten ohne Schwarte
 (z. B. Halsgrat, Nacken)
250 ml Weißwein
750 g fest kochende Kartoffeln

AUSSERDEM

Küchengarn

1 Rosmarin, Salbei und Oregano waschen und trockentupfen. Den Knoblauch schälen. Nadeln von 1 Rosmarinzweig abstreifen und mit den Salbei- und Oreganoblättern und dem Knoblauch grob zerkleinern, dann im Mörser mit den Fenchelsamen, den Pfefferkörnern und 1 TL grobem Meersalz zerstoßen oder im Mixer grob pürieren. Die Mischung mit 1–2 EL Olivenöl verrühren.

2 Das Bratenfleisch waschen und trockentupfen. Mit der Messerspitze rundum ein paar Mal etwa 1/2 cm tief in den Schweinebraten einstechen. Kräutermischung in die Einschnitte stopfen. Dann den Braten mit restlicher Kräutermischung einreiben. 1 Zweig Rosmarin beiseite legen, restliche Zweige auf den Braten legen. Fleisch mit Küchengarn eng umwickeln und am besten einige Stunden marinieren.

3 Zum Braten den Backofen auf 200 °C (180 °C Umluft) vorheizen. Das Fleisch in einen großen Bräter geben, den Weißwein angießen. Das Fleisch im heißen Ofen (Mitte) insgesamt 2 Std. garen. Falls nötig, etwas Wasser oder Wein angießen. Braten mindestens einmal wenden.

4 Inzwischen die Nadeln vom restlichen Rosmarinzweig abstreifen. Die Kartoffeln schälen, längs vierteln und mit Rosmarin und dem restlichen Olivenöl mischen. Die Kartoffeln kräftig salzen, nach 1 1/4 Std. Garzeit zum Fleisch geben und etwa 45 Min. mitgaren. Zwischendurch die Kartoffeln im Ofen mindestens einmal wenden und mit ausgebratener Sauce überziehen.

5 Das Fleisch aus dem Ofen nehmen und kurz in Alufolie ruhen lassen. Dann das Küchengarn entfernen. Braten in Scheiben schneiden und mit den Kartoffeln im Bräter servieren.

> **AROMAVARIANTEN**
> **1. Mit Orange:** Dafür Salbei weglassen, stattdessen ein Stück unbehandelte Orangenschale und 2 Gewürznelken sehr fein hacken und unter das Kräuteröl mischen.
> **2. Mit Thymian:** Eine herbere Variante – Rosmarin gegen Thymian austauschen, Salbei und Oregano gegen 2 Zweige Bohnenkraut.

Bœuf bourguignon mit Thymian

Zugegeben: Der **Ragoutklassiker** aus Frankreich braucht ganz schön viel Zeit. Doch die Warterei lohnt sich – denn nur langes Schmoren macht das Rindfleisch **so mürbe** und zart, dass es förmlich auf der **Zunge zergeht.** Mit thymianwürziger Rotweinsauce ein Fest für die Sinne!

ZUBEREITUNGSZEIT: CA. 3 STD.
MARINIERZEIT: 3–4 STD.
PRO PORTION (BEI 6 PERSONEN): CA. 385 KCAL
FÜR 4–6 PERSONEN

1 kg Rindfleisch zum Schmoren
   (Wade oder Schulter)
1 dickes Bund Thymian
2 Lorbeerblätter
5 EL Olivenöl
750 ml kräftiger Rotwein,
   am besten Burgunder
2 EL Armagnac oder Cognac
300 g Schalotten
2 Knoblauchzehen
3 Möhren
Salz | Pfeffer aus der Mühle
1 EL Mehl
1 EL Tomatenmark
ca. 250 ml gut gewürzte Rindfleischbrühe

AUSSERDEM

Küchengarn

1 Das Rindfleisch waschen, trockentupfen und in 3–4 cm große Würfel schneiden. Thymian waschen und trockenschütteln. Die Blättchen von 4–6 Thymianzweigen abstreifen und über die Rindfleischwürfel streuen, restliche Thymianzweige mit dem Lorbeer zu einem Kräutersträußchen zusammenbinden. Kräuterblättchen mit 2 EL Öl, Rotwein und 1 EL Armagnac oder Cognac mischen und über das Fleisch gießen. Fleisch 3–4 Std. marinieren.

2 Schalotten, Knoblauch und Möhren schälen. 2 Schalotten und den Knoblauch sehr fein hacken. Möhren schräg in dickere Scheiben schneiden. Fleisch aus der Marinade nehmen und gut trockentupfen. Fleischwürfel in drei Portionen in jeweils 1 EL Öl bei starker Hitze in einem großen Schmortopf rundherum anbraten, jeweils herausnehmen, mit Salz und Pfeffer würzen und mit Mehl bestäuben.

3 Ganze Schalotten und Möhren im Bratfett in 2–3 Min. leicht bräunen, herausnehmen und beiseite stellen. Die gehackten Schalotten mit dem Knoblauch und dem Tomatenmark kurz im Schmortopf anbraten. Fleisch und Thymiansträußchen dazugeben. Alles mit Marinade und etwas Rindfleischbrühe ablösen. Aufkochen und zugedeckt bei schwacher Hitze 1 3/4 Std. sanft schmoren lassen, bei Bedarf Marinade und Brühe angießen.

4 Die ganzen Schalotten und die Möhren zum Fleisch geben. Alles noch knapp 30 Min. zugedeckt weiterschmoren lassen. Falls nötig, Sauce bei starker Hitze offen noch ein wenig einkochen lassen. Das Ragout mit Armagnac oder Cognac, Salz und Pfeffer abschmecken und servieren.

Thymian und Lorbeer zum Sträußchen binden und mitschmoren. So bekommt die Sauce ein intensives Kräuteraroma.

Das Fleisch in heißem Fett bei starker Hitze anbraten, dann schließen sich die Poren schnell, und das Fleisch bleibt saftig.

Das Ragout in einem Schmortopf mit dicht schließendem Deckel garen. Der lässt die Aromen nicht entweichen.

Leber mit Kräutern der Provence

Mit Kräutern **veredelt,** schwingen sich einfache Gerichte in ungeahnte kulinarische Höhen auf – wie dieses, dem ein Akkord aus fünf »grünen Franzosen« **seine unverwechselbare Note** verleiht.

ZUBEREITUNGSZEIT: CA. 35 MIN.
PRO PORTION: CA. 305 KCAL
FÜR 4 PERSONEN

4 Scheiben Kalbsleber à 150 g
weißer Pfeffer aus der Mühle | 2 EL Mehl
je 1 kleiner Zweig Rosmarin, Thymian,
   Bohnenkraut, Oregano und Lavendel
125 g Schalotten | 2 Knoblauchzehen
1 EL Butter | 1 EL Olivenöl
150 g Kalbsfond
200 ml Rotwein (z. B. ein Bandol
   aus der Provence)
Salz | 1 EL Rotweinessig

AUSSERDEM
Küchengarn

1 Leberscheiben kurz kalt waschen, trockentupfen, pfeffern, in Mehl wenden. Die Kräuter waschen und mit Küchengarn zu einem Bündel schnüren. Schalotten und Knoblauch schälen, fein hacken. In einer Pfanne Butter mit Olivenöl erhitzen. Wenn die Butter zu bräunen beginnt, die Leberscheiben pro Seite 3 Min. braten, dann aus der Pfanne heben.

2 Im Bratfett Schalotten und Knoblauch anbräunen. Bratensatz mit Fond und Rotwein loskochen. Kräuterbündel dazugeben, alles 5 Min. kräftig kochen lassen. Die Sauce mit Salz, Pfeffer und Essig abschmecken, die Leberscheiben salzen und kurz in der Sauce wenden und heiß werden lassen. Kräuterbündel entfernen und die Leber servieren.

GRIECHISCHE AROMAVARIANTE MIT DILL
Die Leber in Stücke schneiden und anbraten. Statt Schalotten 4 gehackte Zwiebeln im Bratfett dünsten. 500 g gehäutete und entkernte, in Würfel geschnittene Tomaten zugeben, mit Salz und Pfeffer würzen und 2 Bund samt Stielen klein geschnittenen Dill zugeben. 20 Min. schmoren, dann die Leberstücke in der Sauce wenden und heiß werden lassen.

Luau-Schwein im Tontopf

Luau – das ist der traditionelle hawaiische Festschmaus. Absoluter Höhepunkt dabei: Ein **ganzes Schwein** wird in Bananenblätter gehüllt und in einer **Erdgrube** auf heißen Steinen gegart. Hier eine **küchentaugliche** und nicht minder schmackhafte Version.

ZUBEREITUNGSZEIT: CA. 45 MIN.
GARZEIT: CA. 5 STD.
PRO PORTION: CA. 345 KCAL
FÜR 6 PERSONEN

1,5 kg Schweinebraten (Schulter) ohne Knochen
5 Knoblauchzehen
2 kleine getr. Chilischoten
1 EL grobes Meersalz
2 TL gerebelter Oregano
Pfeffer aus der Mühle
2 EL Pflanzenöl
200 g verschiedene Kräuterblätter
    (Kardamom-, Birken- und Lindenblätter,
    Kresse, Sauerampfer, Borretsch,
    Basilikum, Schwarznessel, »cha plu«)
3 Kaffirlimettenblätter

FÜR DIE LUAU-SAUCE

3 EL getr. Hibiskusblüten (Malvenblüten)
200 g abgetropfte Guaven (Dose)
2 frische rote Chilischoten
30 g frischer Ingwer
1 Stängel Zitronengras
50 g Zucker
3 EL Apfelessig | Salz
schwarzer Pfeffer aus der Mühle
Tabasco

1 Den Schweinebraten mit Küchenpapier trockentupfen. Den Knoblauch schälen und mit den getrockneten Chilis sowie dem groben Meersalz im Mörser zerstampfen. Oregano, Pfeffer und Öl untermischen. Den Braten damit rundum einreiben. Einen passenden Tontopf wässern.

2 Die Kräuterblätter waschen, aber nicht trocknen. Den Tontopf mit einem Drittel der Blätter auslegen, den Schweinebraten darauf legen, die Kaffirlimettenblätter obenauf legen und alles mit den übrigen Kräuterblättern bedecken. Den Tontopf verschließen und in den kalten Ofen (Mitte) stellen, auf 220 °C (200 °C Umluft) schalten. Bei dieser Temperatur 1 1/2 Std. garen. Dann die Hitze auf 90 °C (80 °C Umluft) reduzieren und den Braten weitere 3 1/2 Std. garen.

3 In dieser Zeit die Sauce bereiten: Hibiskusblüten mit 75 ml kochendem Wasser übergießen, 10 Min. quellen, dann abtropfen lassen (Einweichwasser auffangen), einige Blüten zum Garnieren beiseite legen, die übrigen fein hacken. Guaven mit dem Pürierstab oder im Mixer pürieren. Chilis putzen und entkernen, Ingwer schälen, beides ganz klein würfeln. Zitronengras waschen, den unteren Abschnitt sehr fein hacken.

4 Den Zucker in einen hellen Topf geben, mit etwas Wasser anfeuchten und bei mittlerer Hitze aufbrodeln lassen. Chilis, Ingwer und Zitronengras zugeben, kurz andünsten. Gehackte Hibiskusblüten samt Einweichwasser und den Essig zugeben, aufkochen und etwa 10 Min. leise köcheln lassen. Guavenpüree unterrühren, mit Salz, Pfeffer und Tabasco scharf-pikant abschmecken. Abkühlen lassen.

5 Den fertigen Braten aus dem Tontopf nehmen, die Blätter abnehmen. Den Braten aufschneiden und auf einer Platte anrichten. Die Sauce mit den beiseite gelegten Hibiskusblüten garnieren und separat dazuservieren.

> **TIPP** Wenn Sie lieber einen knusprigen Braten mögen, das ausgepackte Fleisch noch ein paar Minuten unterm heißen Grill rösten.

*Wer denkt bei Hawaii nicht an üppige **Blumenketten?** Und Blüten gibt es auch in den Küchen der Pazifik-insel: Hier ist es **Hibiskus,** der der fruchtig-scharfen Sauce zum Braten einen **säuerlichen Touch** gibt.*

Lamm-Tajine mit Datteln

Die **chilischarfe** Zwiebel-Knoblauch-Kräuter-Mischung würzt in ihrer Heimat **Marokko** viele Tajines, auch solche mit Fisch. Hier gibt sie **saftig zartem** Lammfleisch den pikanten Aromakick.

ZUBEREITUNGSZEIT: CA. 45 MIN.
GARZEIT: CA. 1 STD. 30 MIN.
PRO PORTION: CA. 670 KCAL
FÜR 4 PERSONEN

750 g Lammfleisch ohne Knochen
    (Keule, Schulter)
1 dicke Gemüsezwiebel
3 Knoblauchzehen
1 Bund Petersilie
1 Bund Koriandergrün
1 TL edelsüßes Paprikapulver
1 TL grob geschrotete Chilischoten
1 TL Kurkumapulver
1/2 TL gem. Kreuzkümmel
1/2 TL getr. Thymian
6 EL Olivenöl
750 g reife Tomaten
Saft und grob geraspelte Schale
    von 1 unbehandelten Orange
Salz | schwarzer Pfeffer aus der Mühle
100 g getr. Datteln ohne Stein

1 Das Lammfleisch mit Küchenpapier trockentupfen und in große Würfel schneiden. Zwiebel und Knoblauch schälen, sehr fein hacken. Petersilie und Koriandergrün waschen, trockenschütteln. Die Stiele fein hacken, die Blättchen grob zerschneiden und beiseite legen. Die Fleischwürfel mit Zwiebel, Knoblauch, gehackten Kräuterstielen, Paprikapulver, Chili, Kurkuma, Kreuzkümmel und Thymian vermischen.

2 In einem Schmortopf mit dicht schließendem Deckel das Olivenöl erhitzen. Das Fleisch samt Würzmischung zugeben und bei mäßiger Hitze etwa 10 Min. anschmoren, ohne dass die Mischung bräunt. Inzwischen die Tomaten mit kochendem Wasser überbrühen, häuten und entkernen, in Stücke schneiden. Zur Fleischmischung geben, Orangensaft und Schale und etwa 100 ml Wasser zugeben, mit Salz und Pfeffer würzen. Fest zugedeckt bei schwacher Hitze etwa 1 Std. garen.

3 Datteln zugeben und die Tajine weitere 30 Min. garen. Abschmecken, mit den Petersilien- und Korianderblättchen bestreut servieren.

TIPP Zur Tajine frisches Weißbrot, Couscous-Grieß oder Bulgur servieren.

AROMAVARIANTE MIT DILL
Ebenfalls beliebt ist Dill statt Koriandergrün. Von diesem ebenso die Stiele fein schneiden und mit dem Fleisch vermischen. Das fein geschnittene Dillgrün darüber streuen.

Die aromatische Mischung aus Zwiebel, Knoblauch, gemahlenen Gewürzen und Kräutern unter das Fleisch mengen.

Die Fleischwürfel bei nicht zu starker Hitze anschmoren – sie sollen nicht bräunen, sonst würden die Würzzutaten verbrennen.

Nach 1 1/2 Stunden Garzeit ist das Fleisch sehr zart und liegt in einem Schmorfond mit vielfältigen Aromakomponenten.

Rindfleisch im Pfefferblatt

Eine Snackidee aus der Thaiküche: Aromatische Pfefferblätter umhüllen zartes Rindfleisch und schenken ihm scharfe Würze mit einem **Hauch von Anis.** Im Sommer tummeln sich die Röllchen übrigens auch gern auf **dem Grill.**

ZUBEREITUNGSZEIT: CA. 50 MIN.
MARINIERZEIT: CA. 1 STD.
PRO PORTION: CA. 190 KCAL
FÜR 4 PERSONEN/24 RÖLLCHEN

2 Knoblauchzehen | 1 Schalotte
100 g Pfefferblätter (»cha plu« bzw. »la lot«)
3 EL Fischsauce | Pfeffer aus der Mühle
1 EL brauner Zucker
300 g gehacktes mageres Rindfleisch (Tatar)
3 EL Pflanzenöl

AUSSERDEM

Holzspieße

1 Knoblauch schälen, sehr fein hacken oder durch die Presse drücken. Schalotte schälen und sehr fein hacken. Die Pfefferblätter waschen und trockenschütteln. Kleinere Blättchen in feine Streifen schneiden und mit Knoblauch, Schalotte, Fischsauce, grob gemahlenem Pfeffer sowie braunem Zucker verrühren. Rinderhack untermischen und mindestens 1 Std. im Kühlschrank ziehen lassen. Restliche Pfefferblätter abzupfen, in kaltes Wasser legen und etwa 30 Min. ziehen lassen.

2 Pfefferblätter auf Küchenpapier trocknen. Jeweils etwas Fleisch auf ein größeres Pfefferblatt geben. Das Pfefferblatt mit der Füllung aufrollen. Jeweils 3 Röllchen auf Holzspießchen stecken. Öl in einem Wok oder einer breiten Pfanne erhitzen. Spießchen darin – falls nötig portionsweise – scharf anbraten, dann Hitze reduzieren und die Spießchen in insgesamt 12–14 Min. fertig garen. Mit Reis servieren.

Lorbeer-Hähnchen auf dem Heubett

Ein herrlich duftendes Gericht: Die Heu- und **Alpenkräuteraromen** durchziehen das Fleisch und geben eine **feine Würze**, frischer Lorbeer würzt dezent von innen heraus.

ZUBEREITUNGSZEIT: CA. 15 MIN.
GARZEIT: CA. 1 STD.
PRO PORTION: CA. 590 KCAL
FÜR 4 PERSONEN

2 frische Brathähnchen à 800 g
8 frische Lorbeerblätter
Salz | weißer Pfeffer aus der Mühle
100 g Alpen-Wiesenheu
    (Heimtierabteilung der Supermärkte)
50 g Butter
1/2 TL Cayennepfeffer

1 Die Hähnchen innen und außen unter fließendem kaltem Wasser waschen und mit Küchenpapier trockentupfen. Die Hähnchen mit einer Geflügelschere auf der Rückenseite links und rechts des Rückgrats durchschneiden, die Bürzel entfernen und wegwerfen.

2 Die Hähnchen mit der Hand so flach wie möglich drücken. Die Haut an Brust und Keulen mit den Fingern lockern, jeweils 1 Lorbeerblatt dazwischen schieben. Die Hähnchen mit Salz und Pfeffer würzen.

3 Backofen auf 220 °C (200 °C Umluft) vorheizen. Ein Backblech mit Alufolie belegen, das Heu darauf ausbreiten und die Hähnchen darauf legen. Die Butter mit dem Cayennepfeffer schmelzen lassen. Die Hähnchen mit etwas von der Butter bestreichen.

4 Das Blech in den Ofen (Mitte) schieben und die Hähnchen 20 Min. braten, ab und zu nachschauen, um sicherzugehen, dass das Heu nicht verkohlt. Dann die Hitze auf 200 °C (180 °C Umluft) zurückschalten, die Hähnchen wieder mit Butter bestreichen und noch 40 Min. garen.

5 Die Hähnchen auf dem Heubett auftragen, am Tisch mit der Geflügelschere halbieren und auf Teller verteilen.

AROMAVARIANTE MIT ROSMARIN
Wer einen üppig wachsenden Rosmarinstrauch im Garten hat, kann das Backblech dick mit Rosmarinzweigen belegen und darauf die Hähnchen garen.

Wie Hähnchen sich bettet, so schmeckt es: **Auf Alpen-Wiesenheu** *im Ofen gegart, überzeugt der alt-bekannte* **Klassiker** *auch Grillhähnchenmüde.*

Vier Mal **zarte Hähnchenbrust:** mal mit säuerlicher Estragon-Sahne, mal mit deftigem Kräuterspeck, dann mit feiner **Thai-Note** oder auch **sommerlich** leicht mit Rucola.

Hähnchenbrust besonders einfach und vier Mal anders

**ZUBEREITUNGSZEIT: 25 MIN.
FÜR 4 PERSONEN**

BASISREZEPT

4 Hähnchenbrustfilets (à ca. 170 g)
Salz | Pfeffer aus der Mühle
2–3 EL Pflanzenöl oder Butter

Von der Hähnchenbrust eventuelle Sehnen und Häute entfernen. Die Filets waschen, mit Küchenpapier trockentupfen und nach Belieben quer durchschneiden. Alle Fleischstücke rundherum kräftig salzen und pfeffern.
Öl oder Butter in einer großen Pfanne erhitzen. Die Filets darin bei starker Hitze von beiden Seiten kurz anbraten. Die Hitze reduzieren und das Fleisch je nach Dicke in 8–12 Min. bei schwacher bis mittlerer Hitze sanft fertig garen. Im Ofen bei 75 °C (60 °C Umluft) warm halten, bis die Sauce oder Kräutermischung fertig gestellt ist.

1. GESCHMACKSERLEBNIS: **ESTRAGON & SAHNE**

1 Schalotte schälen und hacken. 4 Filets in Butter anbraten, dann Schalotten dazugeben. Inzwischen 2 vollreife Tomaten überbrühen, häuten und würfeln. Fertige Hähnchenfilets aus der Pfanne nehmen. Bratsud und Schalotten mit 2 EL Estragonessig (ersatzweise Weißweinessig) ablöschen. Sofort Tomaten und 2–3 EL fein gehackten Estragon dazugeben. Alles mit 200 g Sahne aufkochen, etwas einkochen lassen und mit Salz, Pfeffer und Essig abschmecken. Die Hähnchenfilets in der Sauce erwärmen und servieren.

2. GESCHMACKSERLEBNIS: **THAI-BASILIKUM & INGWER**

4 Filets in Öl garen. Inzwischen 1 dicke Frühlingszwiebel putzen, 2 Knoblauchzehen und 1 Stück frischen Ingwer (ca. 2 cm) schälen, alles mit 1 Stück Schale von einer unbehandelten Limette sehr fein hacken. 1 kleines Bund süßes Thai-Basilikum waschen. Blättchen in Streifen schneiden. Gegarte Filets aus der Pfanne nehmen und warm stellen. Zwiebel-Ingwer-Mischung im Bratfett glasig dünsten, Thai-Basilikum unterrühren und ganz kurz mitdünsten. Hähnchenfilets mit der Kräutermischung bestreut servieren.

3. GESCHMACKSERLEBNIS: **RUCOLA & ZITRONE**

4 Filets mit Selleriesalz und Pfeffer würzen, mit Olivenöl bestreichen. 250 g Rucola verlesen, ohne harte Stängel waschen, abtropfen lassen und auf den Tellern auslegen. Eine Grillpfanne stark erhitzen. Die Hähnchenfilets darin pro Seite 5 Min. grillen, Pfanne vom Herd nehmen, die Filets kurz nachziehen lassen. 4 EL Zitronensaft mit Salz und 4 EL Olivenöl verquirlen. Hähnchenfilets in Streifen schneiden und auf dem Rucolabett anrichten. Die Zitronensauce über Hähnchenstreifen und Rucola träufeln.

4. GESCHMACKSERLEBNIS: **SPECK & PETERSILIE**

4 Filets in Butter garen. Inzwischen 80 g durchwachsenen Räucherspeck ohne Schwarte und Knorpel in winzige Würfel schneiden. 1 Knoblauchzehe fein hacken. 1 kleines Bund Petersilie und einige Zweige Thymian waschen, trockenschütteln. Blättchen fein hacken. Fertige Hähnchenfilets aus der Pfanne nehmen und bei 50 °C im Backofen warm stellen. Speck in der Pfanne bei starker Hitze kross braten, Knoblauch und Kräuter 1–2 Min. mitdünsten. Hähnchenbrustfilets mit der Kräuter-Speck-Mischung servieren.

Entenbrust mit Kräutern

Wenn Entenbrust erst in Wein mariniert und dann mit **mediterranen Kräutern** sanft geschmort wird, gibt das ein wunderbares **Sonntagsessen.**

ZUBEREITUNGSZEIT: CA. 1 STD.
MARINIERZEIT: CA. 1 TAG
PRO PORTION: CA. 550 KCAL
FÜR 4 PERSONEN

2 Entenbrustfilets à ca. 300 g
Salz | schwarzer Pfeffer aus der Mühle
gut 500 ml trockener Weißwein
1 EL Butterschmalz
2 Schalotten
1 Knoblauchzehe
1 Zweig Thymian (möglichst Zitronenthymian)
1 Zweig Oregano
1 Zweig Minze
etwas Grün vom Gewürzfenchel
1 EL frische Rosmarinnadeln
50 g kalte Butter

1 Die Entenbrustfilets mit Küchenpapier trockentupfen. Die Haut mit einem scharfen Messer rautenförmig bis in die Fettschicht (aber nicht bis ins Fleisch) einschneiden, damit sie sich beim Braten nicht verzieht. Die Filets auf beiden Seiten salzen und pfeffern, in eine Schüssel legen und mit dem Weißwein übergießen (das Fleisch soll gut bedeckt sein). Zugedeckt 1 Tag im Kühlschrank marinieren, ab und zu die Entenbrustfilets umdrehen.

2 Zur Zubereitung die Filets aus dem Wein heben, mit Küchenpapier gut trockentupfen. In einem schweren Schmortopf das Butterschmalz auf mittlerer Stufe erhitzen. Das Fleisch mit der Hautseite nach unten ins heiße Fett legen und offen 5 Min. anbraten. Die Hitze ganz klein schalten, den Topf fest zudecken und die Entenbrustfilets 20 Min. im eigenen Saft schmoren lassen.

3 Die Schalotten und den Knoblauch schälen, fein hacken. Die Kräuter waschen, Blättchen abzupfen und mit den Rosmarinnadeln fein hacken. Schalotten, Knoblauch und Kräuter bis auf 1 EL zum Fleisch geben, die Entenbrustfilets umdrehen und etwas Marinierwein angießen. Weitere 20 Min. bei kleinster Hitze garen.

4 Backofen auf 75 °C (60 °C Umluft) vorheizen. Die Entenbrustfilets aus dem Topf heben und zugedeckt im Ofen warm halten. Vom Bratfond das Fett abschöpfen, den restlichen Wein aufgießen und bei starker Hitze auf die Hälfte der Menge einkochen. Die Sauce durch ein Sieb streichen, wieder aufkochen und die Butter in kleinen Stücken mit dem Schneebesen einschlagen, bis die Sauce gebunden ist. Restliche Kräuter zugeben, mit Salz und Pfeffer abschmecken.

5 Die Entenbrustfilets quer zur Faser in ganz dünne Scheiben schneiden, auf Tellern anrichten und mit Sauce übergießen.

AROMAVARIANTE MIT PETERSILIE & BASILIKUM
Die Blättchen von jeweils 1/2 Bund Petersilie und Basilikum fein schneiden, die Hälfte davon mitschmoren. Die Sauce nach dem Einkochen statt mit Butter mit 100 g Crème fraîche binden, die übrigen Kräuter einrühren.

*Während die Entenbrust **sanft gart,** können Sie sich an die **Beilage** machen. Die allerdings nicht zu geschmacksintensiv sein darf – sonst konkurriert sie mit den kräftigen Kräuteraromen der Sauce. Ideal: Ofen- oder Bratkartoffeln.*

*Mediterran-leichte Genießerküche: Vollreife, **fast süßliche** Tomaten, die **reichlich Sonne** getankt haben, runden das herbwürzige **Lavendelaroma** besonders fein ab.*

Provenzalisches Kaninchen mit Lavendel

Geruhsamer Sommerabend: Kaninchen in den Ofen, und dann erst mal Zeit haben für anderes – Salat putzen, Baguette schneiden oder unter freiem Himmel einen kühlen Rosé als Aperitif genießen.

ZUBEREITUNGSZEIT: CA. 30 MIN.
MARINIERZEIT: CA. 1 STD.
GARZEIT: CA. 1 STD. 30 MIN.
PRO PORTION: CA. 625 KCAL
FÜR 4 PERSONEN

6 kleine Zweige Lavendel
    (+ Zweige zum Garnieren)
2 EL Noilly Prat
4 EL Olivenöl
Salz | Pfeffer aus der Mühle
1 Kaninchen (1–1,2 kg, vom Händler
    in 6–8 Stücke geteilt)
3 Knoblauchzehen
1 Gemüsezwiebel
100–200 ml Hühnerbrühe
4 vollreife Tomaten
3 EL aromatische, in Öl eingelegte
    schwarze Oliven

1 Den Lavendel waschen und trockenschütteln. Blättchen von 1 Zweig abstreifen und sehr fein hacken, mit Noilly Prat, 2 EL Öl, Salz und Pfeffer verrühren. Kaninchenteile waschen, trockentupfen und rundherum mit Lavendelöl einpinseln. Das Fleisch mindestens 1 Std. marinieren.

2 Backofen auf 180 °C (Umluft nicht empfehlenswert) vorheizen. Den Knoblauch und die Gemüsezwiebel schälen, halbieren. Knoblauch in Stifte, Zwiebel in Streifen schneiden. Den Boden eines Bräters mit 1 EL Öl ausstreichen. Zwiebeln und Knoblauch hineingeben, die Kaninchenteile darauf legen. 4 Lavendelzweige dazwischenlegen. Das restliche Öl darüber träufeln. Die Kaninchenteile im Backofen (Mitte) 30 Min. garen, bis sie gebräunt sind, dann wenden und weitere 40 Min. garen.

3 Nach 1 Std. 10 Min. Garzeit den Bräter aus dem Ofen nehmen, Kaninchen herausheben, in eine ofenfeste Servierform geben und im Ofen weitere 10 Min. garen. Falls das Fleisch schon schön gebräunt ist, Hitze dabei auf 160 °C reduzieren, falls es noch blass ist, Hitze auf 200 °C erhöhen. Inzwischen Tomaten überbrühen, häuten und grob würfeln.

4 Im Bräter auf der Kochstelle Zwiebeln und Knoblauch nachbräunen, Tomaten kurz mitbraten. Mit Hühnerbrühe ablöschen. Die Oliven dazugeben und die Sauce offen in 15 Min. leicht einkochen lassen, abschmecken. Kaninchen in der Form mit der Sauce übergießen.

TIPP Hier brauchen Sie ein kleines Kaninchen. Größere Exemplare mit dem Gemüse anbraten und mit der Hühnerbrühe auf dem Herd zugedeckt mindestens 45 Min. schmoren. Tomaten dazugeben und weitere 15 Min. garen.

AROMAVARIANTEN
1. Baskisches Kaninchen mit Thymian & Petersilie: Olivenöl mit gehackter Petersilie und Thymian würzen. Zusätzlich zum Knoblauch 1–2 rote Chilischoten und 2 Stangen Sellerie zerkleinern. Sauce mit Thymian und grünen Oliven zubereiten. Fertiges Gericht mit fein gehackter Petersilie bestreuen.
2. Orientalisches Kaninchen mit Koriander: 3 EL Olivenöl mit Salz, Pfeffer, 1 EL gemahlene Mandeln und etwas gem. Koriander und Kreuzkümmel würzen. Kaninchen mit der Mischung einreiben. Statt Knoblauch 2 Stangen Sellerie und 2 Möhren putzen, waschen bzw. schälen, in feine Scheibchen schneiden und mitgaren. In der Sauce statt schwarzer Oliven halbierte helle Weintrauben mitgaren. Sauce mit Honig abschmecken. Das fertige Gericht mit reichlich frisch gehacktem Koriandergrün bestreut servieren.

Wir finden, Kräuter gehören nicht nur auf, sondern **vor allem in** Süß-speisen und Drinks! Und so **renovieren** wir die süße Küche von Grund auf in kräutergrün – mit Salbei, Kaffirlimettenblättern, Thymian, Basi-likum, **sogar mit Borretsch** und anderen **Wildkräutern!**

DESSERTS & GETRÄNKE

Melonenquark mit Minze

Karibisch inspiriert, schnell gemacht, vor dem Gaumen- ein Augenschmaus – und auch kindertauglich, wenn Sie die **Alkoholika** durch Apfel- und Orangensaft ersetzen.

1 Die Melone quer halbieren und die Kerne mit einem Löffel herauskratzen. Das Fruchtfleisch mit einem Kugelausstecher ausbohren. Das restliche Fruchtfleisch mit einem Löffel auskratzen und pürieren. In einer Schüssel beide Sorten Rum mit Apricot Brandy, Limettensaft und -schale, dem Honig und Angostura gut verrühren. Das Melonenpüree und die Melonenkugeln vorsichtig untermischen, zugedeckt etwa 1 Std. im Kühlschrank marinieren. Den Quark abtropfen lassen.

2 Die Melonenkugeln in einem Sieb abtropfen lassen, die Marinade auffangen. Den Quark mit so viel Marinade verrühren, dass er cremig ist. Minze waschen, Blättchen abzupfen und die Hälfte davon fein schneiden. Mit den Melonenkugeln unter den Quark heben, in den Melonenhälften anrichten, mit den übrigen Minzeblättchen garnieren.

ZUBEREITUNGSZEIT: CA. 30 MIN.
MARINIERZEIT: CA. 1 STD.
PRO PORTION: CA. 260 KCAL
FÜR 4 PERSONEN

1 Honigmelone
3 EL brauner Rum
3 EL weißer Rum
1 EL Apricot Brandy
2 EL Limettensaft
1 TL geriebene Limettenschale
3 EL flüssiger heller Honig
1 Spritzer Angostura Bitter
500 g Quark (Magerstufe)
3 Zweige frische Minze

AROMAVARIANTEN
1. Mit Waldmeister & Orange: 3–4 Zweige Waldmeister höchstens 15 Min. in der Rummischung ziehen lassen. Statt Limette Orangensaft und geriebene Schale zugeben. Mit Waldmeistergrün garnieren.
2. Mit Kaffirlimette: 2 Kaffirlimettenblätter ohne die Mittelrippe in hauchfeine Streifen schneiden, mit 1 TL geriebener Kaffirlimettenschale und ein paar Tropfen Saft unter die Marinade mischen.

Salbeimäuschen mit Aprikosensauce

Werden Salbeiblätter durch einen **luftigen Ausbackteig** gezogen und frittiert, plustern sie sich wie kleine Mäuse auf. Zum Essen werden sie am »Schwänzchen« (dem Stiel) gepackt und in die **Aprikosensauce** gedippt.

ZUBEREITUNGSZEIT: CA. 1 STD.
PRO PORTION (BEI 6 PERSONEN): CA. 340 KCAL
FÜR 4–6 PERSONEN

1 großes Bund frischer Salbei
  (ca. 50 Blättchen)
200 g Mehl Type 550
150 ml helles Bier
1 Prise Salz
2 Eier (Größe S)
1 EL Pflanzenöl
Butterschmalz zum Ausbacken
4 EL Puderzucker zum Bestreuen

FÜR DIE APRIKOSENSAUCE

500 g Aprikosen
75 g Zucker
2 EL Apricot Brandy

1 Salbei kurz waschen, trockenschütteln und die Blättchen abzupfen. Auf Küchenpapier ausbreiten und bis zum Frittieren trocknen lassen. Das Mehl in eine Schüssel sieben, das Bier nach und nach mit einer Gabel unterrühren, salzen, und die Eier und das Öl untermischen. 30 Min. quellen lassen.

2 Für die Aprikosensauce die Aprikosen waschen, halbieren und entsteinen. Den Zucker in einen hellen Topf streuen und mit ein paar Tropfen Wasser befeuchten. Bei mittlerer Hitze aufschäumen lassen, die Aprikosen zugeben und etwa 10 Min. leise köcheln lassen bis sie zerfallen. Durch ein Sieb streichen oder mit dem Pürierstab glatt mixen, mit Apricot Brandy verrühren, abkühlen lassen.

3 In einem breiten Topf oder in der Fritteuse reichlich Butterschmalz auf 175 °C (oder bis sich an einem eingetauchten Holzstäbchen kleine Bläschen bilden) erhitzen. Die Salbeiblätter einzeln durch den Ausbackteig ziehen und portionsweise im heißen Fett in 2–3 Min. goldbraun frittieren. Fertige Blätter herausheben, abtropfen lassen und auf Küchenpapier entfetten. Heiß zu der lauwarmen Aprikosensauce servieren.

> **AROMAVARIANTEN**
> **1. Mit Holunderblüten:** Statt Salbeiblättern 8 Holunderblütendolden vorsichtig in stehendem Wasser waschen, abtropfen lassen. Den Bierteig etwas flüssiger bereiten, die Dolden eintauchen und wie die Salbeiblätter knusprig goldbraun frittieren.
> **2. Mit Wildkräutern:** Klassisch sind Beinwellblätter, geht aber auch mit Sauerampfer, Löwenzahn, Spitzwegerich oder jungen Lindenblättern.

Am besten zum Frittieren eignen sich schöne, große Salbeiblätter.

Im Zuckersirup entwickeln die Aprikosen eine perfekte fruchtige Süße.

Kontrastierende Aromen und Konsistenzen kitzeln den Gaumen aufs Angenehmste.

Beerenratatouille mit Zitronenthymian

Am besten schmecken uns die heißen Beeren, wenn noch eine Kugel **Walnusseis** darauf schmilzt.

ZUBEREITUNGSZEIT: CA. 30 MIN.
PRO PORTION: CA. 85 KCAL
FÜR 4 PERSONEN

350 g gemischte Beeren und Früchte
  (Erdbeeren, Himbeeren, Brombeeren,
  Johannisbeeren, Kirschen)
4 Zweige Zitronenthymian
4 EL Zucker
100 ml kräftiger Rotwein

1 Beeren und Kirschen waschen, putzen und gut abtropfen lassen. Zitronenthymian waschen, trockenschütteln und die Blättchen abzupfen. Die Zweigspitzen ganz lassen und zum Garnieren beiseite legen.

2 Den Zucker in einen hellen Topf streuen, mit ein paar Tropfen Wasser befeuchten. Bei mittlerer Hitze köcheln lassen, bis der Zucker honigfarben karamellisiert ist. Den Rotwein aufgießen (Vorsicht, das spritzt!) und einmal aufkochen, bis sich der Karamell aufgelöst hat. Die Zitronenthymianblättchen, die Beeren und Kirschen zugeben, alles schwenken, bis die Beeren gut heiß sind (sie sollen nicht zerfallen). Heiß auf Dessertteller verteilen und mit den Zitronenthymianspitzen garnieren.

AROMAVARIANTE MIT ANANASSALBEI
Statt Zitronenthymian in Streifen geschnittene Ananassalbeiblätter kurz im Karamell schwenken. Wer hat, garniert mit den dekorativen Salbeiblüten.

Minze-Parfait

Ein Sommerdessert mit »Geschmacksregler« – hier in der kräftig minzaromatischen Version, zubereitet mit Pfefferminze. Mit zarter Apfel-Minze schmeckt das Dessert **dezent minzig** und zusätzlich nach grünem Apfel.

ZUBEREITUNGSZEIT: CA. 40 MIN.
GEFRIERZEIT: CA. 3 STD.
PRO PORTION: CA. 350 KCAL
FÜR 4 PERSONEN

FÜR DAS PARFAIT

1 dickes Bund Pfefferminze
1 EL Zitronensaft
1 EL Pfefferminzlikör oder Zitronenlikör
3 EL Zucker
300 g Sahne
4 sehr frische Eigelbe
1 EL weiche Butter
6 EL Pfefferminzsirup

FÜR DIE SAUCE

2 reife weiße Pfirsiche
1 TL Zitronensaft
2 EL Zucker
2 EL Zitronenlikör
1–2 EL Pfefferminzsirup nach Belieben
1 Hand voll Himbeeren

1 Die Minze waschen und trockenschütteln. Einige besonders schöne Blättchen abzupfen und zum Garnieren beiseite legen. Etwa 10–15 weitere Blättchen abzupfen, sehr fein hacken und ebenfalls beiseite stellen. Die restlichen Blättchen abzupfen, in einen Kaffeebecher stopfen und mit einem Löffel oder Stößel grob zerquetschen.

2 Etwa 150 ml Wasser mit Zitronensaft, Likör und Zucker aufkochen und unter Rühren auf etwa die Hälfte einkochen lassen. Den Zuckersirup sprudelnd kochend über die Kräuterblättchen gießen. Die Kräuter etwa 15 Min. ziehen und dabei auch abkühlen lassen, dann pürieren und durch ein Sieb passieren.

3 Inzwischen die Sahne steif schlagen. Ein Wasserbad vorbereiten. Einen zweiten Topf mit Eiswasser füllen. In einer Edelstahlschüssel die Eigelbe mit der Butter verrühren. Eiermischung dann über einem heißen Wasserbad weißschaumig schlagen. Schüssel in den Eiswasser-Topf setzen und Masse kalt weiterschlagen, bis sie dick cremig ist, nach und nach den Minzsirup unterschlagen. Sahne und die gehackte Minze mit einem Holzlöffel unterziehen. Masse in vier kältefeste Förmchen füllen und etwa 3 Std. tiefgefrieren. Ab und zu umrühren.

4 Für die Sauce Pfirsiche überbrühen, häuten, das Fruchtfleisch vom Stein lösen und mit Zitronensaft, Zucker, Likör und eventuell 1–2 EL Minzsirup pürieren. Himbeeren verlesen und vorsichtig waschen.

5 Zum Servieren Förmchen in heißes Wasser tauchen, Parfait auf Dessertteller stürzen, mit Pfirsichsauce umgießen und mit Minzeblättchen und Himbeeren garniert servieren.

SAUCENVARIANTEN

Mit Mango-Sauce. Mango schälen. Fruchtfleisch vom Stein schneiden. Einen Teil des Fruchtfleischs in Schnitze schneiden. Rest mit etwas Mineralwasser und Minzsirup fein pürieren. Minzparfait auf einem Teller mit etwas Fruchtpüree umgießen und mit Mangoschnitzen und Minzeblättchen dekorieren.

Mit Schokosauce: 100 g Sahne mit 1 EL Minzsirup erhitzen und 1/2 Tafel Zartbitterschokolade darin unter Rühren schmelzen lassen und sofort heiß zum Minzparfait servieren.

*Lassen Sie sich **eiskalt** erwischen: von sahnigem Parfait mit reichlich Pfefferminze. Für **Erfrischung hoch zwei** und innerlich ein paar Grade weniger an heißen Tagen.*

Waldmeisternudeln mit Ingwerbröseln

Kaum zu glauben, aber diese Nudeln **duften wunderbar** nach Zimt. Süßscharfe, knusprige Ingwerbrösel darüber – und das ungewöhnliche Dessert **betört Nase** und Gaumen!

ZUBEREITUNGSZEIT: CA. 45 MIN.
RUHEZEIT: CA. 45 MIN.
PRO PORTION (BEI 6 PERSONEN): CA. 430 KCAL
FÜR 4–6 PERSONEN

FÜR DIE NUDELN

8 Stängel Waldmeister
100 ml Weißwein
200 g Mehl
100 g Kamut-Vollkornmehl
   (Reformhaus, Bioladen)
Salz | 2 Eier (Größe M)
Mehl zum Arbeiten

FÜR DIE INGWERBRÖSEL

4 cm frischer Ingwer (ca. 30 g)
75 g Butter
75 g Semmelbrösel
120 g Zucker

1 Für die Nudeln Waldmeister waschen, trockentupfen und etwas antrocknen lassen, damit sich das Aroma entwickelt. Die Hälfte der Stängel in den Weißwein legen und 15 Min. ziehen lassen. Dann den Waldmeister aus dem Wein nehmen. Mehl und Kamutmehl mit 1 Prise Salz, den Eiern und etwa 4 EL Waldmeisterwein vermischen und gut verkneten, den Teig zu einer Kugel formen, mit etwas Mehl bestreuen und in Folie wickeln. 30 Min. bei Zimmertemperatur ruhen lassen.

2 Den Nudelteig nochmals durchkneten, in eigroße Stücke teilen und auf wenig Mehl dünn ausrollen oder durch die Nudelmaschine drehen. Zu Bandnudeln schneiden. Reichlich Wasser aufkochen, salzen, die Nudeln einstreuen und in 5–7 Min. bissfest garen.

3 Inzwischen für die Brösel den Ingwer schälen und auf einer Gemüsereibe fein raspeln. In einem Pfännchen die Butter erhitzen und die Semmelbrösel darin unter Rühren hellbraun rösten. Zucker und Ingwer zugeben und leicht karamellisieren lassen.

4 Die Nudeln abgießen und kurz abtropfen lassen. Auf Teller verteilen und mit Ingwerbröseln bestreuen. Mit den restlichen Waldmeisterzweigen garnieren.

> **AROMAVARIANTEN**
> **1. Mit Holunderblüten:** 2 Holunderblütendolden kurz in stehendem Wasser waschen, abtropfen lassen und im Wein 30 Min. ziehen lassen, 4 EL davon unter das Mehl mischen (es dürfen auch ein paar Blütenblätter dabei sein).
> **2. Mit Ananassalbei:** 1 Hand voll Ananassalbeiblätter im Wein 30 Min. ziehen lassen, die Blätter mit Küchenpapier trockentupfen und jeweils zwischen zwei Nudelplatten legen, die Nudelplatten nochmals ausrollen und zwischen den Blättern zu breiten Nudeln schneiden.

Innerhalb nur kurzer Zeit nimmt der Wein ein intensives Waldmeisteraroma an.

Scharfes Ingweraroma harmoniert bestens mit leicht karamellisiertem Zucker.

Bandnudeln selbst herzustellen geht mit der Nudelmaschine schnell und einfach.

Bratäpfel mit Zitronenmelisse

Ein Dessert, das an kalten Tage auch zu einer Tasse **Darjeeling-Tee** wunderbar schmeckt – am besten **frisch** aus dem Ofen.

ZUBEREITUNGSZEIT: CA. 10 MIN.
BACKZEIT: 20–30 MIN.
PRO PORTION: CA. 265 KCAL
FÜR 4 PERSONEN

125 g Crème fraîche
1 EL Ahornsirup
8 Walnusskerne
5 Stängel Zitronenmelisse
4 mittelgroße ungespritzte Äpfel
   (z. B. Cox Orange, Elstar)
Butter für die Form

1 Backofen auf 200 °C (180 °C Umluft) vorheizen. Crème fraîche mit dem Ahornsirup glatt rühren. Walnusskerne grob hacken. Zitronenmelisse waschen, trockenschütteln. Einige Blättchen fürs Garnieren beiseite legen. Restliche Blättchen sehr fein hacken. Nüsse und Zitronenmelisse unter die Crème fraîche rühren.

2 Die Äpfel waschen und trockenreiben. Von den Äpfeln jeweils einen Deckel abschneiden. Mit einem spitzen Messer oder scharfkantigen Löffel das Kernhaus herausschneiden. Eine flache ofenfeste Form mit Butter ausstreichen. Jeweils 1 Klecks Crème fraîche in die Äpfel füllen. Die Deckel wieder auf die Äpfel legen. Die Äpfel in die Form setzen und im heißen Backofen (Mitte) etwa 30 Min. backen, bis sie schön weich sind (mit einem Holz- oder Metallstäbchen prüfen). Äpfel mit Kräuterblättchen garnieren und heiß servieren.

Leichte **Bowlen** sind herrliche Durstlöscher. Mit dem Grün von frischen Kräutern gewinnen sie an **Aroma** und sind **schöner** anzusehen.

Kräuterbowle besonders einfach und vier Mal anders

ZUBEREITUNGSZEIT: CA. 25 MIN.
TROCKENZEIT: CA. 4 STD.
FÜR 6 PERSONEN

BASISREZEPT

1 Hand voll Waldmeister (selbst im
 Wald gesammelt oder vom Markt)
2 Flaschen halbtrockener oder
 milder Weißwein
1 Flasche eiskalter trockener Sekt
 oder sprudelndes Mineralwasser
ca. 150 g Eiswürfel

Der Waldmeister darf noch keine Blütenansätze haben, sonst ist sein Cumaringehalt zu hoch, was Kopfschmerzen verursachen kann. Die Zweige gut waschen und abtropfen lassen, dann auf Küchenpapier ausbreiten und etwa 4 Std. antrocknen lassen, erst dann entwickelt sich sein Aroma. Die Stängel mit einem Faden zusammenbinden. Eine Bowlenschale mit dem Wein füllen und das Waldmeisterbündel so hineinhängen, dass nur die Blätter in den Wein eintauchen. Höchstens 15 Min. darin ziehen lassen, das Bündel herausnehmen und wegwerfen. Die Bowle mit eiskaltem Sekt oder Mineralwasser aufgießen und die Eiswürfel zugeben. Nicht zu kalt servieren, dann kommt das Aroma am besten zur Geltung.

1. GESCHMACKSERLEBNIS: **VEILCHENBLÜTEN**

1 Hand voll frische Veilchenblüten vorsichtig in stehendem Wasser waschen, in einem Sieb abtropfen lassen. Ins Bowlengefäß füllen und mit 100 ml trockenem Sherry und 2 EL frisch gepresstem Zitronensaft übergießen, 30 Min. ziehen lassen. 2 EL Puderzucker einrühren, auflösen, mit 2 Flaschen mildem Weißwein und 1 Flasche sprudelndem Mineralwasser aufgießen, Eiswürfel zugeben.

2. GESCHMACKSERLEBNIS: **MINZE**

3 Zweige Japanische Minze waschen, Zweigspitzen abzupfen, beiseite legen. Ganze Zweige mit 3–4 EL Zucker ins Bowlengefäß geben, 1 Flasche Wein aufgießen und 30 Min. ziehen lassen. Dann die Minzezweige entfernen, die Zweigspitzen und 350 g kleine, halbierte Erdbeeren zugeben. 1 Flasche Wein und 1 Flasche trockenen Sekt oder Mineralwasser aufgießen, die Eiswürfel zugeben.

3. GESCHMACKSERLEBNIS: **BORRETSCH**

1 kleine Salatgurke schälen, der Länge nach halbieren und die Kerne auskratzen. Das Fruchtfleisch würfeln. 1 Hand voll zarte Borretschblätter waschen, alles ins Bowlengefäß geben und mit 3–4 EL Zucker bestreuen, 1 Std. ziehen lassen. 2 Flaschen gut gekühlten trockenen Roséwein und 1 Flasche roten Sekt aufgießen, die Eiswürfel zugeben. Nach Belieben mit Borretschblüten dekorieren.

4. GESCHMACKSERLEBNIS: **ZITRONENVERBENE**

1 Hand voll Zitronenverbenenblätter waschen, trockentupfen. 2 unbehandelte Zitronen heiß waschen, Schale als langen Streifen abschälen, mit der Zitronenverbene ins Bowlengefäß geben, mit 3–4 EL Zucker bestreuen. Die Hälfte vom Wein aufgießen, 30 Min. ziehen lassen. Die Zitronen auspressen, den Saft und den übrigen Wein sowie 1 Flasche gut gekühlten Prosecco aufgießen, Eiswürfel zugeben.

Mojito

Den Klassiker aus Kuba genießen Sie am besten an einem lauen Sommerabend unter **freiem Himmel:** Minze sorgt mit Limettensaft für Frische, weißer Rum für das **Karibik-Feeling.**

ZUBEREITUNGSZEIT: CA. 5 MIN.
PRO DRINK: CA. 215 KCAL | FÜR 1 DRINK

10 Blätter frische Minze
4 cl frisch gepresster Limettensaft
2 TL Zucker | 1 cl Zuckersirup | 6 cl weißer Rum
1 Spritzer kohlensäurehaltiges Mineralwasser

AUSSERDEM: Tumbler (15 cl) | Stößel | gestoßenes Eis | Trinkhalm

1 Die Minzeblätter waschen und trockentupfen. Mit dem Limettensaft, dem Zucker und dem Zuckersirup in den Tumbler geben. Die Minze mit dem Stößel etwas anquetschen. Den Rum darüber gießen und das Glas mit gestoßenem Eis auffüllen.

2 Den Drink mit dem Mineralwasser abspritzen und von oben nach unten einmal kräftig durchrühren. Den Drink mit dem Trinkhalm servieren.

Rote Zora

Der Drink schmeckt fruchtig, hat durch das **Basilikum** aber auch eine **feinwürzige Note.** Sie können die Rote Zora noch mit einer Erdbeere oder einer Zitronenscheibe am Glasrand dekorieren.

ZUBEREITUNGSZEIT: CA. 5 MIN.
PRO DRINK: CA. 175 KCAL | FÜR 1 DRINK

4 große Blätter Basilikum | 2 cl Limoncello (ital. Zitronenlikör)
3 Erdbeeren (50 g) | 2 cl Wodka | 2 cl Aperol | 1 cl Erdbeersirup

AUSSERDEM: großes Cocktailglas (30 cl) | Stößel | gestoßenes Eis
elektrischer Mixer | Trinkhalm

1 Die Basilikumblätter waschen, trockentupfen, in Streifen schneiden und in das Glas geben. Den Limoncello darüber gießen und das Basilikum mit dem Stößel anquetschen.

2 Die Erdbeeren waschen, putzen und klein würfeln. Mit dem Wodka, dem Aperol, dem Erdbeersirup und 4–5 EL gestoßenem Eis im Mixer zu einer homogenen Flüssigkeit durchmixen.

3 Glas zu einem Drittel mit gestoßenem Eis auffüllen. Inhalt des Mixers hineinrühren und Drink mit Trinkhalm servieren.

Yellow Mellow

Schnell gemixt und **einfach erfrischend:** Zitronenmelisse und Bitter Lemon verleihen dem fruchtigen Drink eine **feinherbe Note.** Für das »crushed ice« Eiswürfel in ein Küchentuch einschlagen und mit einem Holzhammer zerkleinern.

ZUBEREITUNGSZEIT: CA. 5 MIN.
PRO DRINK: CA. 60 KCAL | FÜR 1 DRINK

6–8 Blätter Zitronenmelisse | 1 gelbe Kiwi (geputzt 85 g)
4 cl Ananassaft | 1 Spritzer Rose's Lime Juice
eiskaltes Bitter Lemon zum Auffüllen

AUSSERDEM: elektrischer Mixer | großes Cocktailglas (30 cl)
gestoßenes Eis | Trinkhalm

1 Die Zitronenmelisse waschen, trockentupfen und in feine Streifen schneiden. Die Kiwi schälen und klein würfeln. Zitronenmelisse, Kiwi, Ananassaft und Lime Juice im Mixer durchmixen, bis eine homogene Flüssigkeit entstanden ist.

2 Das Cocktailglas bis kurz unter den Rand mit gestoßenem Eis auffüllen. Den Inhalt des Mixers darüber gießen. Den Drink mit Bitter Lemon aufgießen und mit dem Trinkhalm servieren.

Melosa

Salbei aromatisiert den frischen Cocktail und passt zum kräftigen **Tequila.** Melosa mal als Digestif nach einem mediterranen Menü servieren: Mit seiner **feinen Süße** von Likör und Sirup und der sahnigen Konsistenz kann der Drink auch das Dessert ersetzen.

ZUBEREITUNGSZEIT: CA. 5 MIN.
PRO DRINK: CA. 190 KCAL | FÜR 1 DRINK

4 kleine Blätter Salbei (+ 1 kleiner Zweig für die Deko) | 2 cl brauner Tequila | 3 cl grüner Melonenlikör | 1/2–1 cl frisch gepresster Limettensaft | 1 cl Triple-Sec-Sirup (ersatzweise Zuckersirup) | 2 cl Sahne

AUSSERDEM: Shaker | Eiswürfel | Barsieb | Cocktailschale (15 cl)

1 Salbeiblätter und -zweig waschen, trockentupfen. Blätter in Streifen schneiden und in den Shaker geben. Den Tequila, den Melonenlikör, den Limettensaft, den Triple-Sec-Sirup und die Sahne mit 4 Eiswürfeln dazugeben. Den Shaker verschließen und etwa 20 Sek. kräftig schütteln.

2 Den Inhalt des Shakers durch das Barsieb in die Cocktailschale gießen. Den Salbeizweig in den Drink stellen, den Drink sofort servieren.

Frisches Grün mit Spirituosen und/oder Säften zu begießen ist **Trend.** *Warum das so ist? Mit den hier vor-gestellten Drinks haben Sie es* **schnell herausgeschmeckt!** *Hinten links Rote Zora, dann im Uhrzeigersinn weiter mit Melosa, Mojito und Yellow Mellow.*

Löwenzahn-Bitterlikör

Grüngelb in der Farbe und feinherb im Geschmack kurbelt der **Kräuterbitter** nicht nur die Verdauung an – er wirkt außerdem **gefäßstärkend** und beruhigend.

ZUBEREITUNGSZEIT: CA. 30 MIN.
RUHEZEIT: CA. 6 WOCHEN
PRO GLÄSCHEN (2 CL) CA. 20 KCAL
ERGIBT CA. 900 ML

30 g Löwenzahnblüten | 20 g Löwenzahnblätter
20 g Löwenzahnwurzeln
300 ml reiner Alkohol (90 %ig; Apotheke)
60 g Zucker

AUSSERDEM

1 weithalsige Flasche von ca. 1 l Inhalt | mehrere kleine Flaschen zum Abfüllen des fertigen Likörs

1 Die Löwenzahnblüten und -blätter vorsichtig in stehendem Wasser waschen, in einem Sieb gut abtropfen lassen. Die Wurzeln waschen, die braunen Häute abstreifen (mit dem Daumennagel nachhelfen). Alles klein schneiden und in die Flasche geben. Mit dem Alkohol übergießen und verschlossen etwa 3 Wochen im Dunkeln stehen lassen, die Flasche ab und zu schütteln.

2 Den Löwenzahnextrakt durch einen Kaffeefilter seihen. 600 ml Wasser mit dem Zucker aufkochen, abkühlen lassen. Unter den Löwenzahnextrakt mischen und noch einmal durch einen doppelten Kaffeefilter seihen. In Flaschen füllen und am besten nochmals 3 Wochen dunkel ruhen lassen.

Mohnblüten-Bitter

Die **rote Farbe** erinnert an einen italienischen Bitterlikör und auch das fruchtig-herbe Aroma ist ähnlich. Schmeckt als **Aperitif mit Prosecco** oder Orangensaft.

ZUBEREITUNGSZEIT: CA. 30 MIN.
RUHEZEIT: CA. 6 WOCHEN
PRO GLÄSCHEN (2 CL) CA. 45 KCAL
ERGIBT CA. 800 ML

30 dunkelrote Mohnblüten
450 ml reiner Alkohol (90 %ig; Apotheke)
2 EL Zitronensaft | 2 große unbehandelte Orangen
20 g Chinarinde (Apotheke)
2 EL Pimentkörner | 2 Sternanis
2 Zweige Zitronenverbene | 150 g Zucker

AUSSERDEM

Kaffeefiltertüten | mehrere kleine Flaschen zum Abfüllen des fertigen Bitters

1 Die Mohnblütenblätter abzupfen und mit 150 ml Alkohol und dem Zitronensaft in ein Glas geben, verschließen. Orangen heiß waschen, mit einem Zestenreißer die Schalen abraspeln. Schalen mit Chinarinde, Piment, Sternanis und Zitronenverbene in ein zweites Glas geben, mit 300 ml Alkohol übergießen. Beide Ansätze 2 Wochen an einem dunklen Platz ziehen lassen, ab und zu schütteln.

2 Den Zucker mit 550 ml Wasser aufkochen, abkühlen lassen. Beide Alkoholansätze nacheinander durch einen doppelten Kaffeefilter seihen, Die Filtertüten fest ausdrücken. Beide Ansätze mit dem Zuckersirup vermischen, in eine Flasche füllen und verschließen. 4 Wochen dunkel ruhen lassen, dann nochmals durch einen doppelten Kaffeefilter seihen, in Flaschen füllen.

*Den einen **vor dem Essen,** den anderen danach: Mohnblüten-Bitter (rechts) lässt sich ähnlich wie Campari oder Aperol mit Sekt oder Prosecco, Säften oder Soda zum **Aperitif** verlängern; ein Schlückchen Löwenzahn-Bitter (links) **»after dinner«** räumt den Magen auf.*

Glossar. Knapp 2 Quadratmeter **Balkon,** mittags zwei Stündchen Sonne – das ist alles, was wir **Kräutern** bieten können. Hier **20 pflegeleichte** und oft verwendete Balkon- und Gartenpflänzchen, jeweils mit **Mini-Rezept** für vier Personen.

BASILIKUM (EUROPÄISCHES). Wird meist im Töpfchen angeboten. Am besten gleich in größeren Plastiktopf umpflanzen. Ist ein echtes Sommerpflänzchen, braucht viel Sonne, trockene, aber nährstoffreiche Erde und muss vor Wind und Kälte geschützt werden. Basilikum darf frühestens Ende Mai raus, denn es überlebt kühle Frühlingsnächte unter 8 °C nicht. Töpfchen sind gut geeignet für die Küchenfensterbank. Damit man lange etwas davon ernten kann, immer ganze Stiele oberhalb der untersten Blätter abschneiden. So können neue Blättchen nachwachsen.

Insalata caprese: Für eine kleine Vorspeise. 250–300 g Büffelmozzarella und 4–5 reife Tomaten in Scheiben schneiden. Scheiben dachziegelartig anordnen, kräftig salzen und pfeffern. 1 dickes Bund Basilikum (möglichst mit kleinen Blättchen) waschen. Blättchen abzupfen, auf Küchenpapier trocknen, über Mozzarella und Tomaten streuen. Den Salat mit bestem Olivenöl beträufeln.

BERGBOHNENKRAUT. Gedeiht gut im Kasten neben Petersilie und Majoran und braucht einen warmen, sonnigen Freiluftplatz. Das immergrüne Bergbohnenkraut ist robust, mehrjährig und schmeckt würziger als das zartere Bohnenkraut. Bestes Aroma vor oder während der Blüte. Im Winter mit Reisig vor Frost schützen.

Bohnenkraut am besten vor der Blütezeit ernten. Es sollte mitgekocht werden und behält auch getrocknet Geschmack.

In Butter geschwenktes Bohnengemüse: Als Beilage. 200 g breite Bohnen und 200 g feine grüne Bohnen waschen und putzen. Breite Bohnen schräg in 1 cm breite Stücke schneiden. Aus 400 g frischen Bohnenschoten Dicke Bohnen herauslösen. Reichlich Wasser aufkochen, mit 1 EL Salz und 2–3 Zweigen Bergbohnenkraut aromatisieren. Bohnensorten darin nacheinander in jeweils 4–6 Min. bissfest blanchieren, abschrecken, Dicke Bohnen häuten. Zum Servieren 1 Zwiebel und 1 Knoblauchzehe ganz fein würfeln und in 3 EL Butter glasig dünsten. Die Bohnen dazugeben und mit erhitzen, kräftig salzen und pfeffern und mit 1 TL fein gehacktem Bohnenkraut bestreut servieren.

DILL. Wurzelt tief – deshalb in tiefe Töpfe oder Balkonkästen einpflanzen und nicht umtopfen. Dill braucht reichlich Sonne und auch Dünger – dann kann er im Garten bis zu 2 m hoch werden. Kalkreiche Erde bietet Schutz vor Blattläusen. Nicht nur die zart fedrigen Blättchen schmecken. Dolden und Samen lassen sich gut zum Einlegen von Gurken und anderem Gemüse verwenden. Dill immer frisch verwenden, nicht mitkochen.

Zaziki: 1/2 Gurke schälen und längs halbieren. Kerne mit einem Löffel auskratzen. Gurke raspeln und mit Salz bestreuen. 10 Min. Wasser ziehen lassen. 300 g Sahnejoghurt mit 1 EL Zitronensaft cremig rühren. 1–2 Knoblauchzehen schälen und zum Joghurt pressen. 1 kleines Bund Dill waschen, trockenschütteln, Blättchen fein schneiden. Joghurt mit dem Knoblauch und dem Dill glatt rühren. Gurkenraspel gut ausdrücken und unterrühren. Zaziki kräftig mit Salz und Pfeffer abschmecken.

ESTRAGON. Der weniger anspruchsvolle russische Estragon lässt sich durch Aussäen, der feinere französische nur durch Teilung des Wurzelstocks züchten. Setzlinge gibt es bei Gärtnereien. Beide Sorten brauchen viel Sonne und leichten, durchlässigen Boden. Im Winter mit Laub abdecken. Estragon darf kurz mitgegart werden und lässt sich auch trocknen.

Estragon-Béarnaise: Zu hellem Fleisch oder gedünstetem Gemüse. 4 Stängel Estragon waschen. 50 ml trockenen Weißwein und 1 EL Estragonessig mit 3 Stängeln Estragon und 1 grob zerkleinerten Frühlingszwiebel aufkochen und bei starker Hitze bis auf 2–3 EL einkochen lassen, dann abseihen und etwas abkühlen lassen. Estragonblättchen vom restlichen Stängel fein hacken. 120 g Butter schmelzen. 3 zimmerwarme Eigelbe mit 1 EL Estragonsud, etwas Salz und Pfeffer verrühren und über einem heißen Wasserbad weißschaumig schlagen. Löffelweise flüssige Butter unterschlagen, bis eine dickcremige Sauce entsteht, den restlichen Kräutersud unterrühren. Sauce mit Salz und Pfeffer abschmecken, gehackten Estragon unterrühren.

KERBEL. Ideal für ungeduldige Gärtner: Samen im März im Balkonkasten oder Garten aussäen, schon im späten Frühjahr kann man ernten – falls man einen sonnigen bis halbschattigen Platz gewählt und den Boden immer ein wenig feucht gehalten hat. Staunässe vertragen die Blättchen aber nicht. Kerbel nicht neben Minze pflanzen. Die Blättchen vor der Blüte ernten, dann schmecken sie am aromatischsten. Entweder einzeln abzupfen oder ganz abschneiden. Die Pflanze wächst schnell nach. Kerbel am besten frisch verwenden oder nur ganz kurz mitkochen.

Kerbelsuppe: Gut 2 Hand voll Kerbel waschen, trockenschütteln und ohne die groben Stiele sehr fein hacken. 2 Schalotten schälen und ebenfalls sehr fein hacken. 2 EL Butter schmelzen, Schalotten darin andünsten. Die Hälfte des Kerbels ganz kurz mitdünsten. 2 EL Mehl einrühren, gut 750 ml Gemüsebrühe angießen und aufkochen lassen. Suppe mit Salz und Pfeffer abschmecken und knapp 10 Min. bei schwacher Hitze ziehen lassen. 100 g Sahne steif schlagen und mit dem frischen Kerbel vor dem Servieren untermixen.

KORIANDERGRÜN. Lässt sich im Frühjahr in Töpfen, Kästen oder im Garten aussäen. Einfach Samen lose auf feuchte Erde legen. Oder als vorgezogenes Pflänzchen kaufen und einsetzen. Bei nährstoffreichem Boden, etwas Sonne, genügend Wasser und – ganz wichtig! – an einem windgeschützten Platz gedeiht Koriandergrün auch in unseren Breitengraden im Sommer üppig und schnell. Nicht blühen lassen! Sonst verliert das Kraut an Aroma. Blätter, Stiele und Wurzeln sind essbar. Blätter nicht lange mitkochen lassen, sondern klein geschnitten erst zum Schluss über die Speisen streuen. Können weder getrocknet noch eingefroren werden. Wurzeln mit 1–2 cm Stängel abschneiden, gründlich abspülen und in Brühen oder Currys einfach mitkochen.

Koriander-Relish: Zum Nachwürzen bei Tisch. 3 EL Fischsauce und 3 EL Limettensaft mit 1 Prise braunem Zucker glatt rühren. 1 Bund Koriandergrün waschen, trockenschütteln, Blättchen fein schneiden. 1 grüne Chili putzen, entkernen, waschen und hacken. Alles verrühren, mit Fischsauce oder Salz und Pfeffer abschmecken.

KRESSE. Kapuzinerkresse ist unkompliziert: Einfach die Samen in oder auf nährstoffreiche Erde streuen und gießen. Schon nach 1 Woche zeigt sich erstes Grün, nach einigen Tagen kann man ernten. Kapuzinerkresse verträgt auch kühlere Temperaturen. Brunnenkresse braucht viel Feuchtigkeit. Im Garten am Teichrand pflanzen. Vorsicht: Kresse zieht Läuse an. Deshalb nicht neben andere schädlingsgefährdete Pflanzen setzen. Kresse am besten frisch über Salate oder Gemüsegerichte streuen und nicht mitgaren.

Kresserührei: Für 2 Portionen 4 Eier (Größe L) mit 4 EL Milch verquirlen und mit Salz, Pfeffer und Muskat würzen. 1 Kressebeet abschneiden. Ein Drittel der Blättchen unter die Eiermischung rühren. 1 EL Butter in einer Pfanne erhitzen. Eier dazugeben, mit einem Holzspatel umrühren

und immer wieder vom heißen Pfannenboden lösen. Das cremige Rührei sofort mit restlicher Kresse bestreut servieren.

LIEBSTÖCKEL. Die robuste Staude kann im Garten fast 2 m hoch wachsen und bis zu 15 Jahre alt werden. Liebstöckel gedeiht auch in einem tiefen Topf gut, wenn er ausreichend Platz für seine Wurzeln hat, nicht gerade in der prallen Sonne stehen muss und gut gegossen wird. Liebstöckel im Winter mit Reisig abdecken. Im Sommer lockt die Pflanze mit ihren blassgelben Blüten Bienen an. Liebstöckel darf mit seinem intensiven Aroma ruhig mitkochen, gibt Brühe oder Sauce Geschmack. Frisch nur sparsam verwenden.

Linsen mit Liebstöckel: 300 g Linsen über Nacht in Wasser einweichen lassen, dann abgießen. 50 g fetten Speck würfeln, 1 Zwiebel schälen und fein würfeln, 1 Bund Suppengrün putzen, waschen und würfeln. Den Speck auslassen, Zwiebeln im Speckfett anrösten. 2 EL Mehl darüber stäuben und nussbraun anrösten. Das Suppengrün kurz mitdünsten, dann die abgetropften Linsen und 2 Stängel Liebstöckel dazugeben. Etwa 750 ml Fleischbrühe angießen und alles zugedeckt 45 Min. garen lassen. Linsen mit Salz und Pfeffer abschmecken und mit 2–3 EL frisch gehacktem Liebstöckel bestreut servieren.

LORBEER. Lorbeerbäumchen gedeihen auch in unseren Breitengraden. Am besten eine kleine Pflanze beim Gärtner kaufen, in Terrakottatopf pflanzen und hochpäppeln. Die immergrünen Sträucher sind nicht winterhart. Erst nach den Eisheiligen (Mitte Mai) den Topf nach draußen stellen. Lorbeer braucht viel Sonne, wächst aber auch im Halbschatten. Die Pflanze regelmäßig gießen und düngen. Im Winter kühl stellen (Treppenhaus). Lorbeerblätter mitkochen. Frische Blätter würzen intensiver als getrocknete aus der Tüte.

Frischer Lorbeer zu Fisch: 3–4 frische Lorbeerblättchen waschen, abtrocknen und in Streifen schneiden. 600 g Fischfilet waschen, trockentupfen, mit dem Saft von 1/2 Zitrone säuern und salzen. Lorbeer und Fischstückchen in 2 EL Butter kurz anbraten und in 5–7 Min. gar dünsten.

MAJORAN.

Am besten eine junge Pflanze besorgen, aussäen ist schwierig. Im Topf auf der Fensterbank gedeiht Majoran schon ab März. Da er empfindlich auf Kälte reagiert, sollte er nicht vor Ende Mai nach draußen. Dort einen sonnigen Platz in leichtem, durchlässigem Boden reservieren, Erde z. B. mit etwas Sand vermischen. Majoran schmeckt frisch, darf mitgaren und behält auch getrocknet Geschmack.

Knusprige Majoran-Kartoffeln: 800 g kleine neue Kartoffeln gründlich abbürsten, mit Schale kochen und abkühlen lassen. 1 Hand voll Majoranblättchen waschen und trockentupfen. Pellkartoffeln halbieren und mit Schale frittieren. Mit Meersalz, grob gemahlenem Pfeffer und reichlich gehacktem Majoran bestreuen.

MINZE.

Fertige Pflanzen kaufen, an einen halbschattigen Platz setzen und kräftig gießen. Gute Nachbarn im Blumenkasten sind Zitronenmelisse und Liebstöckel, die ebenfalls feuchten Boden lieben. Nicht neben Kerbel pflanzen. Beste Erntezeit ist im Juni kurz vor der Blüte. Manchmal wächst Minze so gut nach, dass man sie im Herbst nochmals komplett abernten kann. Achtung: Minze zieht Läuse an. Minze frisch über fertige Gerichte streuen oder kurz mit erhitzen. Lässt sich gut trocknen. Kräftig nach Menthol schmeckt Pfefferminze, milder Ananas-, Apfel- oder Orangenminze.

Marokkanischer Minztee: Für 2 Teegläser gut 400 ml Wasser aufkochen und etwas abkühlen lassen. 2 TL chinesischen Grüntee (z. B. Gunpowder) in einer vorgewärmten Kanne mit dem heißen Wasser übergießen, 1–2 Min. ziehen lassen. Inzwischen 2 große frische Minzezweige waschen, trockenschütteln und in eine zweite Kanne geben. Zucker nach Belieben darüber streuen. Einige Minzeblätter mit einem Löffel etwas zerquetschen. Den Tee über die Minze und den Zucker abseihen, nochmals 3 Min. ziehen lassen und in Teegläser abgießen. Mit frischer Minze garnieren.

OREGANO.

Pflegeleichtes Pflänzchen, das im Garten und im Topf gedeiht. Oregano braucht nur kargen Boden, allerdings unbedingt Sonne und Wärme und darf deshalb erst frühestens Mitte Mai nach draußen. Am besten vorgezogene Pflänzchen aus der Gärtnerei besorgen. Im Winter Oregano im Freiland zum Schutz vor Kälte mit Reisig abdecken. Oregano darf mitkochen. Getrocknet intensiviert er noch seinen Geschmack: 1 TL getrocknete Blättchen würzt so stark wie 1 EL frische.

Marinierter Feta: 200 g griechischen Feta-Schafkäse in Würfel schneiden oder klein zerbröckeln. Stücke nebeneinander in eine kleine Schüssel legen. 3 EL grob gehackten Oregano darüber streuen. 50 ml natives Olivenöl extra mit etwas Salz und reichlich Pfeffer vermischen, 1 Knoblauchzehe dazupressen. Gewürztes Öl über den Schafkäse träufeln und diesen mind. 1 Std. ziehen lassen. Hält sich im Kühlschrank zugedeckt 1–2 Tage. Für vier »Veggie-Döner« ein großes Fladenbrot vierteln und aufbacken. Heiße Viertel aufschneiden und sofort mit Salatstreifen, Tomatenscheiben, Frühlingszwiebelringen und mariniertem Schafkäse füllen. Mit Paprikaflocken (»pul biber«) bestreuen.

PETERSILIE.

Engagierte Gärtner säen sie selbst aus (März bis August), Ungeduldige holen sich Setzlinge aus der Gärtnerei, pflanzen sie im Halbschatten, gießen und düngen sie regelmäßig. Haupterntezeit ist dann im Sommer. Petersilie im Topf sollte an einem frostfreien Platz überwintern. Bei Platzmangel im Balkonkasten oder Kräuterbeet, Flächen besser für exotischere Kräuter aufsparen. Denn Petersilie bekommt man frisch rund ums Jahr in jedem Supermarkt. Blätter frisch und fein gehackt verwenden. Stiele auch mal mitkochen. Petersilie lässt sich problemlos einfrieren.

Petersilienkartoffeln: Als Beilage. 600–800 g fest kochende Kartoffeln schälen und in wenig Salzwasser in 20–30 Min. garen, abseihen und in eine Schüssel füllen. Schon kurz vor Ende der Garzeit 1/2 Bund Petersilie waschen und trockenschütteln, Blättchen fein hacken. 2–3 EL Butter aufschäumen, Petersilie und Salz dazugeben und sofort heiß über die abgegossenen Kartoffeln gießen.

ROSMARIN.

Für den Sonnenanbeter einen Terrakottatopf sowie den hellsten Platz auf Balkon oder Terrasse reservieren. Rosmarin darf erst ab Ende Mai, wenn kein Frost mehr droht, ins Freie. Auf eher trockenem Boden wächst der Mittelmeerklassiker dann bestens, einmal düngen genügt. Manche Pflanzen überstehen – bedeckt mit Reisig – kurze Frostperioden ganz gut, längere jedoch nicht. Im Haus ist es ihnen im Winter aber zu warm. Suchen Sie einen hellen, kühlen Platz (bis 10 °C). Rosmarin wird nur selten frisch verwendet, besser mitkochen, -braten oder -grillen. Die Zweige lassen sich gut trocknen.

Rosmarin-Spieße mit Lamm: 4 große, kräftige Rosmarinzweige waschen und trockenschütteln. Blättchen bis auf ein Büschel am oberen Ende von den Zweigen abstreifen. Das untere Ende der Zweige mit einem scharfen Messer schräg anspitzen. 2 EL Rosmarinnadeln fein hacken und mit dem Saft von 1 Zitrone, 3 EL Olivenöl, Salz und Pfeffer verrühren. 2–3 Knoblauchzehen dazupressen. 400 g Lammfilet in etwa 2 cm große Würfel schneiden. Würfel in der Mitte mit einer Stricknadel oder einem dicken Spieß durchbohren. Fleisch auf Rosmarinzweige stecken, nach Belieben abwechselnd mit Cocktailtomaten und mit gut der Hälfte der Marinade vermischen. Backofen auf 225 °C (200 °C Umluft) vorheizen. Die Spießchen nebeneinander auf eine geölte ofenfeste Platte oder in eine flache ofenfeste Form legen. Im heißen Ofen (Mitte) 15–20 Min. backen oder auf dem Holzkohlegrill grillen.

SALBEI. Pflegeleicht: Salbei liebt Sonne, und trockenen, leicht kalkhaltigen Boden, gedeiht im Freiland ebenso wie im Topf auf dem Balkon. Die Pflanze ist winterfest, sollte aber mit Reisig und Laub bedeckt vor Frost geschützt werden. Wunderschön blüht Wiesensalbei. Die Blätter mitkochen oder -braten. Mit Fett, z. B. Olivenöl, kommt das Salbeiaroma besonders angenehm zur Geltung. Salbei lässt sich gut trocknen und auch einfrieren.

Saltimbocca: Für eine kleine Vorspeise 4 sehr dünne Kalbsschnitzel (à 80 g, am besten vom Metzger mit der Aufschnittmaschine schneiden lassen) und 4 hauchdünne, große Scheiben Parmaschinken in 2–3 Stücke schneiden. Entsprechend 8–12 größere Salbeiblätter waschen und trockentupfen. Jedes Stück Fleisch kräftig pfeffern, vorsichtig salzen, mit 1 Scheibchen Schinken und 1 Salbeiblatt belegen und mit 1 Holzspießchen (Zahnstocher) feststecken. Saltimbocca in einer großen Pfanne in Olivenöl 1–2 Min. von jeder Seite braten und warm stellen. Bratensatz mit

1 Schuss Weißwein lösen, aufkochen und über die Schnitzelchen träufeln.

SCHNITTKNOBLAUCH. Wächst gut im Topf und kann auch aus Samen selbst gezogen werden. Er braucht ein warmes, sonniges Plätzchen, muss öfter gegossen und gedüngt werden und mag nicht neben Petersilie stehen. Die Blüten sehen nicht nur dekorativ aus, sie schmecken auch gut. Für bestes Aroma Schnittknoblauch

mit der Schere schneiden und nicht lange mitkochen, sondern erst kurz vor Ende der Garzeit an das Gericht geben. Mit dem festeren Schnittknoblauch lassen sich Wan-Tan-Beutelchen und Ähnliches besser schnüren als mit Schnittlauchhalmen.

Rindfleisch mit Schnittknoblauch: Für 4 Portionen 500 g Rinderlende in dünne Streifen schneiden. 2 EL Reiswein oder Sherry mit 2 EL Sojasauce, 1 EL braunem Zucker, 1 EL fein geriebenem Ingwer und 1 EL grob gemahlenem Pfeffer verrühren. Fleisch darin marinieren. 1 Bund Schnittknoblauch waschen. Wurzeln abschneiden. Halme schräg in etwa 1/2 cm lange Stückchen schneiden. Mariniertes Rindfleisch in jeweils 1 EL Öl portionsweise 2–3 Min. braten, dann aus dem Wok oder der Pfanne nehmen. Schnittknoblauch ganz kurz

darin andünsten. 200 ml Rindfleischfond mit 1 EL Speisestärke verrühren, dazugießen und aufkochen. Fleisch untermischen, gut erhitzen und sofort mit Reis servieren.

SCHNITTLAUCH. Ein dankbares Kraut für Garten oder (Plastik-)Blumentopf: Schnittlauch mag Sonne, aber auch Halbschatten und liebt feuchten, nährstoffreichen Boden, deshalb regelmäßig gießen und düngen. Am besten mit der Küchenschere schneiden, so bleiben die Röllchen saftiger. Schnittlauch immer frisch verwenden, nicht mitkochen. Salate mal mit ganzen Halmen mit Knospen dekorieren. Dekorativ und lecker: die zarten Blüten.

Schnittlauchbrot: 4 Scheiben frisches dunkles Bauernbrot großzügig mit Butter, Frischkäse oder Quark bestreichen, kräftig salzen und pfeffern. 2 große Bund Schnittlauch waschen, trockenschütteln und – am besten mit einer scharfen Schere – in feine Röllchen schneiden. Die Brote üppig mit Schnittlauchröllchen bestreuen.

THAI-BASILIKUM. Ob süß oder scharf, Thai-Basilikum wächst im Sommer auch bei uns ausgezeichnet: auf der Fensterbank, dem Balkon oder auf der Terrasse. Das hitzeliebende Kraut braucht allerdings viel Sonne. In Asienläden oder bei Samenhandlungen bzw. -versandhäusern bekommen Sie die Samen und in Gärtnereien oder sogar Supermärkten auch die kleinen Pflanzen im Töpfchen. Am besten gleich in größere Kübel oder Kästen pflanzen. Thai-Basilikum darf im Gegensatz zu europäischem auch mal kurz mitgaren, besser streuen Sie es aber frisch über fertige Gerichte oder mischen es zum Schluss unter.

Hähnchen-Curry mit Thai-Basilikum: 1 Bund Thai-Basilikum waschen, trockenschütteln. Blättchen abzupfen. 400 g Hähnchenfilet in Streifen schneiden. 1 Stange Lauch putzen, waschen und in feine Streifen schneiden. Hähnchenstreifen in heißem Öl in 3–4 Min. anbraten, aus dem Wok oder der Pfanne nehmen.

Lauch 1–2 Min. braten. 1 EL gelbe Curry-paste dazugeben. 1 Dose Kokosmilch angießen, aufkochen und etwas einko-chen lassen. Mit Sojasauce und Pfeffer abschmecken. Hähnchen mit Thai-Basili-kum bestreut servieren.

THYMIAN. Dieses mediterrane Kraut braucht reichlich Wärme und Sonne und liebt trockenen, kargen Boden etwa wie Rosmarin, ist aber nicht ganz so kälte-empfindlich. Am besten kleine Pflänzchen kaufen und in kalkhaltige Erde setzen – aber nicht vor Mai! Sparsam gießen. Im Winter Freiland-Thymian mit Laub und Reisig abdecken, Töpfe an frost-geschützte Plätze stellen. Immer ganze Thymianzweige ernten, nicht nur die Blättchen abstreifen. Thymian am besten mitgaren oder -schmoren. Würzt auch getrocknet noch intensiv.

Thymian-Zucchini-Frittata: 1 Bund Thymian waschen, Blättchen von den Stielen streifen. 1 dünnen Zucchino waschen und in dünne Scheibchen schneiden. 1 Knoblauchzehe fein hacken. Zucchini mit Thymian und Knoblauch mischen. 4 Eier (Größe M) mit 2 EL Sahne verquirlen, mit Salz und Cayennepfeffer kräftig würzen. Die gewürzten Zucchini in 2 EL heißem Öl 4–5 Min. goldbraun anbraten, kräftig mit Salz und Pfeffer würzen. Eiermilch dazugießen und gleich-mäßig in der Pfanne verteilen. Bei schwa-cher Hitze zugedeckt in 8–10 Min. stocken lassen. Wenn die Oberfläche noch leicht glänzt, Frittata auf einen Pfannendeckel oder großen Teller gleiten lassen und umgedreht wieder in die Pfanne geben. Zugedeckt in 3–5 Min. fertig backen. Zum Servieren vierteln.

ZITRONENMELISSE. Am besten im Topf kaufen oder sich vom Nachbarn einen Ableger schenken lassen. An einen ge-schützten Platz pflanzen, reichlich gießen und schon bald ein grünes Wunder er-leben: Zitronenmelisse breitet sich rasant

aus. Mit ihrem frischen Duft zieht sie Bienen magisch an, allerdings leider auch Läuse. Deshalb Zitronenmelisse nicht neben Rosen pflanzen. Blättchen immer frisch verwenden. Geben nicht nur süßen Desserts und Sommerdrinks eine fein-zitronige Note, sondern passen auch zu Pikantem sehr gut, dürfen aber nur ganz kurz mitgaren. Zitronenmelisse verliert getrocknet deutlich an Aroma.

Obstsalat mit Zitronenmelisse-Dressing: 3 EL Zitronensaft mit 2 EL Aka-zienhonig und 1 EL Orangenlikör verrüh-ren. 3 Stängel Zitronenmelisse waschen, trockenschütteln. Blättchen abzupfen. Einige Blättchen zum Garnieren beiseite legen, restliche in feine Streifen schneiden und mit dem Zitronensaft verrühren. Obst der Saison (z. B. 1 Honigmelone, 1 Nekta-rine, 1 Birne, 250 g Erdbeeren) waschen bzw. schälen, putzen, entkernen oder entkelchen und in Stücke schneiden. Sofort mit dem Dressing verrühren und 20 Min. Saft ziehen lassen. Dann noch-mals abschmecken und mit Zitronen-melisse garniert servieren.

Kräutergerichte und Getränke sollen harmonieren: Wenn sich möglichst viele Geschmacksnoten entsprechen, wird die Kombination als gut empfunden. Beim Wein heißt es also, das entsprechende Aroma zum Grün zu finden.

ZU HEIMISCHEN KRÄUTERN IN LEICHTEN GERICHTEN wie Arme Ritter von Nordseekrabben (S. 92), Maultaschen mit Wildkräuterfüllung (S. 106) oder Spargel (S. 132) passt ein kräftiger Weißwein aus Deutschlands nördlicheren Regionen, z. B. ein trockener Riesling Spätlese von der Mosel oder aus dem Rheingau. Auch ein Weißwein aus dem Burgund (Viré-Clessé) oder von der Rhône (Condrieu) harmoniert gut mit diesen Kräutern.

DEFTIGERE GERICHTE MIT HEIMISCHEN KRÄUTERN, etwa Grüne Bohnen mit Kartoffeln (S. 140), Tunfisch mit Kräuter-Dattelsauce (S. 153), Kalbsmedaillons (S. 163) oder Lorbeer-Hähnchen im Heubett (S. 176) mögen etwas Gehaltvolleres. Ein kräftigerer Weißburgunder aus Baden, ein Rosé aus der Toskana oder aus Venetien (Bardolino Chiaretto), sogar ein nicht zu schwerer Roter aus dem Languedoc kommen in Frage.

MEDITERRANE KRÄUTER IN LEICHTEREN ZUBEREITUNGEN wie Rucola mit Orange und gratiniertem Thymian-Ziegenkäse (S. 70), Bruschette mit Kirschtomaten und Basilikum (S. 87), Ratatouille mit Zitronenthymian (S. 130) und Seehecht mit Kräutern und Muscheln (S. 152) lassen sich gern mit einem kräftigeren Weißwein wie einem Riesling Spätlese aus der Pfalz, einem Gewürztraminer ein. Auch ein heller Rotwein aus dem Elsass (Pinot Noir) oder sogar ein kräftigerer Rotwein aus dem Languedoc (Minervois) passt.

MEDITERRANE KRÄUTER IN DEFTIGEN GERICHTEN, z. B. Bandnudeln mit Wildschwein und frittiertem Salbei (S. 111), gratinierte Polenta (S. 118), Krake mit Fenchelgrün (S. 158) oder Toskanischer Kräuterbraten (S. 169) verlangen auch nach kräftigeren Rotweinen wie einem Blauen Spätburgunder Spätlese aus Baden, Chianti Classico Riserva, einem Carbio aus Umbrien, einem Bordeaux Supérieur oder einem Caramany aus dem Roussillon.

EXOTISCH GEKRÄUTERTE GERICHTE DER LEICHTEN ART wie zum Beispiel Tabouleh (S. 72), Thai-Salat mit Roastbeef (S. 74), Asianudeln mit Enten-

bruststreifen (S. 108) oder Reis mit Spinat, Kichererbsen und Thai-Basilikum (S. 114) lassen sich gern von einem üppigeren Chardonnay aus Deutschland, einem duftigen Gavi di Gavi aus dem Piemont, einem kräftigen Rosé aus der Provence oder einem Chablis Premier Cru zu Tisch begleiten. Ab und zu auch hier zu Lande zu finden sind Weißweine aus China wie der Shi Huang, der sich gut mit asiatischen Gerichten verträgt.

DEFTIGERE ORIENTALISCH-ASIATISCHE SPEISEN, beispielsweise Couscous (S. 119), Süßkartoffel-Curry (S. 128), Luau-Schweinebraten (S. 172) oder Lammtajine (S. 174) ergänzt ein würzig kräftiger Rotwein wie ein Côtes du Ventoux von der südlichen Rhône, ein Cabernet-Sauvignon – Syrah aus dem Languedoc, ein Penedès aus Katalonien oder auch ein ordentlicher Dornfelder aus Rheinhessen. Auch sehr gut: ein gehaltvoller trockener Grauburgunder Barrique vom Kaiserstuhl.

ZU ALLEN SCHARF-WÜRZIGEN GERICHTEN schmeckt aber auch ein kräftig gehopftes, gut gekühltes Pils oder ein dunkles Altbier. In gut sortierten Getränkeläden findet man sogar zu den Gerichten Biere aus vielen entsprechenden Herkunftsländern. Immer passend ist schwarzer oder grüner Tee mit frischer Minze (S. 202) wie im Orient üblich, eine erfrischende Apfelsaftschorle oder einfach Mineralwasser.

Ein Bündel **Dill gekauft** und dann die Frage: wozu passt es nun? Hier einige gebräuchliche Kräuter und zu **welchen Zutaten** sie passen.

BASILIKUM. Suppen/Saucen: Tomatensuppe und -sauce, helle Sauce. **Gemüse:** Auberginen, Zucchini, Kichererbsen. **Fisch:** alle weißfleischigen Sorten (gekocht oder geschmort), Muscheln und Garnelen. **Fleisch:** Hackfleisch, Geflügel (Hähnchen, Putenbrust), Kaninchen, Lamm.

BERGBOHNENKRAUT. Suppen/Saucen: Erbsensuppe, dunkle Schmorsauce, Tomatensauce. **Gemüse:** alle Bohnensorten, Tomaten, Kürbis. **Fisch:** fettreiche Fische. **Fleisch:** Innereien, Kaninchen.

DILL. Suppen/Saucen: Spargelcremesuppe, helle Sauce, Mayonnaise, Salatsauce, Joghurtsauce. **Gemüse:** grüne Bohnen, Fenchel, Lauch, Möhren, Schmorgurken. **Fisch:** Kochfisch, Lachs, Garnelen. **Fleisch:** Kalbfleisch, Geflügel.

ESTRAGON. Suppen/Saucen: helle Sauce, Buttersauce (Hollandaise), Tomatensauce. **Gemüse:** Artischocken, Erbsen, Schmorgurken, Pilze. **Fisch:** weißfleischiges Fischfilet, Muscheln. **Fleisch:** Hähnchen, Innereien (Leber, Nieren), Lamm.

KERBEL. Suppen/Saucen: Frühlingssuppe, Kartoffelsuppe, Kräuterbutter und Kräutersauce. **Gemüse:** Schmorgurken, zarte Erbsen, Möhren, Brokkoli, Zucchini, Rote Beten. **Fisch:** Kochfisch, Forelle. **Fleisch:** Geflügel (Hähnchen, Pute).

KRESSE. Suppen/Saucen: Gurken- und Kartoffelsuppe, Sahne- und Frischkäsesauce. **Gemüse:** Kohlrabi, Möhren, Sellerie, grüner Spargel. **Fisch:** Räucherlachs, Garnelen, weißfleischiger Fisch (gekocht, im Dampf gegart), Fischklöße. **Fleisch:** Kalbfleisch, Pute, Steaks.

LIEBSTÖCKEL. Suppen/Saucen: Kartoffelsuppe, Gemüsesuppe, Hühnerbrühe, Gulaschsuppe, Schmorsauce. **Gemüse:** rote Paprikaschoten, grüne und dicke weiße Bohnen, Linsen, Mangold. **Fisch:** Kochfisch, Aal, Forelle. **Fleisch:** Tafelspitz, Geflügel (Hähnchenschenkel, Tauben), Kalb, Spanferkel.

MAJORAN. Suppen/Saucen: Tomatensuppe und -sauce, Brotsuppe, Minestrone, Salatsauce, Kräuterschmalz. **Gemüse:** Kartoffelauflauf, Schmorgemüse, Paprikaschoten (mit Tomaten), Lauch. **Fisch:** Forelle, Saibling (aus der Pfanne). **Fleisch:** Hackfleisch, Innereien (Leber), Schwein (Gulasch, Reisfleisch), Wild.

MINZE. Suppen/Saucen: kalte Joghurtsuppe und -sauce, Erbsensuppe. **Gemüse:** Auberginen, Erbsen, Schmorgurken, Pilze, Zucchini. **Fisch:** Kochfisch (Kabeljau), Schollenröllchen. **Fleisch:** Lamm, Kasseler, Kalbsleber, Hackfleisch.

OREGANO. Suppen/Saucen: Tomatensuppe und -Sauce, Muschelsuppe, Hackfleischsauce. **Gemüse:** Auberginen, Zucchini, Paprikaschoten, Zwiebeln (geschmort), Pilze (Steinpilze). **Fisch:** gemischte Meeresfrüchte, Fischeintöpfe, Lachsforelle, Rotbarben (gebraten). **Fleisch:** Hackfleisch, Hähnchen, Kaninchen, Innereien (Leber, Nieren), Wild.

ROSMARIN. Suppen/Saucen: Gemüseeintopf, Buttersauce, Kapern-Oliven-Sauce. **Gemüse:** Auberginen, Brat- oder Ofenkartoffeln, Kürbis, Möhren. **Fisch:** Rotbarsch (in Folie), Zander (gebraten). **Fleisch:** Kalb (geschmort), Rouladen, Lamm, Hähnchen, Entenkeulen, Wild.

SALBEI. Suppen/Saucen: Kartoffel- und Bohnensuppe, Tomatensauce. **Gemüse:** Möhren, Sellerie, Pilze. **Fisch:** Scholle, Makrele (gebraten), Tintenfisch. **Fleisch:** Kalb, Pute, Schwein, Lamm (Ragout), Innereien, Wild (Fasan).

SCHNITTLAUCH. Suppen/Saucen: Klare Brühe mit Gemüse, Flädle, Maultaschen, Joghurt- und grüne Sauce, Vinaigrette. **Gemüse:** Kartoffeln (Bratkartoffeln), Rote Beten, Dicke Bohnen, Spargel, Möhren, Pilze. **Fisch:** Räucherlachs, Matjesfilets, Garnelen, Fischfrikassée. **Fleisch:** Hackfleisch, Kalb, Hähnchenfilet, Geschnetzeltes, Kaninchen.

SELLERIEGRÜN. Suppen/Saucen: Kartoffel-, Gemüse- und Gulaschsuppe, Saure-Sahne-Sauce, Salatsauce, Tomatensauce. **Gemüse:** Eintöpfe, Schmorgurken, Brokkoli, Zwiebeln (gefüllt). **Fisch:** Tintenfisch (geschmort), Tunfisch (gebraten). **Fleisch:** Kalb (Kalbshaxen), Schweinefleisch (geschmort), Gulasch, Innereien.

THYMIAN. Suppen/Saucen: Erbsen-, Tomaten-, Bohnen-, Möhren- und Gulaschsuppe, Tomatensauce, Paprikasauce. **Gemüse:** Artischocken, Tomaten, Sellerie, Bohnen, Möhren, Rosenkohl, Schwarzwurzeln, Zuckerschoten. **Fisch:** Heilbutt, Brassen, Makrelen, Muscheln, Wels, Zander. **Fleisch:** Hähnchen, Entenbrustfilets, Innereien (Herz), Wild (Hase, Wachtel, Fasan).

YSOP. Suppen/Saucen: Bohnen- und Kartoffelsuppe, Salatsauce. **Gemüse:** Eintöpfe, Kartoffeln (Auflauf), Artischocken. **Fisch:** Makrelen, Lachs (gebraten). **Fleisch:** Schwein, Lammkoteletts, Hackfleisch, Wild (Ragout).

Der umgekehrte Fall: Das **Gericht** steht fest, der Garten ist voller **Kräuter.** – Welche sollen dafür geerntet werden und **passen zusammen?**

SUPPEN. Bohnensuppe: Bergbohnenkraut, Thymian, Selleriegrün, Liebstöckel. **Bunte Gemüsesuppe:** Petersilie, Kerbel, Thymian, Liebstöckel. **Erbsensuppe, grüne:** Basilikum, Thymian, Estragon, Schnittlauch oder Minze. **Fischsuppe:** Thymian, Fenchelgrün, Selleriegrün, Lorbeer. **Gulaschsuppe:** Thymian, Salbei, Liebstöckel, Selleriegrün. **Hühnersuppe:** Petersilie, Majoran, Salbei, Schnittlauch. **Kartoffelsuppe:** Petersilie, Liebstöckel, Selleriegrün, Kresse oder Rucola. **Linsensuppe:** Petersilie, Liebstöckel, Estragon. **Möhrensuppe:** Selleriegrün, Thymian, Dill. **Pilzsuppe:** Thymian, Estragon, Petersilie oder Schnittlauch. **Spargelsuppe:** Basilikum, Kerbel oder Schnittknoblauch. **Tomatensuppe:** Basilikum, Thymian, Oregano oder Kerbel.

SAUCEN. Currysauce: Koriandergrün, Schnittknoblauch, Liebstöckel, Currykraut (Mittelmeerstrohblume), Waldmeister oder Estragon. **Eiersauce, kalte:** Bärlauch, Borretsch, Petersilie, Schnittlauch, Dill, Zitronenmelisse. **Helle Sauce:** Petersilie, Dill, Schnittlauch, Basilikum oder Sauerampfer. **Mayonnaise:** Petersilie, Schnittlauch oder Schnittknoblauch, Dill, Estragon. **Salatsauce:** Petersilie, Schnittlauch, Dill, Borretsch, Zitronenmelisse oder Duftpelargonie. **Tomatensauce, deutsch:** Petersilie, Majoran, Liebstöckel, Thymian, Estragon. **Tomatensauce, italienisch:** Basilikum, Thymian, Oregano, Salbei.

GEMÜSE. Artischocken: Thymian, Estragon, Lavendel. **Auberginen:** Basilikum, Oregano, Kerbel, Salbei. **Blumen-** kohl: Petersilie, Majoran, Rosmarin, Dill oder Fenchelgrün. **Bohnen, getrocknete:** Petersilie, Majoran, Liebstöckel. **Bohnen, grüne:** Bergbohnenkraut oder Zitronenmelisse, Petersilie. **Brokkoli:** Thymian, Rosmarin, Estragon, Selleriegrün. **Erbsen:** Petersilie, Thymian, Minze, Kerbel. **Fenchel:** Petersilie, Thymian, Dill. **Gurken, Schmorgurken:** Schnittlauch, Dill, Minze, Estragon oder Basilikum. **Kohl:** Petersilie, Rosmarin, Thymian oder Kerbel. **Lauch:** Thymian, Kerbel oder Dill, Zitronenmelisse. **Möhren:** Petersilie, Rosmarin, Thymian, Minze. **Paprikaschoten:** Petersilie, Basilikum, Oregano, Thymian, Rosmarin, Salbei. **Pilze:** Petersilie, Schnittlauch, Basilikum oder Majoran, Salbei oder Minze, Estragon. **Rosenkohl:** Majoran, Estragon, Thymian. **Schwarzwurzeln:** Selleriegrün, Majoran, Thymian oder Estragon. **Sellerie:** Petersilie, Dill, Kresse. **Spargel:** Petersilie, Dill oder Kerbel, Bärlauch, Estragon oder Waldmeister. **Spinat:** Basilikum, Schnittlauch, Dill, Thymian. **Zucchini:** Thymian, Oregano, Schnittknoblauch, Borretsch, Kresse.

FISCH UND MEERESFRÜCHTE.

Aal: Petersilie, Majoran, Salbei, Weinraute oder Ysop. **Fischragout:** Petersilie, Dill, Schnittlauch, Kerbel, Selleriegrün. **Fischfilet, gratiniert:** Thymian, Oregano, Bergbohnenkraut, Estragon, Lavendel. **Garnelen:** Dill, Kresse, Kerbel oder Thymian. **Kochfisch:** Petersilie, Majoran, Dill oder Fenchelgrün, Liebstöckel, Myrtenblättchen. **Lachs, Lachsforelle:** Basilikum, Oregano, Zitronenmelisse. **Muscheln:** Petersilie, Basilikum, Thymian, Fenchelgrün, Selleriegrün. **Pfannenfisch, Forellen, Schollen, Zander:** Petersilie, Thymian, Estragon oder Kerbel. **Räucherfisch:** Petersilie, Schnittlauch, Dill, Kerbel, Kresse, Minze. **Tintenfische:** Thymian, Rosmarin, Oregano, Salbei, Selleriegrün.

FLEISCH UND WILD. Ente: Petersilie, Basilikum, Thymian, Salbei, Selleriegrün. **Fasan:** Rosmarin, Thymian, Zitronenmelisse. **Gans:** Majoran, Thymian, Salbei oder Beifuß. **Gulasch, Ragout:** Majoran, Thymian, Rosmarin, Bergbohnenkraut. **Hackfleisch:** Petersilie, Basilikum, Thymian, Oregano, Selleriegrün. **Hähnchen, Pute:** Basilikum, Majoran, Thymian, Rosmarin, Bergbohnenkraut oder Kerbel. **Hirsch, Reh:** Majoran, Thymian, Selleriegrün, Schnittknoblauch, Weinraute. **Innereien (Leber, Nieren, Herz):** Petersilie, Schnittknoblauch, Thymian, Rosmarin, Majoran oder Oregano, Kerbel oder Estragon, Lavendel. **Kalb:** Basilikum, Thymian, Bärlauch, Salbei, Liebstöckel, Minze. **Kaninchen:** Petersilie, Majoran oder Oregano, Rosmarin, Schnittknoblauch, Salbei oder Selleriegrün. **Lamm:** Basilikum, Rosmarin, Thymian, Oregano, Minze, Selleriegrün. **Schwein:** Petersilie, Majoran, Thymian, Liebstöckel, Salbei oder Ysop. **Tauben, Wachteln:** Basilikum, Thymian, Rosmarin, Liebstöckel oder Fenchelgrün. **Wildschwein:** Majoran, Thymian, Rosmarin, Salbei, Selleriegrün.

Register

Fett kursiv: kennzeichnet Seiten mit Sachinformationen und Warenkunde
Mager kursiv: Würzvariante eines Rezepts

A

Aceto balsamico *33*
Ananasminze *40*
Ananassalbei
  Beerenratatouille 187
  Taboulé 73
  Waldmeisternudeln 190
Äpfel: Bratäpfel mit Zitronenmelisse 191
Aprikosen: Salbeimäuschen mit Aprikosensauce 186
Arme Ritter von Nordseekrabben mit Dill-Gurken-Crème 92
  ~ asiatisch 92
Artischocken *33*
  Artischocken mit Dips 96
Asant: *Tunfisch mit Kräuter-Dattelsauce 153*
Asia-Dip: *Knusperfisch 145*
Asia-Sauce 66
Asiatisches Würzöl 43
Austernpilze
  Basmati asiatisch 47
  Gebratene Pilze 139
Avocado
  Chicken Wings mit Dips 89
  Minze-Avocado-Creme 96

B

bai grapau *39*
bai horapha *39*
Bandnudeln mit Wildschwein und frittiertem Salbei 111
  ~ mit Thymian und Gewürzen 111
Bärlauch *16*
  Bärlauchsenf 19
  Kartoffelsuppe 77
  Kräutermuffins 90
  Kräuterquark 23
  Lammkeule mit grüner Sauce 166
  Pesto 105
  Wildkräutersalat 68
Basilikum *26, 200*
  Bruschette mit Kirschtomaten 87
  Entenbrust mit Kräutern 180
  Fines herbes 60
  Gefüllte Kohlrabi 135
  Gratinierte Polenta 118
  Insalata Caprese (Minirezept) 200

Italienische Kräuter in Öl 31
Italienische Kräutermischung 61
Kabeljau mit Kräuterpaste 147
Kräuter-Kartoffel-Gnocchi 129
Kräuterlasagne 102
Kräutermuffins 90
Kräuterrisotto 112
Luau-Schwein im Tontopf 172
Makkaroni mit rohen Tomaten 101
Pesto 104
Pistou, von Basilikum und Liebstöckel 80
Provenzalische Kräutermischung 61
Rote Zora 194
Thai-Salat mit Roastbeef 74
Basmati asiatisch (Grundrezept) 46
  ~ mit Chinesischem Schnittlauch 47
  ~ mit Kaffirlimettenblättern 47
  ~ mit Koriandergrün 47
  ~ mit Thai-Basilikum 47
Béchamelkartoffeln 125
Beerenratatouille mit Zitronenthymian 187
  ~ mit Ananassalbei 187
Beinwellblätter: *Salbeimäuschen 186*
Bergbohnenkraut *22, 200*
  Bohnengemüse (Minirezept) 200
  Bohnen-Kartoffel-Pfanne 140
  Italienische Kräuter in Öl 31
  Provenzalische Kräutermischung 61
  Provenzalisches Walnussöl 31
Birkenblätter: Luau-Schwein im Tontopf 172
Blattspinat
  Kräuterlasagne 102
  Reis mit Spinat 114
Blitzhacker 55
Blütenmischung 60
Bockshornklee *40*
  Gebratener Reis 116
  Kokosdip 99
  Vietnamesisches Gemüse mit Kräutern 136
Boden, für Kräuter 51
Bœuf bourguignon mit Thymian 170
Bohnengemüse (Minirezept) 200
Bohnen-Kartoffel-Pfanne 140
  ~ mit Zwiebeln und Rosmarin 140
Bohnenkraut
  Fines herbes 60
  Leber mit Kräutern der Provence 171
  Pilz-Kräutergewürz 59
  Toskanischer Kräuterbraten 169
Borretsch *16*
  Kartoffeln in Kräutersauce 125
  Kräuterbowle 193
  Luau-Schwein im Tontopf 172
Bouquet garni 30
  ~ mit Estragon und Zitrone 30
  ~ mit Rosmarin, Selleriegrün und Orange 30
Brat- und Schmorgewürz 60
Bratäpfel mit Zitronenmelisse 191

Brennnessel *17*
  Maultaschen 106
  Wildkräutersalat 68
  Wildkräutersuppe 79
Brombeeren: Beerenratatouille mit Zitronenthymian 187
Brunnenkresse *14*
  Grüner andalusischer Gazpacho 82
  Kartoffelsuppe 77
  Kräuterbutter 19
  Makkaroni 101
  Spargel mit Sauce 133
  Wildkräutersuppe 79
Bruschette mit Kirschtomaten und Basilikum 87
  ~ mit Oregano 87
  ~ mit Petersilie und Shrimps 87
Bulgur
  Grüner Bulgur mit Fischbällchen 120
  Taboulé 72
Bunte Blüten-Kräuter-Mischung 60
Butterkäse *21*

C

Cashewkerne: *Gefüllte Kartoffeln 127*
Catalogna: *Kartoffel-Löwenzahn-Gratin 123*
cha plu *41*
Champignons
  Gebratene Pilze 139
  Gefüllte Kartoffeln 127
chi su *41*
Chicken Wings (Grundrezept) 88
  ~ mit Barbecuedip 89
  ~ mit Chili-Chicken-Dip 89
  ~ mit Guacamole 89
  ~ mit Quark-Joghurt-Dip 89
Chiffonade 53
Chili, grün
  Arme Ritter 92
  Gefüllte Kartoffeln 127
  Grüner Bulgur mit Fischbällchen 120
  Koriander-Relish (Minirezept) 201
  Kräuter-Butter 163
  Taboulé 73
  Thai-Salat mit Roastbeef 74
  Vietnamesischer Tintenfisch 160
  Vietnamesisches Gemüse mit Kräutern 136
  Zitronengras-Currypaste 42
Chili, rot
  Chicken Wings mit Dips 89
  Frikadellen 165
  Garnelen 155
  Garnelen und Reisnudeln 84
  Gebratener Reis mit Schweinefilet 116
  Luau-Sauce 172
  Piripiri-Gewürz 61
  Provenzalisches Kaninchen 183

Chinesischer Schnittlauch *38*
  Asia-Sauce 66
  Basmati asiatisch 47
  Gebratener Reis 116
  Kräuter-Kartoffelsalat 65
  Rindfleisch (Minirezept) 203
  Taboulé 73
  Vietnamesischer Tintenfisch 160
  Vietnamesisches Gemüse mit Kräutern 136
Couscous, mit Kräutern und Lamm 119
Crème fraîche *33*
Curryblätter *41*
  Asiatisches Würzöl 43
  Gefüllte Kartoffeln 127
  Gemüse mit frischen Curryblättern 128
  Kokosdip 99
  Vietnamesisches Gemüse mit Kräutern 136
Currykraut *29*
  Kartoffelsuppe 77
  Kräuter-Couscous mit Lamm 119
Currypaste, mit Zitronengras 42

D

Datteln
  Lamm-Tajine mit Datteln 174
  Tunfisch mit Kräuter-Dattelsauce 153
Dill *14, 200*
  Arme Ritter von Nordseekrabben 92
  Dillremoulade 145
  grüne Sauce 166
  Kabeljau mit Kräuterpaste 147
  Kartoffeln in Kräutersauce 125
  Kräuterquark 23
  Lamm-Tajine mit Datteln 174
  Leber 171
  Tunfisch mit Kräuter-Dattelsauce 153
  Wildkräutersuppe 79
  Zaziki (Minirezept) 200
Dill-Gurken-Crème 92
Dost: *Lammkeule mit grüner Sauce 166*
Duftpelargonien *40*
  Grüner andalusischer Gazpacho 82

E

Entenbrust mit Kräutern 180
  ~ mit Petersilie und Basilikum 180
Entenbrust: Nudeln mit Entenbrust und Thai-
  Basilikum 108
Epazote *28*
  Kidneybohnen mit Epazote 141
Erdbeeren
  Beerenratatouille mit Zitronenthymian 187
  Kräuterbowle 193
  Rote Zora 194
Erdnüsse: *Kabeljau mit Kräuterpaste 147*
Erdnussöl: Asiatisches Würzöl 43

Ernte, von Kräutern 53
Essig, mit Lavendelblüten 31
Estragon *15, 200*
  Bouquet garni 30
  Estragon-Béarnaise (Minirezept) 201
  Estragonessig 19
  Fines herbes 60
  Frikadellen 165
  Gefüllte Kohlrabi mit Blätterröllchen 135
  grüne Sauce 166
  Hähnchenbrust 179
  Kartoffeln in Kräutersauce 125
  Knusperfisch 145
  Kräuter-Butter 163
  Pilz-Kräutergewürz 59
  Provenzalische Kräutermischung 61
  Tomaten-Kräuter-Vinaigrette 66

F

Falafel 142
Feine Hefe-Kräutergewürze 59
Feldthymian: *Lammkeule mit grüner
  Sauce 166*
Fenchelkraut: Grüner Bulgur mit Fisch-
  bällchen 120
Fenchelsamen
  Krake mit Fenchelgrün 158
  Toskanischer Kräuterbraten 169
Fines herbes 60
Fingerwurz: Vietnamesischer Tintenfisch mit
  fünf Kräutern 160
Fischbällchen, mit grünem Bulgur 120
Frikadellen (Grundrezept) 164
  ~ mit Kräuterfüllung 165
  ~ mit Liebstöckel und Petersilie 165
  ~ mit Minze und Feta 165
  ~ mit Thymian und Rosmarin 165
Frischkäse *21*
Frühlingszwiebeln
  Hähnchenbrust 179
  Joghurtdip 95
  Safran-Gemüsetopf mit Pistou 80
  Seafood-Curry mit Zitronengras 157
  Thai-Salat mit Roastbeef 74
  Vietnamesischer Tintenfisch 160
  Vietnamesisches Gemüse mit Kräutern 136

G

Gänseblümchen
  Makkaroni 101
  Wildkräutersalat 68
Garnelen aus der Pfanne (Grundrezept) 154
  ~ mit Fenchelgrün und Petersilie 155
  ~ mit Koriandergrün und Thymian 155
  ~ mit Minze und Kokosmilch 155
  ~ mit Rosmarin und Zitronenverbene 155

Garnelen und Reisnudeln in scharfem
  Kaffirlimettensud 84
  ~ mit Thai-Basilikum 84
Garnelen
  Garnelen und Reisnudeln 84
  Seafood-Curry mit Zitronengras 157
  Spaghetti 35
Gebratene Pilze (Grundrezept) 138
  ~ Austernpilze und Zitronenverbene 139
  ~ Champignons und Minze 139
  ~ Pfifferlinge und Thymian 139
  ~ Steinpilze und Petersilie 139
Gebratener Reis mit Schweinefilet und
  Kräutern 116
  ~ mit Bockshornkleeblättern 116
  ~ mit Chinesischem Schnittlauch 116
Gefüllte Kartoffeln (Grundrezept) 126
  ~ mit Curryblättern und Ysop 127
  ~ mit Koriandergrün und Lorbeer 127
  ~ mit Minze und Chili 127
  ~ mit Rucola und Pilzen 127
Gefüllte Kohlrabi mit Blätterröllchen 135
  ~ mediterran 135
Gegrillte Makrele 151
  ~ mit Kresse und Petersilie 151
Gemüse mit frischen Curryblättern und
  Koriander-Minze-Joghurt 128
  ~ Gemüsevarianten 128
Geschnetzeltes von Salm und Zander 148
  ~ mit Weinbergsknoblauch 148
Gewürzfenchel *29*
  Entenbrust mit Kräutern 180
  Garnelen 155
  Grüner andalusischer Gazpacho 82
  Krake mit Fenchelgrün 158
  Provenzalisches Walnussöl 31
  Taboulé 73
Gewürz-Kräutermischung 60
Gewürznelken
  Bandnudeln mit Wildschwein 111
  Brat- und Schmorgewürz 60
  Lammkeule mit grüner Sauce 166
  Toskanischer Kräuterbraten 169
Gewürzsträußchen 30
Gnocchi: Kräuter-Kartoffel-Gnocchi 129
Gratinierte Polenta 118
grüne Sauce 166
Grüner andalusischer Gazpacho 82
  ~ mit Knoblauch-Hederich 82
  ~ mit Minze 82
Grüner Bulgur mit Fischbällchen 120
  ~ asiatische Varianten 120
grüner Pfeffer: *Taboulé 73*
Grünkernschrot: Gefüllte Kohlrabi mit
  Blätterröllchen 135
Guaven: Luau-Sauce 172

Gundermann
   Kidneybohnen 141
   Kräuterquark 23
   Lammkeule mit grüner Sauce 166
   Maultaschen mit Wildkräuterfüllung 106
   Wildkräutersuppe 79
Gurke 21
   Dill-Gurken-Crème 92
   Kräuterbowle 193
   Minzedip 99
   Thai-Salat mit Roastbeef 74
   Zaziki (Minirezept) 200
Gurkenkraut *16*
Gyros-Marinade 31

Hackfleisch
   Frikadellen 164
   Gefüllte Kartoffeln 127
   Gefüllte Kohlrabi mit Blätterröllchen 135
Hähnchen
   Arme Ritter 92
   Chicken Wings 88
   Hähnchen-Curry (Minirezept) 203
   Kräuter-Couscous 119
   Lorbeer-Hähnchen auf dem Heubett 176
   Hähnchenbrust (Grundrezept) 178
     ~ mit Estragon und Sahne 179
     ~ mit Rucola und Zitrone 179
     ~ mit Speck und Petersilie 179
     ~ mit Thai-Basilikum und Ingwer 179
   Hähnchen-Curry mit Thai-Basilikum
   (Minirezept) 203
Haselnüsse: *Pesto 105*
Hefe-Kräutergewürze 59
Heubett 176
Himbeeren
   Beerenratatouille mit Zitronenthymian 187
   Minze-Parfait 188
Hollandaise, mit Rosmarin 133
Holunderblüten
   Salbeimäuschen 186
   Waldmeisternudeln 190
Honigmelone: Melonenquark mit Minze 185

Ingwer 45
   Hähnchenbrust 179
   Ingwer mit Zitronengras 43
   Knusperfisch 145
   Kokosdip 99
   Kräuter-Butter 163
   Kräuter-Kartoffelsalat 65
   Luau-Sauce 172
   Waldmeisternudeln mit Ingwerbröseln 190

Insalata Caprese (Minirezept) 200
Italienische Kräuter in Öl 31
Italienische Kräutermischung 61

Japanische Minze 40
   Garnelen 155
   Kräuterbowle 193
   Tofu-Marinade 43
   Vietnamesisches Gemüse mit Kräutern 136
Joghurt 45
   Chicken Wings mit Dips 89
   Dillremoulade 145
   Joghurtdip 94
   Kokosdip 99
   Minzedip 99
   Reis mit Spinat 114
   Tahini-Sauce 142
   Zaziki (Minirezept) 200
Joghurtdip (Grundrezept) 94
   ~ mit Gartenkräutern 95
   ~ mit Minze und Kreuzkümmel 95
   ~ mit Rucola und Frühlingszwiebeln 95
   ~ mit Zitronenmelisse und Honig 95
Johannisbeeren: Beerenratatouille mit
   Zitronenthymian 187

Kabeljau mit Kräuterpaste (Grundrezept) 146
   ~ mit Basilikum, Petersilie und Tomate 147
   ~ mit Dill und Meerrettich 147
   ~ mit Koriandergrün und Zitronengras 147
   ~ mit Minze und Mandeln 147
Kabeljau: Seafood-Curry mit Zitronengras
   und Koriander 157
Kaffirlimettenblätter *39*
   Basmati asiatisch 47
   Chicken Wings mit Dips 89
   Garnelen 155
   Garnelen und Reisnudeln 84
   Gebratener Reis mit Schweinefilet 116
   Grüner Bulgur 120
   Kräuter-Butter 163
   Luau-Schwein im Tontopf 172
   Melonenquark 185
   Seafood-Curry 157
   Vietnamesischer Tintenfisch 160
Kaffirlimetten-Essig 43
Kalbfleisch
   Frikadellen 165
   Leber mit Kräutern der Provence 171
   Kalbsmedaillons 163
   Saltimbocca (Minirezept) 203

Kaninchen: Provenzalisches Kaninchen mit
   Lavendel 183
Kapern
   Dillremoulade 145
   Kartoffeln in Kräutersauce 125
   Kräuter-Butter 163
Kapuzinerkresse 14
   Vietnamesisches Gemüse 136
Kardamomblätter *41*
   Gebratener Reis mit Schweinefilet 116
   Luau-Schwein im Tontopf 172
Kardamomkapseln: Kokosdip 99
Kartoffeln 21
   Bohnen-Kartoffel-Pfanne 140
   Gefüllte Kartoffeln 126
   Gemüse mit frischen Curryblättern 128
   Kichererbsenbällchen 142
   Kräuter-Kartoffel-Gnocchi 129
   Kräuter-Kartoffelsalat 65
   Ofenkartoffeln 22
   Petersilienkartoffeln (Minirezept) 202
   Portulaksuppe 81
Kartoffel-Löwenzahn-Gratin 123
   ~ Gemüsevarianten 123
Kartoffeln in Kräutersauce 125
   ~ mit Estragon und Kapern 125
Kartoffelsuppe (Grundrezept) 76
   ~ mit Bärlauch 77
   ~ mit Brunnenkresse 77
   ~ mit Currykraut 77
   ~ mit Salbei 77
Kerbel *15, 201*
   Fines herbes 60
   grüne Sauce 166
   Joghurtdip 95
   Kartoffeln in Kräutersauce 125
   Kerbelsuppe (Minirezept) 201
   Knusperfisch 145
   Kräuterbutter 19
   Kräuterrisotto mit grünem Spargel 112
   Spargel mit Sauce 133
Kichererbsen 45
   Kokosdip 99
   Ratatouille 130
   Reis mit Spinat 114
   Kichererbsenbällchen 142
   ~ griechisch 142
Kidneybohnen mit Epazote 141
   ~ mit Zitronenthymian 141
Kirschen: Beerenratatouille mit Zitronen-
   thymian 187
Kirschtomaten: Bruschette mit Kirschtomaten
   und Basilikum 87
Kleeblüten: Bunte Blütenmischung 60
Kleiner Wiesenknopf *16*

Knoblauch *33*
Bruschette mit Kirschtomaten 87
Chicken Wings mit Dips 89
Frikadellen 165
Garnelen aus der Pfanne 154
Gegrillte Makrele 151
Grüner andalusischer Gazpacho 82
Gyros-Marinade 31
Hähnchenbrust 179
Krake mit Fenchelgrün 158
Kräuter-Butter 163
Lammkeule mit grüner Sauce 166
Lamm-Tajine mit Datteln 174
Luau-Schwein im Tontopf 172
Makkaroni mit rohen Tomaten 101
Maultaschen 106
Moreto 97
Portulaksuppe 81
Provenzalisches Kaninchen 183
Ratatouille mit Zitronenthymian 130
Rindfleisch im Pfefferblatt 175
Tahini-Sauce 142
Toskanischer Kräuterbraten 169
Vietnamesischer Tintenfisch 160
Vietnamesisches Gemüse mit Kräutern 136
Wildkräutersalat 68
Zaziki (Minirezept) 200
Knoblauch, wilder: *Geschnetzeltes von
Salm und Zander 148*
Knoblauch-Hederich *17*
Grüner andalusischer Gazpacho 82
Maultaschen mit Wildkräuterfüllung 106
Knoblauchpresse *55*
Knoblauchsrauke *17*
Knollensellerie: *Salz, mit Sellerie 18*
Knusperfisch mit Dillremoulade 145
~ *mit Asia-Dip 145*
~ *mit Gartenkräutern 145*
Knusprige Majoran-Kartoffeln
(Minirezept) 202
Kohlrabi: Gefüllte Kohlrabi mit Blätter-
röllchen 135
Kokosdip 99
Kokosmilch *45*
Basmati asiatisch 47
Garnelen 155
Seafood-Curry mit Zitronengras 157
Kopfsalat *21*
Koriander, gemahlen
Provenzalisches Kaninchen 183
Ratatouille 130
Koriandergrün *38, 201*
Basmati asiatisch 47
Garnelen 155
Gefüllte Kartoffeln 127
Gemüse mit frischen Curryblättern 128

Grüner Bulgur 120
Kabeljau mit Kräuterpaste 147
Kichererbsenbällchen 142
Knusperfisch 145
Koriander-Relish (Minrezept) 201
Lamm-Tajine mit Datteln 174
Pesto 105
Provenzalisches Kaninchen 183
Seafood-Curry 157
Seehecht mit Kräutern und Muscheln 152
Tahini-Sauce 142
Tunfisch mit Kräuter-Dattelsauce 153
Vietnamesischer Tintenfisch 160
Vietnamesisches Gemüse mit Kräutern 136
Krachai-Wurzeln 160
Krake mit Fenchelgrün 158
~ *mit Oregano und Minze 158*
~ *mit Sellerie und Petersilie 158*
Krause Wasserminze *40*
Kräuter
~ anbauen 51
~ lagern 57
~ schneiden 53
~ tiefkühlen 57
~ trocknen 57
~ waschen
Kräuterbowle (Grundrezept) 192
~ *mit Borretsch 193*
~ *mit Minze 193*
~ *mit Veilchenblüten 193*
~ *mit Zitronenverbene 193*
Kräuterbraten, toskanischer, mit Rosmarin-
kartoffeln 169
Kräuterbutter 19
Kräuter-Butter, mit Zitrone 163
Kräuter-Couscous mit Lamm 119
~ *mit Hähnchen 119*
Kräutererde 53
Kräutergarten 51
Kräutergewürz, für Pilze 59
Kräuter-Kartoffel-Gnocchi 129
~ *mit Salbei, Rosmarin und Thymian 129*
Kräuter-Kartoffelsalat 65
~ *mit Ingwer 65*
~ *mit Löwenzahn und Speck 65*
Kräuter-Knoblauch-Creme 130
Kräuterlasagne 102
~ *mit Spinat und Bärlauch 102*
~ *mit Spinat, Liebstöckel und Oregano 102*
Kräutermischung, italienische 61
Kräutermischung, provenzalische 61
Kräutermischungen 59
Kräutermuffins 90
~ *mit Bärlauch, Petersilie oder Rucola 90*
Kräutermühle *55*

Kräuteröl 31, 55, 57
Kräuterquark
~ *mit Kresse und Meerrettich 23*
~ *mit Schnittlauch und Dill 23*
~ *mit Wildkräutern und Walnüssen 23*
~ *mit Ziegenkäse und Bärlauch 23*
Kräuterrisotto mit grünem Spargel 112
~ *Kräuter- und Gemüsevarianten 112*
~ *mit provenzalischem Kräuterreis 112*
Kräutersalz 59
Kräutersenf 19
Kräuterspirale 52
Kräutertopf 52
Kräutervinaigrette 96
Kresse *14, 201*
Gegrillte Makrele 151
Kräuterquark 23
Kresse-Rührei (Minirezept) 201
Luau-Schwein im Tontopf 172
Roquefort-Kresse-Dressing 66
Kresse-Rührei (Minirezept) 201
Kreuzkümmel
Frikadellen 165
Joghurtdip 95
Kichererbsenbällchen 142
Kokosdip 99
Lamm-Tajine mit Datteln 174
Provenzalisches Kaninchen 183
Ratatouille 130
Küchengarn *55*
Kürbiskerne: *Pesto 105*
Kurkuma: Lamm-Tajine mit Datteln 174

Ila lot *41*
Lachsfilet: Geschnetzeltes von Salm
und Zander 148
Lamm
Frikadellen 165
Kräuter-Couscous mit Lamm 19
Rosmarin-Spieße (Minirezept) 203
Lammkeule mit grüner Sauce 166
~ *mit Bärlauch 166*
~ *mit Wildkräutern 166*
Lamm-Tajine mit Datteln 174
~ *mit Dill 174*
Lauch: Bouquet garni 30
Lavendel *28*
Lavendelbütenessig 31
Leber mit Kräutern der Provence 171
Provenzalische Kräutermischung 61
Provenzalisches Kaninchen 183
Safran-Gemüsetopf 80
Leber mit Kräutern der Provence 171
~ *griechisch mit Dill 171*

Liebstöckel *15, 201*
  Frikadellen 165
  Linsen mit Liebstöckel (Minirezept) 201
  Pistou, von Basilikum und Liebstöckel 80
  Safran-Gemüsetopf mit Pistou 80
  Tunfisch mit Kräuter-Dattelsauce 153
Limette
  Frikadellen 165
  Garnelen 155
  Gegrillte Makrele 151
  Kabeljau mit Kräuterpaste 147
  Melonenquark mit Minze 185
  Melosa 194
  Mojito 194
  Pesto 105
  Taboulé 73
Lindenblätter: Luau-Schwein im Tontopf 172
Lindenblüten: *Salbeimäuschen 186*
Linsen mit Liebstöckel (Minirezept) 201
Lorbeer *27, 201*
  Bœuf bourguignon mit Thymian 170
  Bouquet garni 30
  Brat- und Schmorgewürz 60
  Frischer Lorbeer zu Fisch (Minirezept) 202
  Gefüllte Kartoffeln 127
  Gegrillte Makrele 151
  Kräutersalz 59
  Lammkeule mit grüner Sauce 166
  Provenzalisches Walnussöl 31
  Schildkrötenkräuter 61
Lorbeer-Hähnchen auf dem Heubett 176
  ~ mit Rosmarin 176
Löwenzahn *17*
  Bunte Blütenmischung 60
  Grüner andalusischer Gazpacho 82
  Kartoffel-Löwenzahn-Gratin 123
  Kräuter-Kartoffelsalat 65
  Löwenzahn-Bitterlikör 196
  Maultaschen mit Wildkräuterfüllung 106
  Salbeimäuschen 186
  Wildkräutersalat 68
  Wildkräutersuppe 79
Luau-Schwein im Tontopf 172

M
Maggikraut *15*
Majoran *15, 202*
  Fines herbes 60
  Gefüllte Kohlrabi mit Blätterröllchen 135
  Majoran-Kartoffeln (Minirezept) 202
  Kräuterlasagne 102
Majoran, wilder *26*
Makkaroni mit rohen Tomaten und
  Kräutern 101
  ~ mit Rucola 101
  ~ mit Wildkräutern 101

Makrele, gegrillte: 151
Malvenblüten: Luau-Sauce 172
Mandeln
  Kabeljau mit Kräuterpaste 147
  Provenzalisches Kaninchen 183
Mango: *Minze-Parfait 188*
Marinierter Feta (Minirezept) 202
Marokkanischer Minztee (Minirezept) 202
Maultaschen mit Wildkräuterfüllung 106
  ~ mit Brennesseln und Knoblauch 106
Meeresfrüchte: *Basmati asiatisch 47*
Meerrettich
  Kabeljau mit Kräuterpaste 147
  Kräuterquark 23
Melonenquark mit Minze 185
  ~ mit Kaffirlimette 185
  ~ mit Waldmeister und Orange 185
Melosa 194
Mengenangaben 57
Mesclun-Salat *70*
Messer *55*
methi *40, 99*
Minze *40, 202*
  Entenbrust mit Kräutern 180
  Frikadellen 165
  Gefüllte Kartoffeln 127
  Gemüse mit frischen Curryblättern 128
  Grüner andalusischer Gazpacho 82
  Grüner Bulgur mit Fischbällchen 120
  Joghurtdip 95
  Kabeljau mit Kräuterpaste 147
  Kichererbsenbällchen 142
  Krake 158
  Kräuter-Couscous mit Lamm 119
  Kräuter-Kartoffel-Gnocchi 129
  Kräuterlasagne 102
  Marokkanischer Minztee (Minirezept) 202
  Melonenquark mit Minze 185
  Minze-Avocado-Creme 96
  Minzedip 99
  Mojito 194
  Nudeln mit Entenbrust 108
  Orientalisches Minze-Dressing 66
  Reis mit Spinat 114
  Seafood-Curry 157
  Seehecht mit Kräutern und Muscheln 152
  Taboulé 73
Minze, Marokkanische: *Gebratene Pilze 139*
Minze-Parfait 188
  ~ mit Mango-Sauce 188
  ~ mit Schokosauce 188
Mittelmeer-Strohblume *29*
Mohnblüten-Bitter 196
Mojito 194
Moreto 97
  ~ mit Schnittlauch 97
Mörser *55*

Mozzarella *33*
Muffins, mit Kräutern 90
Myrte *28*
  Provenzalisches Walnussöl 31

N
Nährstoffbedarf, von Kräutern 51
Nordseekrabben: Arme Ritter von Nordsee-
  krabben mit Dill-Gurken-Crème 92
Nori-Algen: Kräutersalz 59
Nudeln *33*
  Bandnudeln mit Wildschwein 111
  Waldmeisternudeln mit Ingwerbröseln 190
  Nudeln mit Entenbrust und Thai-
  Basilikum 108
  ~ mit Minze 108
  ~ mit Pfefferblättern 108
  ~ mit Schwarznessel 108
Nudelteig, für Maultaschen 106

O
Obstsalat mit Zitronenmelisse-Dressing
  (Minirezept) 204
Ofenkartoffeln (Grundrezept) 22
Oktopus: Krake mit Fenchelgrün 158
Oliven, grüne
  Kartoffel-Löwenzahn-Gratin 123
  Provenzalisches Kaninchen 183
  Spaghetti 35
Oliven, schwarze
  Bohnen-Kartoffel-Pfanne 140
  Provenzalisches Kaninchen 183
Olivenöl *33*
Orange
  Bouquet garni 30
  Joghurtdip 95
  Lamm-Tajine mit Datteln 174
  Melonenquark 185
  Mohnblüten-Bitter 196
  Rucola mit Orange und Crostini 70
  Taboulé 73
  Toskanischer Kräuterbraten 169
Orangenminze *40*
  Gebratener Reis mit Schweinefilet 116
Oregano *26, 202*
  Bruschette 87
  Entenbrust mit Kräutern 180
  Frikadellen 165
  Gefüllte Kohlrabi 135
  Gewürz-Kräutermischung 60
  Gyros-Marinade 31
  Italienische Kräuter in Öl 31
  Italienische Kräutermischung 61
  Kichererbsenbällchen 142
  Krake 158
  Kräutermuffins 90

Kräutersalz 59
Leber mit Kräutern der Provence 171
Luau-Schwein im Tontopf 172
Marinierter Feta (Minirezept) 202
Provenzalische Kräutermischung 61
Toskanischer Kräuterbraten 169
Orientalisches Minze-Dressing 66

Papadams mit Dips 99
Perilla *41*
Pesto (Grundrezept) 104
~ *mit Bärlauch und Haselnüssen 105*
~ *mit Koriander und Tofu 105*
~ *mit Rucola und Kürbiskernen 105*
~ *mit Tomaten und Petersilie 105*
Petersilie *14, 202*
Bohnen-Kartoffel-Pfanne 140
Bouquet garni 30
Bruschette 87
Entenbrust mit Kräutern 180
Fines herbes 60
Frikadellen 165
Gebratene Pilze 139
Gegrillte Makrele 151
grüne Sauce 166
Grüner Bulgur mit Fischbällchen 120
Hähnchenbrust 179
Kabeljau mit Kräuterpaste 147
Kartoffeln in Kräutersauce 125
Knusperfisch 145
Krake 158
Kräuterbutter 19, *163*
Kräuter-Couscous mit Lamm 119
Kräuter-Kartoffel-Gnocchi 129
Kräuter-Kartoffelsalat 65
Kräuterlasagne 102
Kräutermuffins 90
Kräuterrisotto mit grünem Spargel 112
Kräutersalz 59
Lamm-Tajine mit Datteln 174
Pesto 105
Petersilienkartoffeln (Minirezept) 202
Provenzalisches Kaninchen 183
Salz-Petersilie 18
Seehecht mit Kräutern und Muscheln 152
Taboulé 72
Vietnamesischer Tintenfisch 160
Vietnamesisches Gemüse mit Kräutern 136
Pfefferblätter
Nudeln mit Entenbrust 108
Rindfleisch im Pfefferblatt 175
Vietnamesisches Gemüse 136
Pfefferkraut *27*
Pfefferminze *38*
Minze-Parfait 188
Pfifferlinge: *Gebratene Pilze 139*

Pfirsiche: Minze-Parfait 188
Pilz-Kräutergewürz 59
Pimentkörner: Mohnblüten-Bitter 196
Pimpinelle *16*
Joghurtdip 95
Pinienkerne
Kabeljau mit Kräuterpaste 147
Pesto 104
Piripiri-Gewürz 61
Pistou, von Basilikum und Liebstöckel 80
Polenta, gratinierte 118
Portulak *16*
Grüner andalusischer Gazpacho 82
Portulaksuppe 81
~ *mit Sauerampfer 81*
Provenzalische Kräutermischung 61
Provenzalisches Kaninchen mit Lavendel 183
~ *baskische Variante 183*
~ *orientalische Variante 183*
Provenzalisches Walnussöl 31
Pürierstab *55*

Quark *21*
Chicken Wings mit Dips 89
Melonenquark mit Minze 185
Queller *29*
Spaghetti 35

Radieschen: *Wildkräutersuppe 79*
Ratatouille mit Zitronenthymian und
Kräuter-Knoblauch-Creme 130
~ *orientalisch 130*
Rauke, wilde *26*
Reis *45*
Reis mit Spinat, Kichererbsen und Thai-
Basilikum 114
~ *mit Minze und Joghurt 114*
~ *mit Schwarznessel und Sesam-Würzöl 114*
Reis, gebratener, mit Schweinefilet und
Kräutern 116
Reisessig *45*
Reisnudeln: Garnelen und Reisnudeln in
scharfem Kaffirlimettensud 84
Ricotta *33*
Spaghetti 35
Rindfleisch
Bœuf bourguignon mit Thymian 170
Rindfleisch im Pfefferblatt 175
Rindfleisch (Minirezept) 203
Risotto, von Kräutern, mit grünem
Spargel 112
Roastbeef: Thai-Salat mit Roastbeef 74
Rockambole 148
Roquefort-Kresse-Schnittlauch-Dressing 66

Rosmarin *27, 202*
Bohnen-Kartoffel-Pfanne 140
Bouquet garni 30
Fines herbes 60
Frikadellen 165
Garnelen 155
Gegrillte Makrele 151
Gewürz-Kräutermischung 60
Italienische Kräutermischung 61
Kräuter-Kartoffel-Gnocchi 129
Kräuterrisotto 112
Lammkeule mit grüner Sauce 166
Leber mit Kräutern der Provence 171
Lorbeer-Hähnchen 176
Provenzalisches Walnussöl 31
Ratatouille mit Zitronenthymian 130
Rosmarin-Spieße (Minirezept) 203
Safran-Gemüsetopf 80
Spargel mit Sauce 133
Toskanischer Kräuterbraten 169
Rotbarsch
Grüner Bulgur mit Fischbällchen 120
Knusperfisch mit Dillremoulade 145
Seafood-Curry mit Zitronengras 157
Rote Zora 194
Rucola mit Orange und Thymian-
Ziegenkäse-Crostini 70
~ *mit gemischten Blattsalate 70*
~ *mit Portulak 70*
Rucola *26*
Gefüllte Kartoffeln 127
Grüner andalusischer Gazpacho 82
Hähnchenbrust 179
Joghurtdip 95
Kartoffel-Gratin 123
Kräutermuffins 90
Makkaroni 101
Pesto 105
Spaghetti 35

Safran-Gemüsetopf mit Basilikum-
Liebstöckel-Pistou 80
~ *mit Rosmarin oder Lavendel 80*
Sahne *21*
Salbei *26, 203*
Bandnudeln mit Wildschwein 111
Bunte Blütenmischung 60
Gratinierte Polenta 118
Italienische Kräuter in Öl 31
Italienische Kräutermischung 61
Kartoffelsuppe 77
Kräuter-Kartoffel-Gnocchi 129
Melosa 194
Provenzalische Kräutermischung 61
Saltimbocca (Minirezept) 203

Spaghetti *35*
Toskanischer Kräuterbraten 169
Salbeimäuschen mit Aprikosensauce 186
~ *mit Holunderblüten 186*
~ *mit Wildkräutern 186*
Saltimbocca (Minirezept) 203
Salzkraut *29*
Salz-Petersilie 18
~ *mit Sellerie 18*
~ *mit Suppengrün 18*
Sardellen: *Gebratene Pilze 139*
Sauerampfer *17*
Geschnetzeltes von Salm und Zander 148
grüne Sauce 166
Joghurtdip 95
Kräuterquark 23
Luau-Schwein im Tontopf 172
Makkaroni 101
Portulaksuppe 81
Salbeimäuschen 186
Sauerampfermarinade 19
Wildkräutersalat 68
Wildkräutersuppe 79
Sauerbraten, Marinade 19
Sauerklee: Wildkräutersalat mit Tomaten-
Bärlauch-Dressing 68
Schabzigerklee: Kräutersalz 59
Schafgarbe
Lammkeule mit grüner Sauce 166
Makkaroni 101
Maultaschen mit Wildkräuterfüllung 106
Schafkäse
Bohnen-Kartoffel-Pfanne 140
Frikadellen 165
Marinierter Feta (Minirezept) 202
Schalotten
Bœuf bourguignon mit Thymian 170
Entenbrust mit Kräutern 180
Gebratene Pilze 139
scharfes Thai-Basilikum *39*
Schere *55*
Schildkrötenkräuter 61
Schlacks 125
Schneidebretter *55*
Schnittknoblauch *38, 203*
Schnittlauch *14, 203*
Dillremoulade 145
Fines herbes 60
Frikadellen 164
Joghurtdip 94
Kräuter-Butter 163
Kräuter-Kartoffel-Gnocchi 129
Kräuter-Kartoffelsalat 65
Kräuterquark 23
Moreto 97
Pistou, von Basilikum und Liebstöckel 80
Roquefort-Kresse-Schnittlauch-Dressing 66
Schnittlauchbrot (Minirezept) 203

Schokolade: *Minze-Parfait 188*
Schwarznessel *41*
Luau-Schwein im Tontopf 172
Nudeln mit Entenbrust 108
Reis mit Spinat 114
Vietnamesisches Gemüse mit Kräutern 136
Schweinefleisch
Basmati asiatisch 47
Gebratener Reis mit Schweinefilet 116
Luau-Schwein im Tontopf 172
Toskanischer Kräuterbraten 169
Seafood-Curry mit Zitronengras und
Koriander 157
~ *mit Limettenblättern, Thai-Basilikum
und Minze 157*
Seehecht mit Kräutern und Muscheln 152
~ *mit Petersilie 152*
Selleriegrün
Bouquet garni 30
Tunfisch mit Kräuter-Dattelsauce 153
Selleriesalz 59
Sesamöl *45*
Setzlinge 51
Shiso *41*
Shrimps: *Bruschette 87*
Sonnenblumenöl 21
Spaghetti mit Kräutersauce (Grundrezept) 34
~ *mit Queller 35*
~ *mit Rucola 35*
~ *mit Salbei 35*
~ *mit Thymian 35*
Spargel (Grundrezept) *21,* 132
~ *mit Brunnenkresse-Relish 133*
~ *mit Kerbel-Creme 133*
~ *mit Rosmarin-Hollandaise 133*
~ *mit Waldmeister-Sahne 133*
Spargel, grüner, mit Kräuterrisotto 112
Spitzwegerich
Kräuterquark 23
Salbeimäuschen 186
Wildkräutersalat 68
Staudensellerie
Bandnudeln mit Wildschwein 111
Krake 158
Lammkeule mit grüner Sauce 166
Provenzalisches Kaninchen 183
Steinpilze
Bandnudeln mit Wildschwein 111
Gebratene Pilze 139
Sternanis: Mohnblüten-Bitter 196
Streuwürze 60
Sumach: *Tunfisch mit Kräuter-Dattelsauce 153*
Suppengemüse: *Salz, mit Sellerie 18*
süßes Thai-Basilikum *39*
Basmati asiatisch 47
Süßkartoffeln *45*
Gemüse mit frischen Curryblättern 128

T
Taboulé (Grundrezept) 72
~ *mit Ananassalbei und grünem Pfeffer 73*
~ *mit Chinesischem Schnittlauch 73*
~ *mit Fenchelgrün 73*
~ *mit Minze und Chili 73*
Tahini-Sauce 142
Taubnessel: Wildkräutersalat mit Tomaten-
Bärlauch-Dressing 68
Thai-Auberginen *45*
Gemüse mit frischen Curryblättern 128
Thai-Basilikum *39, 203*
Arme Ritter 92
Basmati asiatisch 47
Garnelen und Reisnudeln 84
Grüner Bulgur 120
Hähnchen-Curry (Minirezept) 203
Hähnchenbrust 179
Kräuter-Butter 163
Kräuter-Kartoffelsalat 65
Nudeln mit Entenbrust 108
Reis mit Spinat 114
Seafood-Curry 157
Thai-Salat mit Roastbeef 74
Vietnamesischer Tintenfisch 160
Vietnamesisches Gemüse mit Kräutern 136
Thai-Pfefferblatt *41*
Thai-Salat mit Roastbeef 74
~ *mediterran 74*
Thymian *27, 204*
Bandnudeln mit Wildschwein 111
Bœuf bourguignon mit Thymian 170
Bouquet garni 30
Fines herbes 60
Frikadellen 165
Gebratene Pilze 139
Gefüllte Kohlrabi 135
Gewürz-Kräutermischung 60
Gratinierte Polenta 118
Gyros-Marinade 31
Hähnchenbrust 179
Italienische Kräuter in Öl 31
Italienische Kräutermischung 61
Kichererbsenbällchen 142
Krake 158
Kräuter-Butter 163
Kräuter-Kartoffel-Gnocchi 129
Kräutermuffins 90
Kräuterrisotto 112
Kräutersalz 59
Lamm-Tajine mit Datteln 174
Leber mit Kräutern der Provence 171
Provenzalische Kräutermischung 61

Provenzalisches Kaninchen 183
Provenzalisches Walnussöl 31
Rucola mit Orange und Crostini 70
Spaghetti 35
Thymian-Zucchini (Minirezept) 204
Toskanischer Kräuterbraten 169
Tunfisch mit Kräuter-Dattelsauce 153
tia to *41*
Tintenfisch
Seafood-Curry mit Zitronengras 157
Vietnamesischer Tintenfisch 160
Tofu *45*
Pesto 105
Tofu-Marinade 43
Tomaten *33*
Gebratene Pilze 139
Gefüllte Kohlrabi mit Blätterröllchen 135
Gemüse mit frischen Curryblättern 128
Hähnchenbrust 179
Krake mit Fenchelgrün 158
Lamm-Tajine mit Datteln 174
Leber 171
Makkaroni mit rohen Tomaten 101
Provenzalisches Kaninchen 183
Ratatouille mit Zitronenthymian 130
Safran-Gemüsetopf mit Pistou 80
Tomaten-Kräuter-Vinaigrette 66
Tomatensauce 106
Wildkräutersalat 68
Tomaten, getrocknete
Kabeljau mit Kräuterpaste 147
Pesto 105
Toskanischer Kräuterbraten mit Rosmarin-
kartoffeln 169
~ *mit Orange 169*
~ *mit Thymian 169*
Tripmadam: Grüner andalusischer
Gazpacho 82
Trocknen, von Kräutern 57
Tunfisch mit Kräuter-Dattelsauce 153
~ *mit Koriandergrün 153*

V

vap ca 160
Veilchenblüten: *Kräuterbowle 193*
Venusmuscheln: Seehecht mit Kräutern und
Muscheln 152
Vietnamesischer Tintenfisch mit fünf
Kräutern 160
~ *mit Chinesischem Schnittlauch 160*
~ *mit Kaffirlimettenblättern 160*
Vietnamesisches Gemüse mit Kräutern 136
~ *mit Pfefferblättern 136*
Vogelmiere: Grüner andalusischer
Gazpacho 82

W

Waldmeister
Kräuterbowle 192
Melonenquark 185
Spargel mit Sauce 133
Waldmeisternudeln mit Ingwerbröseln 190
~ *mit Ananassalbei 190*
~ *mit Holunderblüten 190*
Walnüsse
Bratäpfel mit Zitronenmelisse 191
Pesto 105
Walnussöl, provenzalisches 31
Weinessig *21*
Weinraute *28*
Tunfisch mit Kräuter-Dattelsauce 153
Weintrauben: *Provenzalisches Kaninchen 183*
Wiegemesser *55*
Wiesenkerbel *15*
Wiesensalbei: *Lammkeule mit grüner
Sauce 166*
Wiesenschaumkraut: Wildkräutersalat mit
Tomaten-Bärlauch-Dressing 68
Wildkräuter *17,* 57
Kräuterquark 23
Wildkräuterfüllung, für Maultaschen 106
Wildkräutersalat mit Tomaten-Bärlauch-
Dressing 68
~ *mit Brennesseln und Knoblauch 68*
Wildkräutersuppe 79
~ *mit Brennesseln und Dill 79*
~ *mit Radieschenblättern 79*
Winterbohnenkraut *27*
Winterportulak: *Rucola mit Orange und
Crostini 70*

Y

Yellow Mellow 194
Ysop *38*
Gefüllte Kartoffeln 127
Joghurtdip 95

Z

Zanderfilet: Geschnetzeltes von Salm
und Zander 148
Zaziki (Minirezept) 200
Ziegenfrischkäse
Kräuterquark 23
Moreto 97
Rucola mit Orange und Crostini 70
Zimtstrauch *41*
Zitrone
Bouquet garni 30
Hähnchenbrust 179
Kalbsmedaillons 163
Kräuterbowle 193
Mohnblüten-Bitter 196
Spaghetti 35
Zitronenbasilikum *26*
Kalbsmedaillons 163
Zitronenbasilikum-Mayonnaise 96
Zitronengras *39*
Grüner Bulgur 120
Ingwer mit Zitronengras 43
Kabeljau mit Kräuterpaste 147
Kräuter-Butter 163
Luau-Sauce 172
Seafood-Curry mit Zitronengras 157
Thai-Salat mit Roastbeef 74
Zitronengras-Currypaste 42
Zitronen-Kräuter-Butter 163
~ *mit Estragon 163*
~ *mit Kaffirlimetten 163*
~ *mit Petersilie und Thymian 163*
~ *mit Schnittlauch 163*
Zitronenlikör: Minze-Parfait 188
Zitronenmelisse *29, 204*
Bratäpfel mit Zitronenmelisse 191
Frikadellen 165
grüne Sauce 166
Joghurtdip 95
Kartoffeln in Kräutersauce 125
Kräuterrisotto mit grünem Spargel 112
Obstsalat (Minirezept) 204
Yellow Mellow 194
Zitronenthymian *27*
Beerenratatouille mit Zitronenthymian 187
Entenbrust mit Kräutern 180
Kidneybohnen 141
Pilz-Kräutergewürz 59
Ratatouille mit Zitronenthymian 130
Zitronenverbene
Garnelen 155
Gebratene Pilze 139
Kräuterbowle 193
Mohnblüten-Bitter 196
Vietnamesischer Tintenfisch 160
Zucchini *33*
Zuckerschoten
Gemüse mit frischen Curryblättern 128
Kräuterrisotto 112
Zwiebeln *21*
Frikadellen 165
Bohnen-Kartoffel-Pfanne 140
Kartoffelsuppe 77
Kidneybohnen mit Epazote 141
Krake mit Fenchelgrün 158
Lammkeule mit grüner Sauce 166
Lamm-Tajine mit Datteln 174
Provenzalisches Kaninchen 183
Reis mit Spinat und Thai-Basilikum 114

Impressum

DIE AUTOREN

Susanne Bodensteiner war

Redakteurin bei der größten deutschen Zeitschrift für Essen und Trinken und arbeitet seit mehr als zehn Jahren als freie Food-Autorin. Von Apfelminze bis Zitronengras hegt und pflegt die leidenschaftliche Köchin gut 30 Kräuter aus aller Welt auf ihrem Küchenbalkon in einem Schwabinger Hinterhof und lässt sich von ihnen zu immer neuen Kreationen in ihrer Küche inspirieren.

Reinhardt Hess lernte das

Handwerk des Food-Journalisten in der Koch-redaktion der größten deutschen Zeitschrift für Essen und Trinken. Danach arbeitete er bei Kochbuchverlagen und entwickelte eine Vorliebe für die kräuterwürzige Mittelmeerküche und Wildkräuter. Als freier Autor hat er rund 50 Koch- und Weinbücher selbst verfasst oder daran mitgearbeitet, fünf davon wurden von der GAD mit Silbermedaillen ausgezeichnet.

DIE FOTOGRAFEN

Jan-Peter Westermann (im Gruppenbild hinten Mitte) und **Nikolai Buroh** (im Bild hinten rechts), beide leidenschaftliche Food- und Stilllife-Fotografen, sind die kreativen Köpfe der über deutsche Grenzen hinaus gefragten Westermann Studios in Hamburg. Mit ihren Arbeiten für Zeitschriften, Verlage und Agenturen setzen sie lukullische Genüsse in ausgetüftelten Kompositionen in immer neuen Spielformen in Szene.

In der Thematik »Kräuter« fanden sie eine Aufgabenstellung, die in ihrer Vielschichtigkeit und Fragilität einen besonderen Anspruch an ihr fotografisches Können stellte.

Die Fotografen danken dem Team: Thordis Rüggeberg, Bea Singer (Fotografie), Anja Buroh (Styling), Pio, Roland Geiselmann, Rocco Dressel, Maren Jahnke, Alexandra Böhme (Foodstyling), Nassim Azarmsa, Britta Kohl, Arne Fey (Assistenz).

Programmleitung: Doris Birk

Leitende Redakteurin: Birgit Rademacker

Konzept, Redaktion und Rezepte Seite 194: Alessandra Redies

Lektorat: Claudia Lenz

Korrektorat: Waltraud Schmidt

Layout, Typographie und Umschlaggestaltung: Sandra Gramisci, independent Medien-Design, München

Herstellung: Petra Roth

Satz: Knipping Werbung GmbH, München

Reproduktion: Fotolito Longo, Bozen

Druck und Bindung: Printer, Trento

ISBN 3-7742-6782-0

Auflage	4.	3.	2.	1.
Jahr	08	07	06	2005

GRÄFE UND UNZER

Ein Unternehmen der
GANSKE VERLAGSGRUPPE